教育部人文社会科学重点研究基地重大项目"宋代经学与哲学研究"（07JJD720042）成果
教育部人文社会科学重点研究基地山东大学易学与中国古代哲学研究中心重大项目成果

宋代经学哲学研究
儒学复兴卷

向世陵 / 主编

高会霞　杨泽 / 著

上海图书馆
上海科学技术文献出版社

图书在版编目（CIP）数据

宋代经学哲学研究·儒学复兴卷 / 向世陵主编. —上海：上海科学技术文献出版社，2014.10
ISBN 978-7-5439-6390-0

Ⅰ.①宋… Ⅱ.向… Ⅲ.①经学—研究—中国—宋代 ②儒学—研究—中国—宋代 Ⅳ.①Z126.174.4②B222.05

中国版本图书馆CIP数据核字（2014）第229313号

责任编辑：张　树　王卓娅
特编编辑：施　维　张亮亮

宋代经学哲学研究·儒学复兴卷

向世陵　主编

*

上海科学技术文献出版社出版发行
（上海市长乐路746号　邮政编码200040）
全 国 新 华 书 店 经 销
四川省南方印务有限公司印刷

*

开本 700×1000　1/16　印张 15.75　字数 330000
2015年1月第1版　　2015年1月第1次印刷
ISBN 978-7-5439-6390-0
定价：45.00元
http://www.sstlp.com

目 录

引　论 …………………………………………………………… 1

第一章　儒家的经学与五经体系 ……………………………… 5
一、经与经学之精神 ……………………………………………… 5
　（一）经的双重含义 …………………………………………… 5
　（二）经学精神：传承与创新 ………………………………… 8
二、孔子与五经 …………………………………………………… 10
　（一）经与儒 …………………………………………………… 10
　（二）孔子与五经体系 ………………………………………… 12

第二章　唐宋转型期的社会政治与儒家经学 ………………… 18
一、中唐以前的礼乐文明 ………………………………………… 18
二、安史之乱引起的儒学反思 …………………………………… 23
　（一）天命与天人感应 ………………………………………… 24
　（二）忠孝与心性 ……………………………………………… 28
　（三）章句与经义 ……………………………………………… 32
三、唐宋科举制度与经学发展 …………………………………… 36
　（一）唐代科举制与儒家经学的发展 ………………………… 36
　（二）宋代科举改革与经学转向 ……………………………… 39

第三章　唐代文化的开放性和创新精神 ……………………… 43
一、唐统治者儒释道三教并重的治国方略 ……………………… 43
二、民族融合与唐代的多元文化 ………………………………… 46
三、唐王朝的对外政策和文化交流 ……………………………… 48
四、中唐以后儒释道三教互释与融合 …………………………… 50

五、中唐文学革新 62
　（一）中唐以前的文学状况 63
　（二）中唐文人所面临的政治任务 67
　（三）古文运动的变革方式 69
　（四）文学变革对经学的影响 72

第四章　文道关系的演进 78
一、从文质并取到文以明道 79
二、师其意不师其辞 85
三、文以载道与作文害道 89

第五章　疑经思潮的萌芽：舍传求经与疑古惑经 105
一、制礼过程中的疑经疑传 105
二、唐代实录史观对经学的影响 112
三、"新《春秋》学"的舍传求经 118

第六章　唐代五经体系的分化和学术转向 128
一、唐代学者对《春秋》经典的新解读 129
　（一）经与史不同标准下的《春秋》 129
　（二）《春秋》宗旨的回归：微言大义，解释现实 132
　（三）由政治向心性的转变：关注性情，革礼之薄 134
　（四）从"性情"问题到"理欲"问题的转变 136
二、唐代易学研究的不同路向 138
　（一）孔颖达《周易正义》的时代价值 139
　（二）柳宗元的佛易相融思想 148
三、《礼经》的转向与《大学》《中庸》篇的独立 156
　（一）郑玄礼学改革及影响 156
　（二）《礼记》地位的提升和分化 160
　（三）唐代学者对《大学》《中庸》篇的挖掘与诠释 . 161

第七章　新经典的确立及"四书"的雏形 172
一、《论语》的经典化过程 172
　（一）《论语》文本特征 172
　（二）《论语》地位的变化 174

二、《孟子》的发掘与提升 · 177
  （一）汉唐时期的孟子地位 · 177
  （二）孟子地位的提升 · 179
  （三）尊孟现象的原因分析 · 183
三、经典取舍标准及"四书"的雏形 · · · · · · · · · · · · · · · · · 186

第八章 经学的哲学导向：超越经典，追寻儒"道" · · · · · 189
一、孔颖达：以"体用观"为核心的经学之"理" · · · · · · 191
二、啖助：超越"周礼"回归"尧舜之道" · · · · · · · · · · · · 193
三、柳宗元：儒释相融的"大中之道" · · · · · · · · · · · · · · 196
四、韩愈：由"治心"引发的"道" · · · · · · · · · · · · · · · · · 200
五、李翱："复性"之道 · 202
六、唐代儒家之"道"的发展轨迹 · · · · · · · · · · · · · · · · · · 204

第九章 "性"与"道"：性本体意识的萌发 · · · · · · · · · · · · 206
一、儒家心性论重心的转变：从外王到内圣 · · · · · · · · · 206
  （一）人情者，圣王之田也 · 206
  （二）情与礼的紧张 · 210
  （三）情与性关系的变化 · 213
二、性地位的提升及性本体意识的萌发 · · · · · · · · · · · · · 219
  （一）性的伦理判断：道德理性之善与自然欲望之恶 · · 219
  （二）初期典籍中性与（天）道的打通 · · · · · · · · · · · 220
  （三）对"性与天道"问题的初步思索 · · · · · · · · · · · 224
三、中唐儒学复兴与新儒学的兴起 · · · · · · · · · · · · · · · · · 226
  （一）中唐儒学的"复性"思考 · · · · · · · · · · · · · · · · · 226
  （二）新儒学的先声 · 232

参考文献 · 237
关键词索引 · 244

引　论

对于儒家的"经"，人们看法各异，有人视之为历史中"死"的文物，呼吁收进博物馆作为陈列品；有人则视其为"活"的文化生命，认为它生生不息，传承着儒学命脉。在对中国儒家学术进行梳理的时候，我们可以发现，经与经学在中国古代社会一直以一种强有力的方式存在，源源不断地为儒学的发展提供营养；同时又常常推陈出新，与时俱进，以潜在的影响力推动着儒家思想的转型和发展。简单地说，经学与儒学之间存在着一种有机的、天然的联系。经学的研究对象是儒家经典，经学研究主要是通过训诂、考据、注解、义疏等方式进行的，从本质上看它属于对儒家经典的解释学；儒学作为一种思想、学说在中国古代社会则是以经学为存在形态和依托的，儒学的思想、义理借助于经学的解释而得以阐扬和创新。

学术研究需要严谨的态度和切实的证据，而不是如詹何猜牛般臆想纷纭。近些年，学界对儒学的研究已经开始逐渐摆脱西式思维的简单附会及中西文化间的蛮横对比。儒家学者开始冷静地反思儒家文化自身的特殊性，也意识到经学对儒学研究的重要性，因此经学研究作为一个新的研究视角备受重视，从经学中看儒学，借助经学发展儒学，同时也从儒学发展中开辟新经学，重新建立经学与儒学的天然联系，这成为儒学发展的新思路。孔子一向强调的治学方法和原则是"温故而知新"，《周易·说卦传》言："数往者顺，知来者逆，是故《易》逆数也。"这也应该是对待经典应该有的态度。"故"和"新"，"往"和"来"正是在继承和发展中得以统一起来，只有这样我们才能跳出故纸堆的纷繁，并获取思想资源和思想灵感。

历史上，汉代及以后儒学的发展是以经学为依托的，因此，通过对经学演变轨迹的考察，特别是唐宋时期的经学转变，我们可以寻找到理学兴起的内在生长点。谈到理学的兴起，学术界多强调佛老的刺激这个外缘，而缺乏经学角度的细心梳理。本书立足于儒学自身发展的动态过程,从经学的演化中展示儒学发展的内在逻辑及学术创新,从而为理学的兴起及唐宋学术转型提供一个新的视角。

在中国古代,经学不仅仅是作为一种单纯的学术而存在的,它还涵盖社会的方方面面,与社会中的政治、伦理、宗教、文学、历史、教育等方面有着千丝万缕的联系,同时,这诸多方面也成为经学发展的助缘,推动着经学的演变。为了完整地展现经学在唐宋之际的转变轨迹以及它对新儒学兴起所产生的影响,本书从不同侧面来分析经学的转向,如从经学与社会政治、经学与文学、经学的内在演化过程、经学与哲学等几部分来具体阐述经学的综合性发展。

经学领域的变化归根到底来自社会的需要。唐代中期,安史之乱的爆发使社会由盛而衰,中唐以前以礼乐治国的思路遭到失败。学者们对这一变故进行了深刻反思,逐步意识到要想维持国家稳定,首先要解决的是诚信问题,因此,心性的探讨成为儒学发展的新方向。然而,传统儒学对心性资源的发掘十分有限,与之相对,佛道二教则在心性方面颇有建树。中唐学者纷纷亲近佛老,汲取资源。同时,佛教与道教在安史之乱的打击下也受到重创,自觉向占统治地位的儒学靠拢,宣称自己与儒家经学殊途同归。于是,中唐以后出现了儒释道三教全面融合的局面,融合的结果是儒学重新居于主导,统摄佛道二教。在这样的思想背景下,经学逐渐发生了转变,思想上加强了对心性内容的挖掘,解经方式上,抛弃了汉儒的注疏之学,由注重章句转向强调经义。唐宋科举制的变革反映并强化了这一趋势,突出了儒学经世致用的现实意义,使经学发展获得了新的动力。在唐代前期制礼过程中,学者对礼学经传进行了深入辨析,提出诸多质疑,使疑经疑传之风首先在礼学领域兴起。唐代强调实录的史学原则也对经学产生了直接影响,使得儒家的圣人和传统经典在史实方面受到怀疑。中唐新《春秋》学派则以理性的态度否定"春秋三传",引发了"舍传求经""以己意解经"的新思潮。"疑古惑经"的出现是唐代经学发展的必然结果,对于经学和儒学的创新都具有重要意义。

文学是经学与儒学的文字载体,又以经学和儒学为思想源泉,三者密不可分。唐代中期,以韩愈、柳宗元为代表的一批文学家为了适应政治的需要,发起了文学变革,取得了显著的成果。形式上,质朴的先秦散文取代了华丽的六朝骈文;内容上,先秦儒家政教文学重新占据统治地位。文与道的关系由先秦的合一，经魏晋的分立，到唐宋又转向合一，展现了儒学由盛而衰又全面复兴的历史轨迹。文学革命同时推动了经学发展。文学家倡导回归经典，以"师其意不师其辞"的原则对经典进行解读。韩愈提出的"道统说"蕴涵着注重仁义心性、抛弃两汉礼学的经学取向。宋初诗学的"复古求新"对《诗经》学的思想进行了充实和发展。欧阳修对传统诗学的怀疑启迪了宋代的疑经思潮，促进了经学的解放与创新。

随着社会政治及文化背景的转变，自唐代开始，旧的经典体系开始分化，新的经学义理逐渐凸显，依托经学重塑儒家之"道"成为新的时代课题。

作为学术发展中常有的逻辑循环，"常"与"变"，"多"与"一"的交替选择成为学术发展中的怪圈，但"百虑一致，殊途同归"总是最终的学术理想。魏晋时期，涉及哲学式的追问和思考，儒家显然是不足的，特别是与玄妙的道家哲学相比，玄学压倒儒学也正源于此。"玄之又玄，众妙之门"，也许那些无法言说的东西才是"精妙"所在，荀粲直接视儒家的六籍为"糠秕"，因为"理之微者，非物象之所举也"。他认为只有"不可得而闻"的"性与天道"才是儒家的"精髓"。因此，儒玄合流的关键就在于"性与天道"。如果说魏晋时期，思想家对"性与天道"的问题重点在"道"的设计上，那么隋唐之后，儒家对"性与天道"问题的研究重点更倾向于"性"的提升上。这是因为唐之后，学术重心转移，在佛教高超而精密的心性哲学引领下，"心性"问题成为新的话语中心。为了应对佛家思想的挑战，儒家也必须关注"安身立命"问题。实际上从儒家自身理论发展看，三纲五常等伦理思想靠外在的制度保证是非常不可靠的，只有从内在的"心性"问题上去安置才能从根本上解除忧患。而儒家经典中并不缺乏相关资源，如《周易》的"穷理尽性以至于命""乾道变化，各正性命""继善成性""利用安身以崇德"和孟子的"存心养性""尽性知命""修身立命""收放心"；《大学》的"正心诚意"以及"诚明"思想；《中庸》中的"天命之谓性，率性之谓道，修道之谓教"，等等。因此，自唐代兴起儒学复兴运动之后，学者们对儒家自有的思想资源进行了重新整合，挖掘出阐述心性思想比较多的《易传》《论语》《孟子》《大学》《中庸》等经典，并自觉利用这些思想对儒家经学进行重新诠释，开始尝试从"心""性""情"等角度来阐释经学，为经学的研究注入了活力，开辟了一条新路。而这些转变实际上都在为新儒学的兴起作准备，无论是从文本选择还是义理探寻方面，这是新儒学兴起的哲学原因和哲学思路。

通过对唐宋文化转型期的经学变化及哲学发展的细心梳理，我们可以感受到经学与儒学之间那种不可分割的联系。简单来说，经学是厚重的，厚重如土壤，可以滋生万物。经学是生生不息的，儒家文化因此而得以传承，并不断成长。

第一章 儒家的经学与五经体系

春秋时期，孔子以"微言大义"的方法对"五经"进行价值转化，通过经来阐发儒家思想。之后历代儒者继承了孔子的传统，发扬经学的创新精神，从而推进经学体系和经学思想的不断丰富和发展。因此，研究经学，有必要首先确定这个传统，了解这种精神。

一、经与经学之精神

经与经学是不同的概念。经学是对经的研究和解释，这点没有异议。但是，对于什么是经？如何界定？如何看待其价值？学界则有不同的看法。

（一）经的双重含义

何谓经？后人对于"经"字的解释大概有几种不同的观点：其一，认为经乃是"常""不易""恒久"，即"恒常不变"之意。如：

汉郑玄《孝经注》曰："经者，不易之称。"

汉刘熙《释名·释典艺》云："经，径也，常典也。如径路无所不通，可常用也。"

《孝经·序·疏》引梁皇侃曰："经者，常也，法也。"

梁刘勰《文心雕龙·宗经》篇："经也者，恒久之至道，不刊之鸿教也。"

由此，经被引申为恒久不变、贯通古今的常典至法，成为天经地义的绝对法则。《左传·昭公十五年》曰："经者，纲纪之言也。"如班固《白虎通》以五常配五经，清代段玉裁认为"三纲五常六艺谓之天地之常经"。把经解释为具有至高权威的天地准则，这样容易走向绝对化，变得僵固而封闭，从而会窒息经中内涵的源头活水。

另有一些学者则抹去经的这些至上光环,把它还原为一种文本、文体。如章太炎认为经就是指古代那些线装书。他说:"古代无纸,以青丝绳贯竹简为之。用绳贯穿,故谓经。经者,今所谓线装书矣。"① 所以,经不外乎是古代一些典籍的统称而已,而经、传、论等名称的不同乃是因为其所用竹简的长短、大小形式的不同。如魏何晏《论语集解·序》:"六经之策长二尺四寸,《孝经》谦,半之,《论语》八寸。"

刘师培则认为经的本义是用文言文写成的群书。他说:"盖经字之义,取象治丝。纵丝为经,横丝为纬,引申之,则为组织之义。上古之时,字训为饰,又学术授受多凭口耳相传,《六经》为上古之书,故经书之文奇偶相生,声韵相协,以便记诵。而藻绘成章,有参伍错综之观。古人见经文多文言也,于是假治丝之义而锡以《六经》之名。即群书之用文言者,亦称之为经,以与鄙词示异。后世以降,以《六经》为先王之旧典也,乃训经为法;又以《六经》为尽人所共习也,乃训经为常,此皆经字后起之义也,不明经字之本训,安知《六经》为古代文章之祖哉!"②

章太炎释经为"线装书",刘师培则释为"文言文",二者是从文本形式及文体上来解释,这样虽然消解了经的至上神圣性,但同时也抹杀了经之所以为经的独立价值及特殊性,不足以说明其在群书中脱颖而出的真实缘由。

无论其起源如何,经后来演化为儒家权威典籍的统称,这一点倒是公认的。但如果我们再深究一下,经之所以成立的原因及意义何在?这个问题是章太炎和刘师培等经学家不能回答的,也是那些仅仅把经训为"常"的古代经学家不能回避的。

根据许慎的《说文解字》,"经,织也。"织是一个动词,代表一个动作,训"经"为织,那么"经"应该指"织"这个动作的过程,而不仅仅是"纵丝"这么片面。《玉篇》指出"经,经纬以成缯帛也"。可见,经应该包括"经"与"纬"两方面,是"经"与"纬"共同合作形成缯帛的动态演化过程。但是,需要强调的是,"经"与"纬"在整个过程中的地位与作用是明显不同的,他们之间有主次、轻重之别。"纵丝为经,衡丝为纬,凡织,经静而

---

① 章太炎:《国学讲演录·经学略说》,上海:华东师范大学出版社,1995,第44页。
② 刘师培:《经学教科书》,上海:上海古籍出版社,2006,第1页。

纬动。"刘勰《文心雕龙》中说"经正而后纬成"。先有"经"后有"纬","经"静"纬"动,"经"正而"纬"成,在整个织的过程中,"经"是核心,是中枢,具有决定性作用,因此,以"经"代"织"也不算为过。

正因为有这层涵义,经也常常被引申为"经纶""治理",具有经世致用、经邦治国之意。如《左传·隐公十一年》说:"礼,经国家。"《左传·昭公二十五年》说:"夫礼,天之经也。"《国语·周语下》说:"何以经国?国无经,何以出令。"《庄子·齐物论》云:"《春秋》经世先王之志,圣人议而不辩。"

由此,从经的原始意义讲,经实际上具备两层含义:

第一,经作为名词,指那些常用的儒家典籍的统称。如五经、九经、十三经等。经作为文本,是"道"的载体,保存着儒家思想与精神。

第二,经作为动词,经乃是文本与社会的互动过程,是特定价值与特定社会的不断融合过程,是圣人理想在具体社会情境中的实践过程。简单地说,经是"道"的践行过程。

所以,经既是道的载体——文本,又承担着文本的价值实践意义,具有超越一般文本的价值功能。具体来说,经一方面指特定的儒家经典,另一方面又依托这些经典,在不同的时代传递着儒家之"道"。

经的这种双重含义,我们在古代典籍中也可略见,如《汉书·翼奉传》云:

> 臣闻之于师曰,天地设位,悬日月,布星辰,分阴阳,定四时,列五行,以视圣人,名之曰道。圣人见道,然后知王治之象,故画州土,建君臣,立律历,陈成败,以视贤者,名之曰经。贤者见经,然后知人道之务,则《诗》《书》《易》《春秋》《礼》《乐》是也。

从这段话中,我们得知,古人眼中的经首先是圣人垂治天下的历史活动,是"道"的实践过程。"六经"则是这些历史活动和历史经验的文字凝结。古人的这种解释与我们上面所讲的经的两层含义也是暗合的。

经的这双重含义体现了作为文本的"经"的神圣性以及作为活动过程的"经"的开放性特征。因此,经既是超越历史的绝对又是紧贴现实的相对,经具有既保守又开放的性质,这种性质使得后人一方面可以从经典中不断汲取营养,另一方面又可以依据时代特征进行合理的消化吸收,从而保证经中所载之"道"的恒久与常新。

（二）经学精神：传承与创新

前面把经解释为两种含义，一个强调的是经典文本，另一个是经典与社会的互动。经的含义的双重性使得经具有保守与开放两种性质，与此相关，经学精神也具有两方面特征：传承与创新。

"经学"可认为是对经的创造性解释学。"经学"一词最早出现在《汉书》中，见于《汉书·邹阳传》："邹鲁守经学，齐楚多辨智。"西汉时期，汉武帝罢黜百家，独尊儒术，"五经"被尊为法定的经典，作为对儒家经典进行阐释的学说，"经学"也随之产生。自此之后千年以来，经学成为中国社会维持文化传统的内在支柱，也成为不同文化思潮涌起的依托和基础。

经学研究不仅仅是对经典原旨的回归和保守，而且应该在传承中有所创新。传承精神在于对经典原义的探寻和保护，而创新精神则是经典与现实之间的连接和体现。经学的传承使儒家文化保持纯粹、完整、一以贯之，并源远流长；同时儒家文化的生命力在"创新"中得以生长和激发，并得以发展和前进。但是另一方面，经典之所以被称为经典，它本身具有绝对的权威性和不可动摇的神圣性，经学是以经典为基础进行的创造性研究，因此经学研究是既要传承又要创新的。那么，经学如何在固定不变的经典文本间进行创新？经学又如何随着时代话题的改变而一次又一次地被重新赋予生命力？

要回答上面的问题，还要考察经学研究方法的问题。经学是以对经典的注解、诠释等方式存在的。因此，在经学研究中首先面临的一个问题就是经典与诠释的关系问题，即如何处理文本和解释之间、原始经典与后人注疏之间的关系。这个问题涉及解释学的问题。关于解释学，西方主要有两个流派：一派是以德国哲学家施莱尔马赫（Friedrich Schleiermacher）为代表的传统解释学，他强调解释者要消除自己的主观性、历史性，"设身处地"地为作者想，要比作者更好地理解他自己；另一派是以海德格尔（Martin Heidegqer）、伽达默尔（Hans-Georg Gadamer）为代表的现代解释学，认为解释的目的不是避免误解，而是"相互理解"，解释的任务在于应用，因此解释的过程是解释者和文本之间"视域融合"的过程。

对比这两种解释学方法，伽达默尔的现代派解释学更易于帮助理解儒家的经学精神。前面对经的双重性含义的界定，目的在于一方面强调文本的重要性及权威性，另一方面也要重视文本与社会的互动过程、文本的现实意义，而伽达默尔的解释学为经典和诠释、传承和创新、保守与开放之间假设了一座桥梁。

伽达默尔认为，因为解释者和原作者的各种差异，不可能完全去理解作者的原意，而往往是解释者比原作者理解得更多些，文本的意义超越它的作者，所以"人们总是在以不同的方式在理解"。因此，对于经典的诠释和理解，重点不是个人和个人的契合，而是对事物真理的追寻，他说："既然现在所关心的东西不是个人及其意见，而是事情的真理，所以本文就不被理解为单纯生命的表达，而是被严肃地放置在他的真理要求中。这就是'理解'的含义。"① 这样，文本就具有开放性、多元性意义。伽达默尔的这种诠释方法撇开个人意见的差别，直指事物本质，他所谓的"理解"不是理解个人，而是理解个人想要表达的内在深层义理，即"道"。所以诠释者的诠释任务是依据文本展开对"道"的追问，伽达默尔的这种观点与儒家经学的生存模式是相合的。历代经学家也正是自觉或不自觉地走着如此相似的路。如孟子提出的"以意逆志"，易学中的设象尽意，都有相似之处。那么，这个"道"因时代差距，解释者如何去把握呢？

伽达默尔指出，时间距离不是一个张着大口的鸿沟，而是由习俗和传统的连续性所填满的，正是因为时间距离的存在，给我们敞开一个可以进行积极创造的可能。所以对于"道"的把握，不是回归过去，而是着眼当下。过去与当下共同的关联不在于答案，而在于问题。"这个问题就是由本文的意义方向所规定的问题视域。"这样，理解已经不再是简单地去理解表面的文字意义，而是深入到文字背后去追问：这些文字想要回答的问题是什么。所以，理解的过程变成了寻找问题的过程。因此"谁想寻求理解，谁就必须反过来追问所说的话背后的东西。他必须从一个问题出发把所说的话理解为一种回答，即对这个问题的回答"②。这就是伽达默尔提出的"问题视域"。他简明扼要地点出："理解一个问题，就是对这个问题提出问题。理解一个意见，就是把它理解为对某个问题的回答。"③

面对这个问题视域，虽然诠释者和原作者可能有不一样的回答，但是他们

---

① 伽达默尔著，洪汉鼎译：《真理与方法——哲学诠释学的基本特征》，上海：上海译文出版社，第379页。
② 同上书，第475页。
③ 同上书，第482页。

因为有共同的追求而遥相契合、心意相通。在诠释的过程中，原典的一些概念、内容、意义都得以激活，并被进一步升华，因此诠释的过程就是创新的过程。

这种方法实际上也是儒家经学一直沿用的方法，曾有学者这样论述："诠释并不是一种复现的过程，而是一种创造的过程。在历史上有许多伟大的思想家，如朱熹、王夫之等尊信儒家经典，并一生心血屏营，埋首穷经，参与了对经典的创造性的诠释。"① 实际上，这也是儒家文化本有的传统，自孔子开始，这种传统已经确立。

总结来说，经学作为一种创造性解释学，在传承中创新，这就是经学的精神。激活原典，实现历史与现实的结合，这就是经学存在的意义。因此，本书在对经学进行研究的过程中，采用的正是这种开放性的研究方法，注重经典与社会的互动，注重经典的传承与创新。

二、孔子与五经

在中国文化史中，孔子是第一个系统地对经典进行总结、整理的学者。经过孔子的编订整理，"五经"成为一个具有完备体系和文化生命的整体性思想，作为儒学思想的源头，在儒学发展中具有非常重要的作用。

（一）经与儒

经并非始于儒家。周朝末年，学术活动相对自由，各个学派各自甄别整理典籍，遂产生不同学派的"经"。如《墨子》的"经说"和《管子》的"经言"都以"经"来命名。由此可知，在早期，"经"是指那些有权威价值的典籍的统称。

"五经"在早期也并非为儒家所专有，而是作为公共资源存在的普遍性知识而被广为尊崇。据学者考察，"《汉书·艺文志》举有十家，竟有儒、墨、道、名、法、杂、阴阳、纵横等八家与经书有关联。西汉司马谈举有六家，即儒、墨、名、法、阴阳、道德，竟全部与经书有关。可见五经在秦代以前，

---

① 姜广辉主编：《中国经学思想史》第一卷，北京：中国社会科学出版社，2003，第40页、41页。

乃是各家学派共同尊奉的典籍。"① 所不同的是，除了儒家外，其余各家对五经的尊崇各有偏好。如"墨家仅尊崇五经中的《诗》《书》二经，道家仅尊崇《易经》，名家应尊重《礼经》，纵横家熟悉《诗经》，杂家则杂取经义并与其他各家学说参和，阴阳家或重视《春秋》，或重视《周易》"②。

"五经"在当时被各学派普遍尊崇，除了其史料价值外，更重要的是其教化作用。徐复观认为五经在春秋时期的价值乃是"教戒"作用，"诗书的成立，其目的在由义理而来的教戒，并不在后世之所谓史"③。"五经"作为被精心挑选的典籍成为施教的教材，培育着人们的价值观念和道德理想。在当时社会，《诗》《书》《礼》《乐》已经成为贵族教学的教材，"《礼》《乐》《诗》《书》复备学校教民之用"④，《礼记·王制》篇云"春秋教以《礼》《乐》，冬夏教以《诗》《书》"。冯友兰先生也说过："以六艺教人，并不是始于孔子，据《国语》士亹教楚太子之功课表中，已经有'诗''礼''乐''春秋''故志'等。《左传》《国语》中所载当时人物应答之辞，皆常引'诗''书'；他们交接用'礼'，卜筮用'易'。可见当时至少一部分的贵族人物皆受过此等教育。"⑤

虽然，"五经"在孔子之前已经作为具有权威性的经典被各个流派所尊崇，甚至被作为教材进行施教。但是"五经"并不是作为一个整体性的体系被各大学派共同尊奉，更没有"五经"之名。各家对"五经"都有偏好和取舍，唯独儒家继承的全面而纯粹。

孔子作为教育家，其教学目的在于"成人"之教，强调的是学生修身、治国的能力。因此他在选编教材的时候，必然会全面考量，选择不同教材，注重培养学生各种技能及全方面发展。孔子更是思想家，他在从祖先留下的中华元典中进行挑选时，并非是简单拼凑，还进行了新的加工，使得"五经"成为思想完备、体系完整的教学典籍。

所以，孔子之前，"五经"不过是史料旧典，分于各家各派。及至孔子，经过他的编订修整，"五经"的性质有了质的飞跃和升华。孔子"对诗书礼乐

---

① 王葆玹：《今古文经学新论（增订版）》，北京：中国社会科学出版社，1997，见引论部分。
② 王葆玹：《今古文经学新论（增订版）》，见引论部分。
③ 徐复观：《中国经学史的基础》，台北：台湾学生书局，1982，第2页。
④ 葛剑雄主编：《刘师培讲经学》，南京：凤凰出版社，2008，第10页。
⑤ 冯友兰：《中国哲学史》，北京：中华书局，1961，第68页。

及易，作了整理和价值转换的工作，注入了新的内容，使春秋时代所开辟出的价值，得到了提高、升华，形成了比较确定的内容与形式。"①"五经"之说才得以成立②，"五经"也开始成为儒家固有的经典典籍，于是经学之儒家化从此开始。

（二）孔子与五经体系

孔子对经典的选取、裁定是有自己独特的标准的，这个标准是与孔子心中的"道"相合的。因此，我们在研究"五经"的同时，不能仅仅泥于经典本身，也要领会孔子删定"五经"背后的精神和心意。

1. 微言大义和价值转换方法

"五经"因遇孔子而别开生面。经过孔子的删定，"五经"被赋予了灵魂和精神，从而成为一种新的价值体系。孔子作五经之旨，在于其"道"；所采用的方法，则是"微言大义"。孔子一生志于恢复周礼，革新时弊，却苦于不得其位，未能实施满腔抱负。因此他退而删定五经，通过"微言大义"，为后世定下是非原则和价值标准。"五经"虽是殷周旧典，但孔子对于史料的诠释却饱含自己的法则，他以"道"为旨，微言大义，既不泥古，也不越今，使得古代经典焕发新的生命力。孔子这一手法正是经学创造性精神的深刻体现，也与"经"自身的开放性特征是一致的。

皮锡瑞先生对孔子的这一做法极力称赞，他说："读孔子所作之经，当知孔子作六经之旨。孔子有帝王之德而无帝王之位，晚年知道之不行，退而删定六经，以教万世。其微言大义实可为万世之准则。后之为人君者，必遵孔子之教，乃足以治一国；所谓'循之则治，违之则乱'。后之为士大夫者，亦必遵孔子之教，乃足以治一身；所谓'君子修之吉，小人悖之凶'。此万世之公言，非一人之私论也。孔子之教何在？即在所作六经之内。故孔子为万世师表，六经即万世教科书。"③

---

① 徐复观：《中国经学史的基础》，第8页。
② 按：学界一直有"五经"和"六经"之说，因《乐经》失传未能得见，故本文存保守观点持"五经"说。但"六经"之名也为实有，古籍中也多见。自孔子后，研习"六经"的行为虽被儒家相沿为用，但"六经"之名的提出却源自庄子的概括，见《庄子·天运篇》。
③ 皮锡瑞：《经学历史》，北京：中华书局，1981，第26页。

具体来看，孔子对"五经"的编订确实下了一番工夫。以《诗经》为例，可以稍作说明。司马迁在《史记·孔子世家》中具体描述了孔子编订《诗经》的过程：

> 古者诗三千余篇，及至孔子，去其重，取可施于礼义，上采契后稷，中述殷周之盛，至幽厉之缺，始于衽席，故曰"关雎之乱以为风始，鹿鸣为小雅始，文王为大雅始，清庙为颂始。"三百五篇孔子皆弦歌之，以求合韶武雅颂之音。礼乐自此可得而述，以备王道，成六艺。

早期诗经是通过官方采诗和民间献诗等方式编纂而成的，在驳杂的三千诗篇中，孔子则"放郑声，远佞人"，依据"思无邪"的标准重新裁剪，取其符合仁义道德标准，可施与礼义制度的雅颂之诗，从中挑选了三百多篇，"诗教"是孔子改编诗经的重要目的。他提出了一个新的观念："诗可以兴，可以观，可以群，可以怨。迩之事父，远之事君；多识鸟兽草木之名。"① 这也是孔子对诗歌本质的一个新的定位和描述，通过"兴、观、群、怨"的功能使得诗歌对社会政治产生影响，可以美刺褒贬、可以存察道德，这就转变了诗的原始意义，从而把诗纳入到礼乐制度之中，完成了由个体情感通向社会教化功能的完美转变，达到"诗教"的目的。《毛诗序》中说："故正得失，动天地，感鬼神，莫近于诗。先王以是经夫妇，成孝敬，厚人伦，美教化，移风俗。"这里可以看出，"诗"与社会伦理道德的关系已经被紧密地联系在一起了，这种关系正是由孔子才得以转化的。诗歌原本是个体情感和生命意志的自由表达和抒发，是关乎心灵和性情的个体性感受。但是，经过孔子改编过的《诗经》已经不再是那种素朴的纯粹的文学表达，而是一个具备善恶价值观念，有助于砥砺道德、敦伦教化、移风易俗、实现王道政治理想的新《诗经》。

再如，孔子对于《春秋》的编订。孔子哀叹"吾道不行"，"乃因史记作《春秋》"②，《春秋》所载不过历史典故，"其事则齐桓晋文，其文则史"，但是，孔子说，"其义则丘窃取之矣"③，他采用"春秋笔法"，遵循他心中的

---

① 《论语·阳货》。
② 《史记·孔子世家》。
③ 赵岐注、孙奭疏：《孟子注疏》，见阮元校刻：《十三经注疏》，北京：中华书局，1980，第2728页。

"道义"，笔削史料，统摄文辞。以不着痕迹的方式"贬天子，退诸侯，讨大夫"，使得乱臣贼子惧。左丘明曾对这种笔法作了精当的概括："《春秋》之称，微而显，志而晦，婉而成章，尽而不污，惩恶而劝善，非贤人谁能修之？"利用这种手法，孔子在对经典的诠释过程中渗透了自己的政治理想，《春秋》由简单的记述史政之书成为明道正谊、惩恶劝善的"经世大法"。

又如，孔子对于《易传》的制作。《易传》是对《易经》的哲学诠释。《易传》中，孔子提出"设象以尽意"，孔子认为卦象和卦辞只是作为表象存在，他重视的是象辞背后的"意"。如何探求言外之意？帛书《要》篇中孔子有一段话解释得非常清楚，他说：

> 《易》，我后其祝卜矣，我观其德义耳也。幽赞而达乎数，明数而达乎德，又仁[守]者而义行之耳。赞而不达于数，则其为之巫；数而不达于德，则其为之史。史巫之筮，向之而未也，好之而非也。后世之士疑丘者，或以《易》乎？吾求其德而已，吾与史巫同途而殊归者也。君子德行焉求福，故祭祀而寡也；仁义焉求吉，故卜筮而希也。祝巫卜筮其后乎？①

与卜筮之术相比，孔子更关心的是"德义"。人们占卜无非是关注自身的吉凶祸福，而孔子提出人们吉凶祸福与人的道德品德是相关的，人的道德品质是决定人事吉凶的关键，吉凶由人不由天，而德性高的人自然吉庆，所以"君子德行焉求福，故祭祀而寡也；仁义焉求吉，故卜筮而希也"。如此一来，《周易》从占筮之书化为德性之书，《周易》的文本性质和作用都发生了根本性的转变。《周易》成为一本重视穷理尽性、蕴涵形而上之道的哲学著作。

由上面几则例子可以看出，孔子在对"五经"进行意义转化过程中，并非单纯局限于文字本身，而是深悟文字背后的"义"，以此来赋予经典以新的生命力，进行价值转化和创新。孔子的这种开放性解释学方法与伽达默尔的"理解"含义是相通的。

2. 五经体系的完备性及教化作用

"五经"作为儒家固有传承经典，其体系十分完备，气象宏大。"五经"源于中国古代社会的文化生活，所涉略的内容则凝结了中国文化中的方方面面。我们知道，孔子之前，"五经"与其他各家都有交涉，这也说明"五经"

---

① 廖名春：《帛书〈要〉释文》，载《国际易学研究》，北京：华夏出版社，1995。

中已经内含了除儒家之外墨、道、法、名、杂、纵横、阴阳等各大学派的某些思想。因此,"经学是集宗教、伦理、政治于一身的学问,它不是突兀产生的,其基础、源泉正是社会习俗、民间信仰。所以,与古代人的生活世界密切关联的阴阳五行、数术、方技之类,虽然难登大雅之堂,却与大雅之堂上的六经,与古代人的世界观、哲学形而上学和科学技术,有着不解之缘"①。

"五经"是至广大而极精微的。从其广大面说,"五经"涵盖了天地间大小精粗的诸多事务和诸多道理。"《史记·太史公自序》中就说五经中包括了天地阴阳、四时五行、经济人伦、山川溪谷乃至草木鱼虫等等……不止是精神与人格,还涉及了宇宙、政治、自然、社会各个方面。"② 关于五经的完备性描述,江竹虚先生曾有一段话进行了很好的总结:

> 若以六经而言,则经纬万端,包罗犹广。上之测天揆日,观象受时,星野躔度,云物襪祥;下至分州画野,导山濬川,城郭宫室,封疆道路,都鄙乡遂,井牧田莱,廛市闾馆,山林川泽,无所不赅。其人物,则尧舜禹汤文武周公;官吏师儒,农工商贾,织妇蚕女,巫医矇瞽。其物产,则九谷六畜,酒浆丝枲,金玉锡石,章服车旗,度量权衡,鼓钟同律。其文物,则:诗书系世,方志名数,版图简辑,盟誓约剂;其事功,则:建国设官,选贤与能,分职任民,理财阜货,悬书读法,刑宪刺宥,师田行役,庆吊赒恤,乃至鸟兽语言,圉畜教扰,土化粪种,潴防涉扬,无不定其制度,存其法守。盖三代政教所及者周,故六艺经传所包者广。由是而言,六经之体用,可谓至广大而极精微矣。吾国之所以为五千年文化古国,其以此也③。

另外,从其精微性说,"五经"却又自成体系,一以贯之。"五经"所论都在发明孔子之"道",而《诗》《书》《礼》《易》《春秋》则从不同角度来抒发道体。孔子曾云:"六艺于治一也。《礼》以节人,《乐》以发和,《书》以道事,《诗》以达意,《易》以神化,《春秋》以义。"④

---

① 郭齐勇:《出土简帛与经学诠释的范式问题》,《福建论坛》(人文社会科学版),2001年第5期。
② 葛兆光:《中国思想史》(第一卷),上海:复旦大学出版社,1998,第28页。
③ 江竹虚著,江宏整理:《五经源流变迁考;孔子事迹考》,上海:上海古籍出版社,2008,第21页。
④ 《史记·滑稽列传》。

荀子也总结说道："圣人也者，道之管也。天下之道管是矣，百王之道一是矣。故诗书礼乐之道归是矣。诗言是其志也，书言是其事也，礼言是其行也，乐言是其和也，春秋言是其微也。"①

正因为"五经"体系的完备性和精密性，所以它能够很好地发挥德性教化作用。孔子曾说：

> 入其国，其教可知也。其为人也温柔敦厚，《诗》教也；疏通知远，《书》教也；广博易良，《乐》教也；洁静精微，《易》教也；恭俭庄敬，《礼》教也；属辞比事，《春秋》教也。故《诗》之失，愚；《书》之失，诬；《乐》之失，奢；《易》之失，贼；《礼》之失，烦；《春秋》之失，乱。其为人也，温柔敦厚而不愚，则深于《诗》者也。疏通知远而不诬，则深于《书》者也。广博易良而不奢，则深于《乐》者也。洁静精微而不贼，则深于《易》者也。恭俭庄敬而不烦，则深于《礼》者也。属辞比事而不乱，则深于《春秋》者也②。

《诗》教人疏通知远；《乐》教人广博易良；《易》教人洁静精微；《礼》教人恭俭庄敬；《春秋》教人属辞比事。因此，入一国，观其民风民情，则可以知道这个国家国民教育的偏失。可见，孔子一生追求的道德教化目标及政治理想都凝聚在"五经"中。后世更是把"五经"看作万世准则和教科书。即使历经世事沧桑，"千举万变，其道不穷，六经是也"③。

通过以上对经、经学精神，以及五经体系的原则和宗旨的了解，我们应该清楚一个问题，那就是研究经学不应该拘泥于文字，泥古不化，而要以一种开放的心态、创新的精神，让经典面对现实，解决现实问题，才能保证经典的恒久性与生命力。

自孔子删定"五经"之后，"五经"正式成为儒家思想的经典资源。西汉时期，在董仲舒建议下，汉武帝"罢黜百家，独尊儒术"，设立五经博士，自此之后，儒学正式成为官方学说，"五经"也成为统治思想的主要来源，研究、传习"五经"的人数越来越多，学术分歧也越来越大，经学由此诞生。经学成为统治学说之后，经学与政治之间就形成了一种微妙而复杂的关系，

---

① 《荀子·儒效》。
② 《礼记·经解》。
③ 《韩诗外传》卷五。

经学追求的是"道",统治者重视的是其"术",朱维铮先生曾提出一个经学传统叫:"学随术变"。但在现实中,"经"与"术"之间、"通经"与"致用"之间总是会产生矛盾的。这样一种矛盾必然会反映到经学的研究中去,两汉时期曾经有今文经学与古文经学的斗争,为了调和二者之间的矛盾,各大学派开始求"通",但又形成了郑玄的北学与王肃的南学之间的新斗争。直到唐代,孔颖达编订《五经正义》,从而在形式上统一了经学。虽然孔颖达开启了经学统一时代,但在唐代,经学的"致用"能力却显得十分微弱,儒家思想又面临着日益强大的佛老思想的挑战和威胁,境况也甚为惨淡。在这样一个背景下,为了适应新的社会状况,经学内部已经开始出现分化和更新的动向。如黑格尔所说,"一个灰色的回忆不能抗衡'现在'的生动和自由"。经学的这种转变发生在唐代社会的方方面面,如文学、社会政治、哲学等领域都有了新的萌动,这种萌动实际上是在催生一种新的学术、新的思想,那就是新儒学的兴起。

第二章　唐宋转型期的社会政治与儒家经学

经学说到底是适应社会需要而生，又作为社会的一个重要组成部分在历史变迁中发挥着自己的作用。唐宋时期，社会政治由唐前期的清明兴盛到中后期动荡不安，再到宋初重归统一，经历了显著的起伏变化。在这一历程中，经学受政治影响而发生了转变，同时也以意识形态的方式左右着政治发展方向，从而表现出独有的风貌。

一、中唐以前的礼乐文明

唐代虽然实行儒释道三教并用的政策，但以儒学来治国是历代统治者的共同倾向。初唐到盛唐，国家由百废待兴到气象万千，经历了一个飞速发展的过程。在这一过程中，儒学得到了极大恢复，对社会繁荣起到重要的推动作用。中唐以前，国家层面儒学建设的重点是文献整理和礼乐制度两个方面，目的是通过儒学经典的普及和礼乐制度的完善来规范人们的日常行为，从而实现国家的长治久安。

魏晋南北朝的分裂状态持续了数百年之久，其间玄学、佛教、道教的发展和流行使儒学日渐衰落。到北朝时，统治者已经意识到这一问题，力求改变这种状况。北魏孝文帝和北周武帝都曾下诏灭佛，要振兴儒教。武帝明确表示要"禁诸淫祀，礼典所不载者尽除之"[1]，礼典便是儒家礼法和典籍，以此为标准，而佛老皆为淫祀，于是下令毁掉佛道二教的经书、塑像，令僧人、

---

[1] 《周书》卷五《帝纪第五·武帝宇文邕上》。

道士还俗为民，凡儒家礼仪典籍没有记载的各种祭祀活动均予以废止。隋文帝杨坚延续了注重儒家礼仪的思路，刚一平定天下便开始重建儒学。《隋书·儒林传》记载：

> 高祖膺期纂历，平一寰宇，顿天网以掩之，贲旌帛以礼之，设好爵以縻之，于是四海九州强学待问之士靡不毕集焉。天子乃整万乘，率百僚，遵问道之仪，观释奠之礼。博士罄悬河之辩，侍中竭重席之奥，考正亡逸，研核异同，积滞群疑，涣然冰释。于是超擢奇秀，厚赏诸儒，京邑达乎四方，皆起黉校。齐、鲁、赵、魏，学者尤多，负笈追师，不远千里，讲诵之声，道路不绝。中州儒雅之盛，自汉魏以来，一时而已。①

史书或许有夸大的成分，但基本史实是明确的。隋文帝网罗儒者，给予高官厚禄，吸引了大批儒生，然后做了三件事——学习恢复儒家礼制，考正散失的书籍，重新振兴学校，使儒学自东汉衰落以来数百年间第一次呈现出欣欣向荣的景象。

隋文帝时的儒学恢复与大臣牛弘有密切关系。牛弘在北周时任内史，修起居注，隋文帝即位后，授散骑常侍、秘书监，执掌史册典籍。鉴于前朝纷乱，图书大量流失的情况，牛弘向文帝上书曰："臣以经书自仲尼以后，迄于当今，年逾千载，数遭五厄，兴集之期，属膺圣世。……昔陆贾奏汉祖云'天下不可马上治之'，故知经邦立政，在于典谟矣。为国之本，莫此攸先。"②建议皇帝向民间求书充实国家藏书。隋文帝采纳了牛弘的建议，下诏求书，规定"献书一卷，赍缣一匹"，在利益的驱动下，四方人士纷纷献书，一两年之后，国家藏书就完备了不少。在重建礼制方面，牛弘也功不可没。开皇三年，牛弘担任礼部尚书，与另一儒臣辛彦之一起奉旨修撰《五礼》，参与修撰的还有许善心、姚察、虞世基等当时著名儒者，书成百卷，流行于世。仁寿二年，文帝又下令对五礼进行修订，其诏书曰：

> 礼之为用，时义大矣。黄琮苍璧，降天地之神；粢盛牲食，展宗庙之敬，正父子君臣之序，明婚姻丧纪之节。故道德仁义，非礼不成；安

---

① 《隋书》卷七十七《列传第四十·儒林》。
② 《隋书》卷四十九《列传第十四·牛弘》。

上治人，莫善于礼。①
表明隋统治者对礼的高度重视。据《隋书》记载，牛弘还曾建议"依古制修立明堂"。他对三代以来有关天子明堂的经籍注疏做了详尽考证，认为隋应该以礼经为根据，按周代旧制，参考其他经典，修建明堂以"尽诚上帝，祇配祖宗，弘风布教，作范于后"。虽然隋文帝赞成他的观点，但因当时条件所限，没有立即动工建造。隋朝国祚短促，明堂的修建至唐武则天才真正实现。开皇九年（600），牛弘应诏修订朝廷正乐，根据儒家经典记载制定作乐制度。牛弘考证历代乐制，又与姚察、许善心、何妥、虞世基等人共同修订新的乐理，为大唐乐制打下基础，也掀开隋唐时期儒家礼乐制度复兴的序幕。

唐朝建国初期暂时沿用隋礼。唐太宗即位后，命中书令房玄龄、秘书监魏征主持制礼。房、魏二人召集当时的礼官和儒士们，在隋代旧礼的基础上广泛考察各朝礼制，制定唐代新礼，废除了一些违背先秦经典的礼法，根据需要增加了天子上陵、朝庙、养老、大射、纳皇后、太常行陵、合朔等二十九条周代、隋代所没有的礼仪，最终制成《吉礼》六十一篇、《宾礼》四篇、《军礼》二十篇、《嘉礼》四十二篇、《凶礼》六篇，共一百三十三篇，分为一百卷，命名为《贞观礼》，由朝廷下诏正式颁行。

高宗初年（1107），朝廷又命太尉长孙无忌、中书令杜正伦、李义府、中书侍郎李友益等人对《贞观礼》重新加以修订，编成一百三十卷，由高宗亲自作序，称为《显庆礼》。在实际使用中，《贞观礼》与《显庆礼》有不尽相同之处，遇到矛盾时，由礼官依照周代礼仪参考选择古今而定。武则天和唐中宗时期礼制没有大的建树，却也针对具体问题进行了一些讨论。

到唐玄宗开元十四（726）年，"通事舍人王嵒上疏，请改撰《礼记》，削去旧文，而以今事编之"②。皇帝诏集贤院学士讨论，右丞相张说认为：《礼记》是汉代所编，"去圣久远，恐难改易"，但可以根据现在的使用情况，删改《贞观礼》和《显庆礼》，使其实现统一。皇上采用了这一建议，令学士右散骑常侍徐坚、左拾遗李锐、太常博士施敬本等人考查编撰，但多年没有撰

---

① 《隋书》卷二《帝纪第二·高祖杨坚下》。
② 《旧唐书》卷二十一《志第一·礼仪一》。

成。张说去世①，由萧嵩代为集贤院学士，上奏由起居舍人王仲丘编撰，撰成一百五十卷，命名为《大唐开元礼》，开元二十年（741）九月，朝廷下令颁行使用。《大唐开元礼》以周礼为基础，综合了之前各代的经验，根据实际进行修订，是当时最完备的礼典，集中体现了儒家以礼治国的传统精神。"由是，唐之五礼之文始备，而后世用之，虽时小有损益，不能过也。"②

《大唐开元礼》共计一百五十二种礼仪，其中，吉礼五十五种、嘉礼五十种、宾礼六种、军礼二十三种、凶礼十八种。所谓吉礼就是祭神之礼，包括祭祀上帝、五帝、日月、山川社稷以及宗庙等神灵的各种礼仪。祭神之礼自古便有，但历代众说纷纭，唐代礼官和儒士们关于上帝的名称、郊与圜丘是否为一、禘礼的祭祀对象是天还是祖宗等问题曾进行过多次讨论，最终在历代祭礼的基础上发展创新而撰定新礼。嘉礼是政治礼仪，最重要的是皇帝的加冕礼，称作"皇帝加元服"，包括告圜丘、方丘，告宗庙等程序。此外还有后妃、太子、公主、王公大臣的册封、婚姻等礼仪，宣读皇帝政令，向国内外派遣使者等礼仪也都是嘉礼范围。军礼是重大军事行动之前祭祀上帝宗庙及有关神灵的礼仪，皇帝亲征和遣将出征所行礼仪是不同的，均有专门规定。凶礼就是丧礼，规定了关于凶年赈抚、劳问疾患、中宫劳问、五服制度、皇室成员及各品级官员的丧葬之礼。宾礼是皇帝接待外国使者的礼仪，唐代对外交流十分频繁，宾礼的制定也颇具意义。

整套《大唐开元礼》在深入钻研儒家礼学经典，充分借鉴历代礼制的基础上制定，代表了上古以来儒家礼仪制度的最高峰。唐灭亡后，《开元礼》仍是历代王朝制礼的重要依据。宋代《太常因革礼》（治平二年，即1065）、《政和五礼新仪》（政和元年，即1111）的诸多内容均参照《开元礼》而制定。

礼乐历来不可分离，唐代与制礼相伴而兴的是作乐。唐朝以乐舞和诗歌而闻名，在作乐方面除了确定音律、创作乐曲外，还创作了大量祭神的歌词。这些歌词配上乐曲在祭祀中演唱应用，对儒家文化中的礼乐文明有了极大的发展。现在乐曲多已散失难以复原，而歌词却通过史书保留下来。据史书载

---

① 《旧唐书·礼仪志》载当时张说去世，《新唐书·礼乐志》则记载是李锐去世，"说"与"锐"字形相似，可能是流传中有误。又经考证二人去世年代，选择以《旧唐书》为准。

② 《新唐书》卷十一《志第一·礼乐一》。

"隋文帝家世士人,锐兴礼乐,践祚之始,诏太常卿牛弘、祭酒羊彦之增修雅乐"①,由此自隋代便有雅乐,设置清商署负责管理。隋代郊祀祭天降神送神时也已有了明确的词曲,其他祭祀如祭祖宗、五帝、日月等都有相应歌词。唐朝初年,统治者延续隋代的礼乐制度,命祖孝孙确定音律、制订乐曲,同时命虞世南、魏征等著名儒者创作歌词,效法天的成数制成《十二和乐》,共为三十一曲,八十四调,命名为《大唐雅乐》,分别称《豫和》《顺和》《永和》《肃和》《雍和》《寿和》《太和》《舒和》《昭和》《休和》《正和》《承和》。十二首乐曲都是为了求得人神和谐,但使用场合不同。《豫和》用于求天神降临,《顺和》用于求地神降临,《永和》用于求人神、鬼神的来临,《肃和》用于升堂进歌献祭祀用的玉帛,《雍和》用于祭祀时迎接和撤去放祭品的俎豆,《寿和》用于斟酒献祭和饮祝福酒,《太和》用于天子行走的过程中,《舒和》用于舞队出入及皇太子、王公大臣、后妃等出入门之时,《昭和》用于皇上、皇太子举爵饮酒之时,《休和》用于皇帝吃饭、肃拜三老以及皇太子吃饭之时,《正和》用于皇后册封,《承和》用于皇太子在东宫举行宴会。"周礼旋宫之义,亡绝已久,时莫能知,一朝复古,自此始也!"② 唐朝后来的君主在这十二和乐基础上又有所改进,根据需要创制了诸多新乐。

舞蹈方面,隋代有文舞、武舞。唐初祖孝孙制定乐律时,改文舞叫《治康》,武舞叫《凯安》,舞队各有六十四人,代表天子之礼。文舞与武舞舞者的道具、服饰、动作均按礼制有各自的规定。祭祀中初献爵时表演文舞;亚献和终献时表演武舞;太庙求神降临时也用文舞。每位皇帝去世后,后继者都要根据其生前事业不同,创作专门的歌曲和舞蹈,以便到各庙斟酒献祭时进行演奏。高祖的叫《大明之舞》,太宗的叫《崇德之舞》,高宗的叫《钧天之舞》,玄宗的叫《大运之舞》。祭祀唐太宗的歌词为:"皇合一德,朝宗百神。削平天下,大拯生人。上帝配食,单于入臣。戎歌陈舞,晔晔震震。"③通过对太宗德行的歌颂,表现出当时唐王朝正走向鼎盛的宏大气魄。《旧唐书·音乐志》中还记载了大量各种场合使用的雅乐歌词,表达了唐人对上天诸神的崇敬,对天下文明的渴望和信心,是儒家礼乐文明的集中体现。唐代

---

① 《旧唐书》卷二十八《志第八·音乐一》。
② 同上。
③ 《旧唐书》卷三十一《志第十一·音乐四》。

用于祭祀等正式场合的著名舞曲还有《神功破阵乐》《功成庆善乐》《上元》《凯安》等，用于其他场合的各类题材风格之乐舞不计其数，多数已经散失，通过史书记载仍可想见当时隆礼重乐的空前盛况。

由上述史实可见，初唐至盛唐，统治者延续隋朝的思路，决意以儒学治国，重点复兴的是传统儒家的礼乐制度，依据"功成则制礼作乐"的原则，历经曲折，重现了三代以来的失传已久的儒家礼乐文明，是儒学在国家层面的一种兴起。虽然礼乐多是上层贵族的活动，也会通过政治、教育等各个方面渗透到社会之中。唐代科举考试曾设"开元礼举"，以《大唐开元礼》作为考试内容来选拔人才，足见对礼乐的重视。在制礼作乐的过程中，儒家经典是根本依据，在涉及具体使用时，当时的儒学精英对历代传注都进行了深入辨析，对传注的矛盾之处多有怀疑，提出了自己的见解，推动了经学发展，也使经学中以经驳传之风首先在礼学领域兴起。

二、安史之乱引起的儒学反思

唐王朝自高祖李渊建国以来，政治、经济、文化、军事都有了极大的发展。唐太宗励精图治，开创了"贞观之治"，一度建立了南至罗伏州、北括玄阙州、西及安息州、东临哥勿州的辽阔疆域。经数代经营，唐朝至唐玄宗开元年间（713—741）达到极盛，史称"开元盛世"。唐统治者对其取得的成就非常自豪，也以得天命之君而自居。他们崇尚并重建三代礼乐制度，渴望通过传统儒家的礼乐文明感动天帝，规范秩序，教化人民，使社会井井有条，百姓自觉为善，江山社稷长治久安。然而，这一切美好的愿望都被突然爆发的安史之乱彻底粉碎。

唐玄宗可谓是唐代最富才华的皇帝，他的治国才能与艺术天赋都不可否认。唐玄宗在位44年，前期（开元年间）政治比较清明，经济迅速发展，唐朝进入全盛时期。改元天宝后，他志得意满，开始放纵享乐，从此不问国事，在纳杨玉环为贵妃之后，更加沉溺酒色，任用奸臣李林甫、杨国忠为宰相，使得朝政败坏。同时，宦官高力士权势极大，干预政治。又由于当时兵制由府兵制改为募兵制，使得节度使与军镇上的士兵结合在一起，就出现了边将专军的局面。胡人安禄山掌握重兵，在天宝十四年（755）十一月趁唐朝政治腐败、军事空虚之机和史思明一起发动叛乱，很快就攻陷了首都长安，安禄山则自称大燕皇帝，年号"圣武"，史称"安史之乱"。唐玄宗在惊恐中逃到成都，太子李亨在灵武称帝，是为唐肃宗，封唐玄宗为太上皇。

这场叛乱历经八年时间才被平定，从此唐朝元气大伤，均田制逐步瓦解，土地兼并现象日趋严重，租庸调制也无法实行，藩镇割据的形势已经形成，国家再也无法恢复到之前的繁荣景象，唐王朝由盛转衰。对于统治者和儒官们而言，政治的动乱固然让人难以预料，更让他们感到震惊和失望的是，被他们寄予厚望的礼乐制度居然如此不堪一击，他们的祭祀、祝祷没有赢得天神垂爱，他们所极力宣扬的忠孝思想都被落实为不忠不孝，这究竟是怎么回事？未来该怎么办？这是中唐以后有责任心的儒者必须要思考解决的核心问题。

反思的结果是：以儒术治国的总方针并没有错，因为儒释道三者之中，儒家相对最为务实，最有助于政治统治。经过安史之乱，佛教道教也都受到了极大的打击而凸显出种种问题，以佛老为立国之本是不可能的，甚至有人将国运衰退的原因归结于佛老的盛行而儒教衰微，最典型的莫过于韩愈。而儒家学者对于儒学自身也进行了深刻总结，发现之前强调以礼乐制度治理国家的思路是错误的，外在的规范如果没有内在道德准则作基础就会流于形式而没有任何意义。唐代社会的尔虞我诈与三代的质朴纯真已经有了根本不同，要想挽救社会危机必须从心性修养开始，构建一个诚信笃实的社会风气。基于这种认识，儒学一方面要振兴自身，从根本上改变华而不实的现状；另一方面要抨击佛老，努力吸取佛老之长为我所用。思想上，则由推崇礼乐向重视心性转化，心性问题逐渐成为中唐以后儒学的核心话题。

安史之乱从爆发到平定，凸显出很多引人深思的理论问题，主要有以下几个方面：

（一）天命与天人感应

隋和唐前期，统治者比较相信天命，善于利用祥瑞。杨坚为北周辅政大臣时，借助祥瑞符命为自己夺位制造舆论，后来北周静帝将帝位禅让于他，其诏书称：

> 元气肇辟，树之以君，有命不恒，所辅惟德。天心人事，选贤与能，尽四海而乐推，非一人而独有。周德将尽，妖孽递生，骨肉多虞……相国隋王，睿圣自天，英华独秀……况木行已谢，火运既兴，河、洛出革

命之符，星辰表代终之象……今便祗顺天命，出逊别宫，禅位于隋①。
静帝宇文阐去世时仅有9岁，诏书显然不可能是他亲拟，但却能反映出当时流行的天命观念。从这段话中，可以明显感受到西周以来"以德配天"的传统天命思想，用符瑞星象来预示政权交替，以火代木又是战国时邹衍"五德终始说"的体现，核心观念是政权更替来自天，君主必须顺天命而行，继承的是董仲舒天人感应的思路。杨坚即位后也自认为自己是得天命者，并用天命观念强化自己的统治。他即位第二年（582）下诏道："朕祗奉上玄，君临万国……"开皇九年（589）十二月下诏："朕祗承天命，清荡万方……"仁寿二年（602）下诏："朕祗承天命，抚临生人……"表明自己乃是天命正宗。利用天命固然有巩固统治的需要，但也在很大程度反映出人们（包括皇帝）对天命的崇敬和信仰。

唐王朝建立后，统治者也自认为是受天命佑助的正主，与隋一样，又有不少新的祥瑞符命之说产生。皇帝诏书中也多有例如"自昔帝王，受天明命"一类的话，礼制中祭祀天地鬼神成为重要内容。武则天称帝也借助了天命神物，其侄武承嗣命人在一块白色石头上凿出"圣母临人，永昌帝业"八字，宣称是得自洛河水中，武则天大喜，奉为神旨，并召集百官和皇亲贵族专门为此而祭天告谢上帝。第二年武则天就废除唐朝国号，改号大周，自己正式称帝。唐玄宗前期曾下令不许上报祥瑞，后来逐渐怠于政事，谋求长生，各种祥瑞符命又纷纷出现。总体看来，中唐以前的社会中，天命是具有统治地位的，祥瑞时有流行，天人感应还是基本观念。史学家刘知几在《史通·书事》篇论祥瑞道：

> 夫祥瑞者，所以发挥圣德，幽赞明王。至于凤凰来仪，嘉禾入献，秦得若雉，鲁获如麇，求诸《尚书》《春秋》，上下数千载，其可得言者，盖不过一二而已。
>
> 爰自近古则不然。凡祥瑞之出，非关理乱，盖主上所惑，臣下相欺，故德弥少而瑞弥多，政愈劣而祥愈盛。是以桓、灵受祉，比文、景而为丰；刘、石应符，比曹、马而益倍。而史官徵其谬说，录彼邪言，真伪莫分，是非无别……②

---

① 《隋书》卷一《帝纪第一·高祖杨坚上》。
② 刘知几：《史通》内篇《书事第二十九》。

他承认祥瑞是有的，确实是上帝鬼神对于圣贤君主的赞誉方式，但不是经常会出现。近代的祥瑞多为人为假造来迷惑人心，失去了祥瑞褒扬圣德的真正意义，产生了很坏的影响。可见，刘知几反对制造祥瑞，以假乱真，但不反对祥瑞和天命本身。这也代表了当时较为理性的儒者对待天命祥瑞的态度。

安史之乱爆发，原本奉有天命的王朝在叛军面前节节败退，动摇了人们原来的信念。虽然没有实现最终的改朝换代，战争之后的藩镇割据局面和中央政权的日益衰落却让传统天命理论受到怀疑。有识之士认识到，造成如此灾难的根本原因在于政治的腐败。唐玄宗开元年间社会安定，天下太平，朝廷上下弥漫着歌舞升平的享乐情绪，玄宗本人也沉溺于个人享受，不关心国家政治。士人以科举求官为追求，不愿习武，官吏腐败，上下欺瞒。正是玄宗的日益昏庸，不辨忠奸，才使安禄山这个狡诈阴险的野心家有机可乘。在平定叛乱的过程中，唐肃宗不听大臣李泌"直取范阳，一举捣毁安禄山巢穴"的建议，而要先收长安、洛阳两京，在收复两京之后便安于现状，享受升平，而没有抓住时机全歼叛军，最终导致安禄山余部由史思明统率死灰复燃，卷土重来，使国家又一次遭受沉重打击。之后继位的唐代宗认为武将不好驾驭而重用宦官，甚至授予军权，直接导致宦官专权达八年之久。代宗又对平叛有功的仆固怀恩处置不当而致其叛乱。唐德宗更为昏庸，对原本忠心的臣子不断猜疑，对骄悍的藩镇首领却一味妥协退让，使其日益无法无天。

《旧唐书》在《代宗本纪》之后引史臣评论曰：

> 呜呼，治道之失也，若河决金堤，火炎昆岗，虽神禹之乘四载，玄冥之洒八瀛，亦不能埋洪涛而扑烈焰者，何也？良以势既坏而不能遽救也。观夫开元之治也，则横制六合，骏奔百蛮；及天宝之乱也，天子不能守两都，诸侯不能安九牧。是知有天下者，治道其可忽乎！明皇之失驭也，则禄山暴起于幽陵；至德之失驭也，则思明再陷于河洛；大历之失驭也，则怀恩乡导于犬戎。自三盗合从，九州羹沸，军士膏于原野，民力殚于转输，室家相吊，人不聊生……①

这段评论把唐由盛而衰的原因归于"治道之失"，是理性而客观的。中唐以后，人们日益认识到国家的灾难不是天命的安排而是统治者的失误造成的，天帝鬼神符瑞的信仰逐渐淡化，对现实的人事作为更为关注。代宗在一份禁

---

① 《旧唐书》卷十一《本纪第十一·代宗李豫》。

止传播谶纬符瑞的诏书中说："故圣人以经籍之义，资理化之本，侧言曲学，实紊大猷，去左道之乱政，俾彝伦而攸叙。"① 所谓"左道乱政"指的就是曾经流行的符瑞星象天命之说。代宗认为儒家经籍是圣人所立的教化之本，而谶纬符瑞则是邪门歪道，极大地扰乱了大道，应该坚决予以去除。可见，这一时期的儒学观念已经剔除了汉代儒学中谶纬神学的内容，与初唐统治者推崇天命利用符瑞的思路已大不相同。

代宗以后，吉凶在人的观念进一步明确。唐德宗性格刚愎自用，拒谏饰非，对大臣颇多猜忌，频繁更换宰相。建中三年（782）底，因对朝廷不满，卢龙节度使朱滔自称冀王、成德王武俊称赵王、淄青李纳称齐王、魏博田悦称魏王，"四镇"以朱滔为盟主，联合对抗朝廷。淮西节度使李希烈也自称天下都元帅、太尉、建兴王（不久又称楚帝），与四镇勾结反叛。建中四年（783）十月，德宗调集兵马平叛，却没有做好相关工作，导致士兵因待遇过差而发生了兵变，这就是历史上著名的"泾师之变"。德宗仓皇出逃到奉天（今陕西乾县），成为唐朝继玄宗、代宗以后又一位出京避乱的皇帝。

事后，德宗与儒臣陆贽讨论这件事的原因。陆贽道："致今日之患，皆群臣之罪也。"皇帝却说："此亦天命，非由人事。"陆贽为此专门上了一道《论叙迁幸之由状》论述自己的观点：

……圣旨又以国家兴衰，皆有天命。臣闻天所视听，皆因于人，天降灾祥，皆考其德。非于人事之外别有天命也。故祖伊责纣之辞曰："我生不有命在天！"武王数纣之罪曰："乃曰吾有命，罔惩其侮。"此又舍人事而推天命必不可之理也！《易》曰："视履考祥。"又曰："吉凶者，失得之象。"此乃天命由人，其义明矣。然则圣哲之意，《六经》会通，皆谓祸福由人，不言盛衰有命。盖人事理而天命降乱者，未之有也；人事乱而天命降康者，亦未之有也②。

陆贽认为，商纣王自以为拥有天命而不反省自己的过失，最终导致亡国，说明不能离开人事而空谈天命，天命说到底取决于人的行为，而儒家经典的真谛在于明辨"祸福由人"，而"不言盛衰有命"。他在该奏折最后说：

臣闻理或生乱，乱或资理，有以无难而失守，有以多难而兴邦。今

---

① 《旧唐书》卷十一《本纪第十一·代宗李豫》。
② 陆贽：《论叙迁幸之由状》，《全唐文》卷四百六十七。

生乱失守之事,则既往而不可复追矣;其资理兴邦之业,在陛下克励而谨修之。何忧乎乱人,何畏于厄运!勤励不息,足致升平,岂止荡涤妖氛,旋复宫阙而已!①

陆贽将未来国家的走向完全归结于皇帝下一步要怎么做,而不再抱有什么天命佑助的观念。作为当时著名的儒者,陆贽的见解代表着儒学发展的新方向。

陆贽(754—805)所谓"群臣之罪"主要是指宰相卢杞奸邪狡诈,倒行逆施,才引起叛乱。兵变之后,德宗迫于朝野内外压力,不得已贬斥了卢杞。但他心里还是很喜欢卢杞,因为卢杞最善于奉承他,讨他欢心。后来,德宗与李泌讨论这次变乱时又替卢杞辩护道:"建中之乱,术士预请城奉天。此盖天命,非杞所能致也。"李泌回答道:

> 天命,他人皆可以言之,惟君相不可言。盖君相所以造命也。若言命,则礼乐刑政皆无所用矣。纣曰:"我生不有命在天!"此商之所以亡也!②

李泌(722—789)是当时最博学的人之一,对儒释道都有研究,尤其擅长《周易》和《老子》,他关于天命人事的见解与陆贽完全相同,甚至明确提出君王将相可以"造命",是对于传统天命观的创新和发展。这种新的认识更能够解释当时的历史变迁,有利于引导君主走向正确的道路,因此一旦萌芽便蓬勃发展起来。这样,中唐以后,天命的神学决定论色彩逐渐淡化,强调"吉凶祸福在人不在天"成为士人的共识。然而,他们也意识到人事活动不能随心所欲,而要遵循一定的法则,这个法则也是客观存在的,便是天之道。对天道的探索与践行逐步取代了对天命上帝的崇拜和依赖,学者柳宗元、刘禹锡关于天人不相感应的讨论正是这一思潮的反映。到了宋代,理性主义进一步发展,天道演变为天理,理学由此而兴起。

(二) 忠孝与心性

唐代建国之初,统治者着力推行儒家的礼乐制度,思想上提倡忠孝,对《孝经》极为重视,将其列为科举考试的必考科目。从唐高祖李渊开始,就经常召集儒释道三教的杰出人物在一起讨论各家教义精华。佛教讲《般若经》,

---

① 陆贽:《论叙迁幸之由状》,《全唐文》卷四百六十七。
② 司马光:《资治通鉴》卷二百三十三《唐纪四十九·唐德宗贞元四年》。

道教讲《老子》，儒教就讲《孝经》。唐太宗李世民对儒学非常重视，讲求孝道，曾经亲自到国子学观释奠，即祭孔大典，与国子祭酒孔颖达讨论《孝经》经义，并提出自己的见解："孝者，善事父母，自家刑国，忠于其君。战阵勇，朋友信，扬名显亲，此之谓孝。"① 将孝由事父母引申到忠国君，落实于社会行为之中。太宗认为，如果每个人都能做到这样的孝，国家自然长治久安了，表现出初唐统治者以孝治天下的理想。后来，唐玄宗还亲自为《孝经》作注，命令儒者为注作疏，颁行天下，令士人学习。开元八年（720），玄宗采纳国子司业李元瓘的建议重塑孔庙诸贤，"敕改颜生等十哲为坐像，悉预从祀。曾参大孝，德冠同列，特为塑像，坐于十哲之次"②。在朝廷的推动下，不光儒家讲孝，连佛道二教也不同程度地吸收了孝的思想，忠孝意识通过各种途径向社会渗透。

在唐前期，儒学所强调的核心价值由先秦的以仁义为特征转变为以忠孝为特征，这正是统治者所需要的。他们认为只要提倡忠孝，就可以实现君君臣臣父父子子。而现实是对忠孝的重视和提倡并没有使人忠孝，整个安史之乱就是一个君不君臣不臣、父不父子不子不忠不孝的典型案例。安禄山反叛之心已久，并为此准备了十余年。他为人奸险狡诈，口蜜腹心，暗中贿赂朝中大臣，博得玄宗的信赖。在玄宗面前，安禄山装出一副忠诚不贰的样子。《新唐书·安禄山传》记载："禄山阳为愚不敏盖其奸，承间奏曰：'臣生蕃戎，宠荣过甚，无异才可用，愿以身为陛下死。'天子以为诚，怜之。"③ 安禄山为达目的不择手段，因杨贵妃得宠而主动请求作贵妃养子，他年龄比杨贵妃大十几岁，表面却是极尽儿子孝道，下拜时先拜贵妃后拜皇帝，宣称"番人先母而后父"，皇帝很高兴，更加不怀疑他。安禄山身材肥大，却刻苦练习跳《胡旋舞》讨好皇帝，玄宗看他的腹部硕大说："胡人腹中有什么东西那样大呢？"安禄山回答："唯赤心耳！"这样一个表面上忠孝之人，内心其实是不忠不孝之极。安史之乱使得朝廷所宣扬的忠孝彻底破灭。后来，安禄山之子安庆绪与人合谋杀死安禄山，即位为帝，史思明在反叛过程中与安庆绪发生矛盾，以安庆绪"杀父求位""大逆不道"为名将其谋杀，最后，史思明本人

---

① 《旧唐书》卷二十四《志第四·礼仪四》。
② 同上。
③ 《新唐书》卷二百二十五（上）《列传第一百五十（上）·逆臣列传安禄山》。

又被其子史朝义与部下杀死，史朝义自登皇位，建元显圣。

关于这一段历史，《新唐书》在安禄山、史思明传的最后评论道：

> 禄山、思明兴夷奴饿俘，假天子恩幸，遂乱天下。彼能以臣反君，而其子亦能贼杀其父，事之好还，天道固然。然生民厄会，必假手于人者，故二贼暴兴而亟灭①。

安禄山、史思明作为乱臣贼子，死不足惜，然而，当时的社会中，臣弑君、下弑上、子弑父的又何止这两家？中唐以来藩镇割据下的各种兵变、五代十国的政权更替，哪一个不是不忠不孝、以下犯上的产物？即使是唐代皇帝中，逼迫父亲强夺政权的也不在少数。许多掌权者都是自己不忠不孝，得位后却要求别人对其尽忠尽孝。这样的假忠孝已经深为世人所唾弃，人们开始思考社会如此动荡不安的根源何在？从唐肃宗开始，经历了安史之乱的变故，皇帝已不敢再相信臣子，之后的代宗因猜忌武将而重用宦官，继位的德宗更是刚愎多疑，认为连文臣也不堪信任。德宗曾询问陆贽，要挽救当时的局面，首先应该做什么事。陆贽认为，当今首先要做的便是收拾人心，"理乱之本，系于人心"。在局势动荡的时候，君主更应该约束自己，以诚待人，虚心听取意见，做到君臣一心，才能共度危难。德宗回答说：我不是不想信任大臣，而是总被欺骗不敢再相信别人。陆贽随即提出，君主对待臣子和百姓要以诚与信为本，要想使别人以诚待己，自己首先要做到以诚信待人：

> 驭之以智则人诈，示之以疑则人偷。上行之则下从之，上施之则下报之。若诚不尽于己而望尽于人，众必怠而不从矣。不诚于前而曰诚于后，众必疑而不信矣。是知诚信之道，不可斯须而去身②。

陆贽在《奉天请数对群臣兼许令论事状》中还引用《中庸》之语对德宗进行劝诫：

> 臣闻人之所助在乎信，信之所立由乎诚。守诚于中，然后俾众无惑；存信于己，可以教人不欺。唯信与诚，有补无失。一不诚则心莫之保，一不信则言莫之行。故圣人重焉，以为食可去而信不可失也。又曰"诚者物之终始，不诚无物"，物者事也，言不诚则无复有事矣。匹夫不诚，无复有事，况王者赖人之诚以自固，而可不诚于人乎？……故"唯天下

---

① 《新唐书》卷二百二十五（上）《列传第一百五十（上）·逆臣列传安禄山》。
② 《资治通鉴》卷二百二十九《唐纪四十五·唐德宗建中四年》。

至诚，为能尽其性；能尽其性，则能尽人之性"①。
"诚"这一概念从未被提高至如此地位，甚至成为君主治理国家的根本。在国家动荡、君臣离德的复杂环境下，诚信成为最为宝贵、最值得呼唤的品质。有了诚信才能够赢得人心保全自己，进而收拾残局重振江山。陆贽的见解是正确的，他发现了问题所在。而进一步分析又会发现，诚之根本是出于人心人性，因此《中庸》将诚与人性相联系。

陆贽不时地以儒家思想来讨论这一问题：

《易》曰："圣人感人心而天下和平。"夫感者，诚发于心，而形于事，人或未谕，而宣之以言，言必顾心，心必副事，三者符合，不相越逾，本于至诚，乃可求盛。事或未致，则如勿言，一亏其诚，终莫之信②。

故喻君为舟，喻人为水，水能载舟，亦能覆舟。舟即君道，水即人情。舟顺水之道乃浮，违则没；君得人之情乃固，失则危。是以古先圣王之居人上也，必以其心从天下之心，而不敢以天下之人从其欲③。

夫国家作事，以公共为心者，人必乐而从之，以私奉为心者，人必咈而叛之。故燕昭筑金台，天下称其贤；殷纣作玉杯，百代传其恶。盖为人与为己殊也。周文之囿百里，时患其尚小；齐宣之囿四十里，时病其太大；盖同利与专利异也。为人上者，当辨察兹理，洒濯其心，奉三无私，以壹有众。人或不率，于是用刑，然则宣其利而禁其私，天子所恃以理天下之具也④。

夫欲理天下，而不务於得人心，则天下固不可理矣。务得人心，而不勤于接下，则人心固不可得矣。务勤接下，而不辨君子小人，则下固不可接矣。务辨君子小人，而恶其言过，悦其顺已，则君子小人固不可辨矣⑤。

这四段引文分别摘自陆贽所上的四份奏章，针对的都是当时的政治事务，代表儒家思想在政治中的应用。陆贽是中唐杰出的政治家，也是著名的文学

---

① 陆贽：《奉天请数对群臣兼许令论事状》，《全唐文》卷四百六十八。
② 陆贽：《奏天论赦书事条状》，《全唐文》卷四百六十九。
③ 陆贽：《奉天论前所答奏未施行状》，《全唐文》卷四百六十八。
④ 陆贽：《奉天请罢琼林大盈二库状》，《全唐文》卷四百六十九。
⑤ 陆贽：《奉天请数对群臣兼许令论事状》，《全唐文》卷四百六十八。

家和儒者，当时社会中许多杰出人才都与他思想相近、关系交好，崇拜追随他的更是不计其数。贞元八年（792），陆贽主持进士科考试，韩愈、欧阳詹、李观等八人登第，时称"龙虎榜"，誉为"天下第一"，陆贽便为韩愈等人的座师，对他们思想的影响可想而知。不难发现，陆贽这些论述已经由"诚"扩展至"人心""人情""人欲"等概念，并且涉及君与民、君心与天下之心、君子与小人、公共之心与私奉之心等一系列对立的儒学范畴。这些都是中唐以后适应社会需要而兴起的论题，"诚""人心""性情"等范畴遂成为儒学关注的新领域。当时许多学者都开始讨论这些问题，比较著名的文章有：欧阳詹（755—800）的《自明诚论》、韩愈（768—824）的《原性》、李翱（772—841）的《复性书》、皇甫湜（777—835）的《孟子荀子言性论》、及杜牧（803—852）的《三子言性论》等。传统儒学中有关心性的内容也因此受到推崇而被重新解读，《中庸》《大学》《孟子》等经典正是在这样的文化思潮中脱颖而出。

（三）章句与经义

安史之乱引起了朝廷君臣对统治方式的反思，但他们并没有抛弃儒学，而是更加重视儒学教育，并且对之前的教育方式进行改革，改革的方向是抛弃章句之学而转向经义治世。学风的转变从杨绾改革贡举的建议开始。

杨绾（？—777）出身官宦世家，以儒学和品行著称，也擅文辞、尚玄理。唐玄宗天宝年间（742—756）中进士，又应辞藻宏丽科考试，以文、诗、赋俱佳夺得第一名。他曾在玄宗、肃宗、代宗三朝为官，亲自经历了安史之乱，目睹中唐社会的剧变。唐代宗时，叛乱初定，杨绾任礼部侍郎，上疏分析儒学的弊病，建议改革贡举。

他在奏章中称，从汉代以来，人们日益崇尚文辞，彼此自夸炫耀，只追求虚名，而不考虑实际品行，极大地败坏了社会风气，损害儒家教化。隋炀帝开设进士科本来只考策问，到高宗朝，考功员外郎刘思立奏请进士加试杂文，明经科考帖文，从此开始形成重章句而不求经义的弊病。士子年幼刚能求学，就背诵当代诗作，长大后阅读文章也多是诸家的文集。他们互相吹捧，结成同党，以章句而徒增虚名。"六经则未尝开卷，三史则皆同挂壁"，这样的人怎么能当得起儒家的君子之儒呢？重视章句的旧习相沿已深，追逐名利成为读书人目标，他们四处求见投递名帖，奔走于权贵之门，这样的风气下，人们怎么能够返璞归真、恪守忠信、懂得节操呢？当前叛乱已平，国家再度安定，正是应该改变这种恶习的时机。杨绾认为：

> 国之选士，必藉贤良。盖取孝友纯备，言行敦实，居常育德，动不违仁，体忠信之资，履谦恭之操，藏器则未尝自伐，虚心而所应必诚。夫如是，故能率己从政，化人镇俗者也①。

这样的选士标准看重人才的品行，强调道德与谦恭要从内心而发，期待真正的君子用高尚节操感染他人，改变虚妄浮华追逐名利的社会风气。

具体改革方案是：停止考生自荐，先由县令等地方官详细考察当地具有孝友信义廉耻等品行的人，发现精通经学可以应考者便向州郡举荐，参加考试。在考试方式上：

> 取《左传》《公羊》《穀梁》《礼记》《周礼》《仪礼》《尚书》《毛诗》《周易》，任通一经，务取深义奥旨，通诸家之义。试日，差诸司有儒学者对问，每经问义十条，问毕对策三道。其策皆问古今理体及当时要务，取堪行用者②。

原来的明经科考试帖经，以背诵为主，侥幸成分太大，对治理国家毫无帮助，因而建议取消从前的进士、明经二科，只设孝廉一科，罢黜章句，以经义、策问为考试内容。杨绾特别提到地方官必须认真履行职责，一旦发现举荐不实，则加以贬退。他的目的是希望通过这样的改革，"数年之间，人伦一变，既归实学，当识大猷，居家者必修德业，从政者皆知廉耻"③。

杨绾看到了当时社会的问题，希望以新的取士方式为导向逐步改变社会风气，最重要的变化是：一方面注重人才的品质德行；另一方面从辞藻章句转向经义实学，开启追求经世致用之风。皇帝命令朝臣讨论杨绾的建议，大臣们纷纷上折表示赞同杨绾观点。其中，尚书左丞相贾至的评论尤为深刻：

> 今试学者以帖字为精通，不穷旨意，岂能知迁怒二过之道乎？考文者以声病为是非，唯择浮艳，岂能知移风易俗化天下之事乎？是以上失其源而下袭其流，波荡不知所止，先王之道，莫能行也。夫先王之道消，则小人之道长，则乱臣贼子生焉。臣弑其君，子弑其父，非一朝一夕之

---

① 《旧唐书》卷一百一十九《列传第六十九·杨绾传》。
② 同上。
③ 同上。

故，其所由来者渐矣。渐者何？谓忠信之凌颓，耻尚之失所，末学之驰骋，儒道之不举，四者皆取士之失也。……今取士试之小道，而不以远者大者，使干禄之徒，趋驰末术，是诱导之差也。……近代趋仕，靡然向风，致使禄山一呼而四海震荡，思明再乱而十年不复。向使礼让之道弘，仁义之道著，则忠臣孝子比屋可封，逆节不得而萌也，人心不得而摇也①。

"迁怒二过"是指孔子赞颜回"不迁怒不二过"，代表先秦儒学精义。贾至认为，安史之乱并非偶然，归根结底是社会风气出现了问题，儒学衰微，致使"先王之道消，小人之道长"。而社会风气之所以背离了先王之道，是因为选取人才的方式有误。回顾三代，"选士任贤皆考实行，故能风化淳一，运祚长远"，而唐以来，帖经章句这样的"小道""小学"盛行天下，催生出功利虚荣的风气，儒家的仁义道德萎靡不振，才会产生安禄山、史思明这样的乱臣贼子，对国家造成了莫大的伤害。贾至（718—772）赞同杨绾的改革主张，提出应该同时广设学校，提高教师与贡士的待遇和社会地位，令精通儒学的人担任国子博士等教学职位，复新正宗的儒家思想。

杨绾与贾至的分析是当时朝廷君臣对中唐政治变迁的深刻反省，代表了一大批社会精英的普遍认知。可惜的是，杨绾的建议还未来得及深入实行，他已因病去世，之后不久唐代宗也因病去世。继位的唐德宗心胸狭隘，刚愎多疑，猜忌臣子，杨绾设计的改革也被中断了。

尽管如此，以经义取代章句已成为朝野的共识。德宗时，陆贽也以儒家思想进谏，要求统治者诚信待人，重振儒家仁义之道。德宗之后顺宗即位，任用王叔文等进行变革，但顺宗短命，革新很快失败。到唐宪宗时，儒学改革的要求又被重新提出。

唐宪宗一继位，即以"才识兼茂，明于体用科"策问儒者，问题首先总结了安史之乱以来的一系列社会问题，然后策问曰："举何方而可以复其盛？用何道而可以济其艰？既往之失，何者宜惩？将来之虞，何者当戒？……又执契之道，垂衣不言，委之于下，则人用其私，专之于上，则下无其效。汉元优游于儒学，盛业竟衰，光武责课于公卿，峻政非美。二途取舍，未获所

---

① 《旧唐书》卷一百一十九《列传第六十九·杨绾传》。

从，余心浩然，益所疑惑。"①

宪宗让应答者选择不同的治国道路，所谓"执契之道"是指老子的无为政治，与之相对的是儒家之学，二者孰优？白居易在其应对策中说："臣以为无为者，非无所为也，必先有为而后至于无为也。老子曰：'无为而无不为'，盖是谓矣。"② 意思是说，面对当时的情况，必须首先振兴儒学，以儒术治国，国家大治之后才谈得上无为而治。而"汉元优游于儒学而盛业竟衰者，非儒学之过也，学之不得其道也；光武责课於公卿而峻政非美者，非考课之累也，责之不得其要也。"儒学没有使国家兴盛，原因在于当事者没能发挥它的真谛，如果方法得当，就会使"君得君之道"，"臣得臣之道"，国家自然能恢复强盛。

同年参加这一考试的还有大文豪元稹（779—831），元稹则直接指出：

> 尚儒术而衰盛业，盖章句之学兴，而经纬之文丧也。
>
> 至于考绩之科废，章句之学兴，经纬之道丧，会计之期速，皆当今之极弊也。……今国家之所谓兴儒术者，岂不以有通《经》文字之科乎？其所谓通《经》者，又不过於覆射数字，明义者才至于辨析章条，是以中第者岁盈百数，而通《经》之士蔑然。以是为通《经》，固若是乎？至于工文自试者，则不过於雕词镂句之才，搜摘绝离之学，苟或出于此者，则公卿可坐致，郎署可俯求，崇树风声，不由殿最，连科者进速，累捷者位高，拱嘿因循者为清流，迁法苴官者为俗吏，以是为儒术，又若是乎哉？③

元稹认为，当时的儒学重章句而轻经义，以至于不能对社会产生应有的效用，因此不是真正的儒学。面对这种情况，元稹认为应该改革取士制度，经学考试应"以环贯大义而与道合符者为上第，口习文理者次之"；文学考试则"以经纬今古理中是非者为上第，藻缋雅丽者次之"，"若此则儒术之道兴，而经纬之文盛矣"。儒学兴盛将带来的社会效果是"诚信著于上，则忠孝行于下；敬让立于内，则夷狄和于外。夷狄和则边鄙之兵息，敬让立则争夺之患销，

---

① 白居易：《对才识兼茂明于体用策》，《全唐文》卷六百六十九。
② 同上。
③ 元稹：《对才识兼茂明于体用策》，《全唐文》卷六百五十二。

争夺之患销则和顺之心作，和顺之心作而礼乐之道兴矣"①。

从杨绾、贾至到白居易、元稹，他们都看到儒学的弊端，提出要进行改革，改革的基本思路便是：不重章句，而要贯通经学大义，使真正的儒家之学得以应用于实际，使先王之道流行于天下。实际上，这种改革也是经学研究方法的变革，促使经学研究由章句之学向义理之学转变。提倡改革的这些人既擅长诗文，又精通儒学，代表了一大批中唐精英学者，他们的观点引发了文学和经学的大变革。韩愈正是在这种思路下提出"文以明道"的要求，使文学与儒学相统一，推动了唐宋经学的转向。

三、唐宋科举制度与经学发展

产生于隋代的科举制度至唐日益完善，成为联结社会政治、教育、文化各方面的重要纽带。儒家经学则是科举考试的主要内容，二者在发展中相互作用，共同演变。

（一）唐代科举制与儒家经学的发展

隋朝创立了分科考试选拔人才的制度，取代了汉以来以门阀制度为基础的九品中正制和察举制。但隋朝统治时间短暂，科举制度尚未完全展开，唐承隋制，开始确立分科考试选拔国家各级管理人才的制度，科举制得到了极大的发展和完善，对社会政治和文化都产生了深远的影响。

隋唐时期，国家重新实现了统一，维护和巩固封建政权成为统治者面临的迫切问题。儒学讲求忠君爱国仁义礼智的特质使其成为最适合维护大一统君权统治的思想武器，因而在此时重新得到重视。隋文帝即位后，广泛征集儒家经典。隋炀帝时又对已有经典进行了分类和整理，南北儒学的不同风格得以相互融合。唐朝建国后，唐高祖李渊就在武德二年（619）下诏兴学崇儒，在国子学立周公、孔子庙，四时致祭。唐太宗李世民更加倡导儒术，于贞观四年（630）下诏各州县学皆立孔子庙，又召集儒生研究儒家经典，大力提拔重用精通儒术的官员。他自称完全依靠和采用儒学来治理国家，"朕今所

---

① 元稹：《对才识兼茂明于体用策》，《全唐文》卷六百五十二。

好者，惟在尧舜之道，周孔之教，以为如鸟有翼，如鱼依水，失之必死，不可暂无耳。"① 可见，唐太宗是将儒术视为关系到政权生死存亡的根本问题。最高统治者如此重视儒家思想，将其作为治国的基本方略，必然要将这一精神体现在选拔治国人才的科举制度之中。因此，唐代科举考试与儒家经学有着密不可分的联系。

隋炀帝时，科举设明经、进士两科，唐代在此基础上增设秀才、明法、明字、明算四科，一共六科。六科之中，秀才科、明经科、进士科为综合性科目，但秀才科难度较大，唐初还经常举行，唐高宗永徽年间废止，后来时断时续，最后消失，部分内容并入进士科考试。明法、明字、明算等科均为实用型专门科目，意在选拔某一方面的专门人才，局限性非常明显，并不普及。因而，最为重要的还是明经与进士两科。

明经科源于传统的孝廉科，隋以前孝廉虽然由地方推举，但由东汉开始要加试儒家经典。科举制度确立后，孝廉科逐渐转化为明经科。唐代明经科以十二部儒家经典为考试内容，其中正经九部，兼经三部。九部正经包括《易》《书》《诗》《周礼》《仪礼》《礼记》《春秋左传》《春秋公羊传》《春秋穀梁传》，三部兼经是指《论语》《孝经》《尔雅》。正经中又根据卷数多少分为大、中、小三等。大经两部：《礼记》和《春秋左传》；中经三部：《诗》《周礼》《仪礼》；小经四部：《易》《书》《春秋公羊传》和《春秋穀梁传》。根据所考正经的不同，明经类具体科目又有九经科、五经科、四经科、明三经、明二经、三礼科、三传科等区分，不同科目有不同规定，基本原则是大经、中经、小经要合理搭配，不能只选择卷数少的小经而不选卷数多的大经和中经。如明二经所考正经两部中，或选择中经两部，或选择一部大经和一部小经；明三经则要考三部正经，大、中、小经各一部；兼经则是各科必考内容。

考试过程一般是："凡明经，先帖文，然后口试，经问大义十条，答时务策三道，亦为四等。"② 明经科考试科目也曾偶有变化，如唐高宗上元二年（675），曾加试《老子》，但儒家经典始终是考试的基本内容。明经考试中的帖文（又称帖经）是主要的考试方式，具体方法为：将经书中的一行留出，两端用他物遮盖，将所留出的一行上用纸帖住三个字，看考生能否答出被帖

① 吴兢：《贞观政要》卷六《慎所好第二十一》。
② 《新唐书》卷四十四《志第三十四·选举志上》。

的字。帖经有口答和笔答两种方式，可以有效地考察应试者对于经典的熟悉程度，评判标准统一，有利于公平竞争，一度大受欢迎，为其他各科考试所采用。唐代明经科省试中，第一场就考帖经，帖经合格才有资格参加第二场的儒家经策考试，否则即被淘汰。

进士科最早为隋炀帝大业年间（605—618）创立，沿用至唐初，一般只考时务策，不考其他内容。而时务策涉及的范围也比较广泛，应试者需要引经据典来论证自己的观点，要求有扎实的经史基础、良好的文采、敏锐的分析能力。贞观八年（634），唐太宗认为进士科考试内容过于单薄，下诏"加进士试读经史一部"①。到唐高宗调露二年（680），主持科举考试的官员刘思立在进士科中加试经学和文学，"先时，进士但试策而已，思立以其肤浅，奏请帖经及试杂文。自后，因以为常式"②。两年后，这一规定正式实施，具体要求为："其进士帖一小经及《老子》，皆经注兼帖，试杂文两首，策时务策五道。"要求"文需洞识文律，策需义理惬当者为通。若事义有滞，词句不伦者为下。其经策全通为甲，策通四，帖通六已上为乙，已下为不第"③。经过刘思立的改革，进士科成为综合考试科目，经学、文学、时务策成为考试的三大内容，并为后世所沿袭。这一改变的显著影响在于开启了重文学的风气，同时规定帖经不仅要考察经书正文，而且要考帖经之注文，加强了对经典注疏的学习。

唐代进士科考试一般分为三场、首场试杂文，常以诗赋为主；第二场试帖经；第三场考策问。帖经是直接考察儒家经典，策问也与儒学有着密切关系。因为策问的题目多是针对社会现实问题提出，内容涉及政治、军事、经济、文化各个方面，考生需要结合历史上的类似问题予以判断，提出自己的观点。题目本身很可能就来源于儒家经典，考生作答的基本原则也是儒家思想，如果说帖经是考察应试者对于儒家经典的熟悉程度，策问考试则侧重于考察应试者运用儒学思想解决实际问题的能力，二者是相辅相成的。由明经与进士的考试方式可见，唐代科举考试的主要内容都是儒家传统经典。进士科试虽然加考文学才能，儒家经典还是考试的主体。在唐初百废待兴的政治环境中，儒学的统治地位通过科举得到了确立。

---

① 杜佑：《通典》卷十五《选举三》。
② 王溥：《唐会要》卷七十六《贡举中·进士》。
③ 《唐六典》卷二《尚书吏部》。

唐代科举制推行的直接影响是极大地促进了儒家经学的整理与发展。由于儒家经典流传久远，历代注家非常多，经文本身也有差异，作为科举考试的依据，对经典进行整理和规范是必不可少的。唐代首先对列入科举考试范围的九部正经和三部兼经共十二部儒家经典进行了初步规范。九部正经中既有今文，又有古文，同一经典又有多家注释，需要国家根据政治需要进行选择。唐代规定，九部正经中，《易》《书》《诗》《周礼》《春秋左传》均用古文经，《仪礼》《礼记》《春秋公羊传》《春秋穀梁传》用今文经。为了解决"儒学多门，章句繁杂"的问题，唐太宗下诏令宿儒孔颖达召集各地大儒，修撰《五经正义》，对五部重要经典的注释进行选择、规范、并加以疏解。其中，《周易正义》选用《费氏易》王弼、韩康伯合注本，《尚书正义》选用《古文尚书》孔安国传本，《毛诗正义》选用《毛诗》郑玄本，《礼记正义》选用《小戴礼记》之郑玄注本，《春秋正义》选用《春秋左传》杜预集解本。《五经正义》于唐高宗永徽四年（653）三月正式颁行。除《五经正义》外的另外四部正经和三部兼经也都明确规定了标准注本。这一规范经典过程的较为漫长，也耗费了大量人力物力，是当时政治文化上的重大举措。后世有人批评《五经正义》"疏不破注"的解经方式过于保守，不利于儒学创新。然而，在隋唐时期，特别是唐朝初年，儒学在经历了魏晋南北朝数百年的衰落，已被佛老冲击得体无完肤的情况下，最需要的不是创新而是恢复。让世人重新学习、了解正统的儒学经典才是当务之急，没有广博深厚的经学基础，怎么奢谈理论的创新？《五经正义》的编撰是符合当时社会需要的，对经学的整理和普及极具意义。在撰写过程中，儒生们也发现了很多问题，并进行了多方考证，为后来的经学发展奠定了基础。

（二）宋代科举改革与经学转向

唐代科举以帖经为主要的考试方式，代表了考试的规范化与标准化，在初期取得了良好的效果，对经学的重新流传起到了积极作用。而经过一段时间的实践后，这种考试方法的缺陷也凸显出来。帖经为记诵之学，主要考察应试者对经典的熟悉程度，却很难真正检验应试者对所学经典的认识和理解水平，只适合于作初级基础训练，而不适合作为高级考试方式。对于这一点，唐玄宗开元十六年（728），国子祭酒杨瑒上疏云："窃见今之举明经者，主司不详其述作之义，曲求其文句之难，每至帖试，必取年头日月，孤经绝句。"①这种命题导向势必引导应试者将大量精力花费在单纯的记诵之上，对其理解和思考能力的提高毫无帮助，更不用说用所学理论来解决实际的社会问题。这样的科举考试当然违背了统治者的初衷，因此，除帖经外，他们逐渐摸索出其他考试方式——主要是注重能力的经义考试。

经义考试方式是以儒家经典中的文句为题，由应试者围绕这一主题展开议论，阐发义理，类似于现代的议论文。最初的经义考试采取口义的方式，即口试，考官当面出题，考生当场口答，然后评定成绩。这样的方法效率较低，费时费力，同时容易作弊，过后还无据可查。因而有官员建议将口试改为笔试，即墨义。墨义可以使众多考生同时考一个题目，然后由考官统一阅卷，出现争议可以查阅试卷，标准统一，省时省力同时有益公平，因而发展为经义考试的主要方式。就考试要求而言，经义考试很大程度包括了帖经的内容，不仅考察应试者对经典的熟悉程度，还考察其对所学思想的理解和应用，因而难度又高于帖经。

从唐代中叶开始，科举考试中逐渐加入经义考试的成分，以弥补帖经僵化死板、注重死记硬背的缺陷。但在北宋以前，帖经一直占据主导。北宋时期，科举考试发生了很大变化，经义逐渐取代帖经成为主流方式。这一时期，仅进士、明经科保留帖经，但也以经义考试为重点，其他各科则不再用帖经方式，直接用墨义代替。由唐至宋，帖经与经义并存了二百余年，至北宋仁宗之后，经义彻底取代了帖经。这一重大变化从根本上说是经学领域讲求义理胜过章句的社会反映，而作为制度反过来又有力地推动了经学的转向。这意味着，读书人要想在科举考试中胜出，光靠记诵是远远不够的，必须在熟读经典的基础上充分理解经义，并善于辨析，有独立的见解，并且能够将其应用于实践。讲论大义，注重实行由此成为新的社会趋向。

宋代实行佑文的政策，以尊孔崇儒为导向。宋太祖开始便重用儒臣，并且极力提高儒学的地位，规定国家选拔的人才"须通经义，遵周孔之教"。宋真宗更加崇儒，亲自赴曲阜孔庙祭奠，还撰写了《文宣王赞》和《崇儒术论》，表达以儒学为尊的政治纲领。真宗命刑昺、孙奭等人校定《周礼》《仪礼》《公羊》《孝经》《尔雅》等经典注疏，编写《论语正义》《尔雅疏》《孝经

---

① 《旧唐书》卷一百八十五下《列传一百三十五下·杨场》。

正义》《孟子正义》，在唐代儒家十二经的基础上加入《孟子》，形成十三经，并校定十三经正义，颁行学官，作为标准教材。十三经由此成为儒家经典的正宗。注重经义阐发是宋代科举的重要特征。宋初科考常设科目主要有进士、九经、五经、开元礼、三史、三礼、三传、学究、明经、明法等科，在各科考试中，儒家经义是必不可少的。最流行的进士科考试内容是先考诗赋，然后是策问，接着是帖经，最后是墨义。到后来，墨义取代帖经，考试内容变为诗赋、策问、墨义三项。除了进士科考察诗赋和策问外，其余各科都以经义为主。

宋仁宗庆历三年（1043），范仲淹发起"庆历新政"，对科举内容进行改革，规定科举考试废除帖经和墨义，先试策，次试"大义"，再次考诗赋，评定标准是"诸科经旨皆通者为优等"。这一变革的明显倾向是注重考生对经义的深入理解和对儒家经典在治国安邦中的实际应用。长于记诵却不解经义的人无法适应科举考试，而善于积极思考，能领会经典要旨的人往往能在考试中脱颖而出。"庆历新政"虽然最终没有取得成功，而科举改革却对社会产生了重大影响。通过科举而表达的政治导向促使儒生们冲破传统注疏的束缚，从不同角度探求和阐发经学义理，进而形成"以己意解经"的学术潮流。

之后的王安石变法继承了"庆历新政"的思路，对科举进行进一步改革。王安石认为"强记博诵"和"略通于文辞"对于治国都是"无补之学"，因此主张"宜先除去声病对偶之文，使学者得以专意经义"，于是，宋神宗熙宁四年（1071），朝廷废除了科举考试中的帖经、墨义和诗赋，专门以经义取士。另外，废除明经诸科，增加进士科名额。进士科考试内容为：任选《诗》《书》《易》《周礼》《礼记》中的一种，称为"本经"，同时兼考《论语》《孟子》，称为"兼经"。考试分为四场：第一场考"本经"，第二场考"兼经"，第三场试论一首，第四场考时务策三道。这四场考试，要求考生必须熟悉儒家经典的主旨大义，根据儒学理论阐发有关政治、经济、道德等各方面的思想，并运用这些思想解决现实问题。考试的目的在于选拔出一批既通经术又明时务的人才。

唐宋科举考试的变革直接反映并推动着经学的转向。一方面，在治经方式上，范仲淹和王安石对科举内容的两次改革都反对执著于僵化的注疏和文辞，引导士人注重经义，独立思考，客观上鼓励人们对儒家经典及其思想进行深入挖掘，有所创见和发挥，强调经世致用。经学的创新和发展使疑传疑经之风应之而起，学术风气由此为之一变，新的哲学思想也在这一基础上产生。另一方面，在经典选择上，唐代科考中原有九部"正经"、三部"兼经"，经王安石变法后，九部"正经"中去掉了《仪礼》和春秋三传，变为五部"本经"；三部兼经中则保留《论语》，去掉《孝经》《尔雅》，增加《孟子》，变为两部。经典的变化来源于社会需要，《春秋》三传因专注于注疏，脱离现实而被剔除，《论语》《孟子》则凭借其思想意蕴深刻，便于理解发挥而被定为必考科目。此期的经典转化是经学发展的重大变革，也预示着学术思想的新方向。总之，社会的需要引发了经学的变革，经学变革推动社会制度的改进，而制度的变化又反作用于经学发展。政治与经学的有机互动最终促成了整个宋代文化的转型。

第三章　唐代文化的开放性和创新精神

唐代是我国历史上国力最为强盛的朝代之一，它创造了绚丽多彩的文化，对中国乃至世界产生了深远影响。唐代文化之所以能够兴旺发达，根本原因就在于唐朝人具有不断创新的精神。这种精神表现在各个方面，总和起来铸就了唐代五彩斑斓的文化高峰。从社会因素看，唐代具有开放宽松的政治环境和高度发达的经济基础，对各类思想观念持包容鼓励的态度，由此形成了反对因循守旧、勇于尝试、海纳百川、求新求变的思想风貌，这一特点表现在唐代文化的一切领域，孕育了崭新的学术气象。

一、唐统治者儒释道三教并重的治国方略

唐代已经把儒释道称为"三教"，三教兼容并重是唐代政治的基本模式，从唐太祖李渊开始已经确立了这样的统治方针。尽管不同的皇帝侧重不同，总体看来，儒学一直是治国的主导思想。

对于儒家学说的重要性，初唐统治者有深刻的认识。高祖李渊建唐初始就十分注重传统儒学，武德二年（619），高祖诏令在国子监建周公、孔子庙各一所，春夏秋冬四季致祭。武德七年（624），他在《兴学敕》中说"自古为政，莫不以学为先。学则仁义理智信，五者具备，故能为利深博"，表明其重视儒学的明确态度。高祖认为：隋代以来，周孔之教缺失，导致社会风气

堕落，因此宣布"朕今欲敦本息末，崇尚儒宗，开后生之耳目，行先王之典谟"①，并屡次亲临国学，参加祭祀活动，鼓励四方学子学习儒学，优秀者赐官奖励。唐太宗对儒学更为重视，他曾说："朕所好者，唯尧舜周孔之道，以为如鸟有翼，如鱼有水，失之则死，不可暂无也。"②太宗立孔子为先圣，其弟子颜渊为先师，积极发展国学、太学，增筑学舍，充实生源，学生最多时达到八千余人，盛况前所未有。此外，"太宗以经笈去圣久远，文字多讹谬，诏前中书侍郎颜师古考定《五经》，颁于天下，命学者习焉"，又以儒学多门，章句繁杂，诏国子祭酒孔颖达与诸儒"撰定《五经》义疏，凡一百七十卷，名曰《五经正义》，令天下传习"③。《五经正义》的撰写和颁行是唐代儒学的重大发展，总结了唐以前的儒家经学，为唐代科举考试提供依据，对儒家经典的整理和传播有重要意义。太宗之后，高宗和武则天时期儒学发展不畅，陷入停滞，至玄宗执政后，儒学重新受到重视，进入兴盛期。玄宗认为："先王务本，君子知教，化人成俗，理国齐家，必由于学矣。"④玄宗自幼广读儒家经典，即位后尊重儒士，于泰山封禅后亲幸孔子宅致祭，意以确立儒家先师的崇高地位。开元十四年（726），玄宗颁布《求儒学诏》⑤，规定"天下官民，精于经史，道德可尊，工于著述，文质兼美者"都可以被各级长官推荐，情况属实就可以破格录用。开元二十七年（739）玄宗下诏再次强调儒学的重要，并"追谥（孔子）为文宣王，令三公持节册命，其后嗣褒圣侯改封嗣文宣王"⑥，同时封孔子弟子颜渊等为公、侯、伯，予以褒扬。孔子及其弟子的封赏从未达到如此之高度，大大提高了儒家的社会地位。玄宗还特别注重《孝经》，认为孝是"德之本"，是教化的基础。他亲自重新注释《孝经》，然后颁示中外。虽然唐代道教与佛教发展迅速，执政者却始终把儒学作为统治思想来看待，希望利用儒学来治国平天下，因而有"三教之中儒最尊"⑦的说

---

① 宋敏求：《兴学敕》，《唐大诏令集》卷一百五，北京：商务印书馆，1959，第537页。
② 《资治通鉴》卷一百九十二《贞观二年四月》。
③ 《旧唐书》卷一百八十九上《儒学传上》。
④ 宋敏求：《命张说等两省侍臣讲读敕》，《唐大诏令集》卷一百五，第538页。
⑤ 宋敏求：《求儒学诏》，《唐大诏令集》卷一百五，第538页。
⑥ 王溥：《褒崇先圣》，《唐会要》卷三十五。
⑦ 罗隐：《代文宣王答》，《罗昭谏集》卷三，四库全书本。

法。安史之乱后，社会秩序遭到严重破坏，伦常失序，朝廷上下对之前的治国思路进行了深刻反思，转而关注心性等问题，使儒学发生了转向。总体看来，唐代儒者在广泛整理前人成果的基础上取得的思想成就为宋代儒学的创新发展奠定了重要的基础。

道教是中国的本土宗教，理论不如儒佛二教精深，却因为姓氏原因备受唐统治者的推崇。李渊父子的起兵过程中，为了证明自己政权的合理性，编造出李氏始祖为太上老君李耳的神话，这样便可以使自己的政权受命于天，使武力征服显得更具合理性，政权更加稳固。因此，武德八年（625），李渊在国学释奠的盛典上，郑重宣布道教在唐王朝处于首要位置，奠定了其国教的政治地位。此后，历代唐朝皇帝都以老子"神孙"自诩，采取种种措施尊崇和发展道教。唐代优待著名道士，王远知、潘师正、司马承祯、叶法善、杜光庭等道士都获得很高的尊荣，并能出入宫廷。太宗时置府观、太受观，高宗建上清宫、东明观、太一观，玄宗时修灵茅观、天宝观、通圣观、真灵观等，并赏赐各种钱物给道观和道士，如钱绢、田地、奴婢等。此外，还由朝廷兴办崇玄学，传播道教思想，搜集整理道教图书，编纂道藏，甚至在科举中增加"道举"，选拔道教人才。到唐玄宗开元末年至天宝年间（732—756），玄宗亲注的《道德经》被列为诸经之首公开颁行，令天下士庶家藏一本，全国掀起崇奉道教的高潮。

从实际发展来看，佛教是唐代最为兴盛的宗教，唐代二十一位皇帝都程度不同地崇奉佛教，数位皇帝如高宗、武则天、肃宗都迎奉过法门寺佛骨。太宗为了尊祖，曾颁布《道士女冠在僧尼之上诏》，但这并不表明他不信佛，事实上，他有很多扶植释教的言行，如在战地为阵亡者建造佛寺七座，支持修建法门寺，把自己的衣物献给佛，还多次发布《度僧诏》，促进佛寺的发展。太宗与名僧玄奘关系极好，玄奘在太宗支持下创立法相宗，主持译经工作并取得了丰硕的成果，将佛教的理论水平提高到新的阶段。之后的高宗更加崇佛，在当皇太子时就为其母文德皇后追冥福而修建著名的大慈恩寺，即位后继续发展寺院，支持译经，亲自撰写很多佛教碑铭。到武则天时，唐皇家崇佛达到极致。她利用佛教经典创造出支持自己登基代唐的理论，登基后极力扶持佛教。武则天亲自参与翻译了八十卷本《华严经》，支持法藏创立华严宗，多次邀请禅宗领袖神秀和慧能讲法，还撰写了《方广大庄严经序》《大周新译大方广佛华严经序》《三藏圣教序》等佛教文章，为自己增加佛化尊号：金轮圣神皇帝、越古金轮圣神皇帝、慈氏越古金轮圣神皇帝、天册金轮大圣皇帝。对于武则天来说，佛教对其统治有非凡的意义，于是她改变建唐以来道教排名佛教之前的政策，规定"释教宜在道法之上，缁服处黄冠之前"①，并下令天下诸州置大云寺，总度僧千人。武则天在位期间，佛教达到极盛。到唐代中后期，各帝都扶植利用佛教，肃宗、代宗、玄宗、懿宗四位皇帝崇佛最盛，而由于整个唐代社会由盛而衰，佛教也最终走向衰落。

总体看来，在唐代，儒释道三教都受到统治者的重视，也都有较大的发展。道释二教看来更为兴盛，多是由于政治原因被统治者大力扶植的结果。三教对于唐代社会的影响并非截然分开的，而是共同作用的。上至天子、官僚，下至士大夫、黎民百姓，往往是三教思想通用，只是侧重点不同而已。这一特点鲜明地体现在唐代诗歌、绘画等文化作品之中。学术思想上，统治者为了和会三教，经常举行三教论争。这种论争往往由皇帝组织并亲自参加，由儒释道三教领袖学者各自讲论自家理论，互相诘难辩驳。在讲论过程中，三教学者经常引用对方理论证明自己的观点，以示本教的至高地位。这样，儒释道三教观点相互印证，相互融通，逐渐形成合流趋势。后来的宋明理学正是在这一思潮的基础上，广泛吸收佛老思想，和合三教而产生，取得了超越性的辉煌成就。

二、民族融合与唐代的多元文化

唐代经济发达，国力强盛，对待各民族以宽松怀柔的和平政策为主，对于屡次骚扰边境的强敌，也坚决出兵反击，维护边境的稳定和发展。例如，太宗时击败了北方的突厥和薛延陀，稳定北方防务，后来占据北方的铁勒和回纥与唐朝长期友好；高宗时出兵击败西突厥，恢复唐朝与西域地区的友好往来。而对于归附唐王朝的各民族，唐朝政府表现出宽容的大国风范，把大批归降的边地少数民族人口移入内地，在其聚居地设立羁縻府州，行政长官都督刺史由朝廷任命当地少数民族首领担任，允许世袭，府州实施内部自治，赋税不入国库，只要名义上向唐朝称臣纳贡就可以。太宗时东突厥十余万，

---

① 宋敏求：《释教在道法之上制》，《唐大诏令集》卷一百十三，第587页。

武周圣历时西突厥六七万，武宗时回鹘人数万降附后都纳入羁縻州统治。这种以部落置州县的羁縻制度是唐朝的创造，取得了良好的效果。唐王朝先后在沿边设立羁縻州府857个，大大超过内地所置328个州府。"唐置羁縻诸州皆傍塞外，或寓名于夷落，而四夷之与中国通者甚众"①。唐在边地设六个都护府，统辖羁縻州府，对少数民族实行有力的领导。在经济方面，唐朝给予减免贡赋、开设互市等优惠的政策，促进了民族地区的发展。唐政府派公主与边疆各族如突厥、回纥、契丹、吐蕃等族的上层人士进行联姻，进一步促进少数民族与中原地区的文化交流，培养感情，使各民族对唐心悦诚服。贞观二十一年（647）五月，唐太宗自称"自古皆贵中华，贱夷狄，朕独爱之如一，故其种落皆依朕如父母"②，太宗还说过："我今为天下主，无问中国及四夷皆养活之，不安者我必令安，不乐者我必令乐。"③ 统治者如此宽大的胸怀换来的是四方民族的朝拜和臣服，于是，"四夷大小君长争遣使入献见，道路不绝，每元正朝贺，常数百千人"④。

在如此开明的民族政策之下，各民族平等发展，大量少数民族入住长安，带来了文化的互动。服饰上，汉族学习少数民族，"穿胡服""戴胡帽"是当时流行的装扮，由西域少数民族日常生活所带的帽子——幕篱发展而来的帷帽，成为唐代妇女喜爱的装饰帽，同时，少数民族的发型妆容也受到欢迎；生活上，民族融合使饮食习惯更加丰富多彩，胡饼、葡萄酒等受到各阶层人民的欢迎，少数民族的帐篷成为贵族的时尚，最为典型的是唐太宗的太子李承乾在皇宫空地中搭造突厥帐篷居住，穿突厥服，讲突厥语，吃突厥食物，随侍人员也装扮成突厥人，如此重视和模仿异民族文化的皇子在中国历史上也是绝无仅有。这绝不仅是个人问题，说明当时整个社会对各民族的广泛接纳。与此同时，汉族的衣食住行与思想文化也深刻影响了各少数民族，尤其是思维观念方面，以儒学为核心的唐文化代表了当时的先进文化，儒学仁政德治的理念、大一统的思想，以及"天下为公"的社会理想符合了少数民族的共同愿望，因而受到推崇，在心理层面产生了强大的向心力和亲和力。儒

---

① 《新唐书》卷四十三下《志第三十三下·地理七下》。
② 《资治通鉴》卷一百九十八《贞观二十一年五月》。
③ 《册府元龟》卷一百七十《来远》。
④ 《资治通鉴》卷一百九十八《贞观二十二年二月》。

学注重情操、节义的思想与少数民族长期形成的质朴品质相吻合,也很容易被接受,少数民族统治者认为儒学是加强统治的有力武器,从而大力倡导。经学作为儒学的主要载体,也体现着民族融合的社会潮流。《尚书》《论语》《礼记》《孝经》等儒家经典流传到少数民族聚居的边疆地区,从不同角度得到广泛解读。在不断融合的过程中,各民族的思想观念对中原文化也产生了重要的影响,例如:"男女平等"的思想对传统中原社会"男尊女卑"的观念产生了冲击,结果是女性的地位大大提高,开放程度也日渐提高,唐代妇女相对自由,可以在外参加活动,到郊外游玩、听戏、看球,还可以与男子一起饮酒赋诗,这些在其他朝代是不可想象的;受少数民族婚恋观的影响,唐代女子可以追求自己的爱情,也可以离婚、改嫁;唐朝人顺其自然的生死观、多种多样的埋葬方式也很大程度受到少数民族观念的影响。

总之,民族融合的宽松政策使各民族人民和睦相处,文化习俗相互交流影响,中原的先进儒家文化被少数民族所接受,儒学经典得到大范围的传播。唐王朝对少数民族的接纳塑造了平等开放的社会氛围,新的民族观念促使经学中的强调"夷夏之别"等内容的保守思想逐渐发生改变,日益形成融合各民族特点的多元文化,孕育了学术的发展与转化。

三、唐王朝的对外政策和文化交流

唐朝不但对国内各民族敞开胸怀,也对当时与之交往的世界各国实行积极的对外开放政策,促使中外文化广泛交流。

唐太宗即位初期便宣布了对外全面开放的方针。他对国内外各民族采取较为平等的态度,积极经营西域,使东西方交往的"丝绸之路"保持畅通,多次派使者王玄策出使天竺(今印度),并且欢迎各国人来唐经商、传教、留学。外国人甚至可以参加唐朝的科举考试,可以入仕做官,也可以娶唐朝女子为妻。唐太宗对于僧人西行求佛法也持支持态度。唐僧玄奘从天竺归来时,太宗给予隆重接待,让他将求法沿途见闻撰述成书,还支持他翻译佛经。其他像玄奘一样的西归僧人也带回了佛像、经典等佛教文化,并撰写了著作。玄奘的《大唐西域记》、义净的《大唐求法高僧传》《南海寄归内法传》等著作使唐人对外部世界有了更多的了解。

唐朝设置鸿胪寺、礼宾院和典客署，专门负责涉外事务。政府为来唐使节免费提供饮食、住宿、翻译、医疗等服务，还发放归国路费。皇帝有时会亲自接见宴请重要的外国来宾，赏赐官爵、财物。因此，各国纷纷派使节来唐，到开元年间（713—741），与唐朝交往的有大大小小七十多个国家，大致范围包括东起今天的日本、朝鲜，南达南亚次大陆，西及中国的新疆、西藏，中亚、西亚以至地中海沿岸地区，北至蒙古、西伯利亚、中国东北等地区，包括外国和国内少数民族建立的政权[1]。来唐的外国人有外交使节、商人、留学生、宗教徒、艺术家等人，极大地促进了唐朝经济、文化的繁荣。

宗教徒和艺术家对唐代学术的影响最大。入唐的宗教徒中佛教徒最多，著名的有：日本僧人空海、最澄、圆仁、圆珍、圆载，新罗僧人义湘、慧超、圆测、法清，天竺僧人善无畏、金刚智、不空、智慧轮等。各国佛教徒齐聚长安等地，推动中国成为世界佛教中心，佛教理论有了极大的发展。除了佛教以外，火祆教、大秦景教、伊斯兰教、摩尼教等教教徒也到唐朝传教，虽然影响不能与佛教相比，也都有所发展。来唐的艺术家则以乐舞人才居多，唐玄宗爱好乐舞，各国投其所好，挑选本国乐舞艺人进献唐朝，唐代十部乐中有八部都是外来之音，如西凉乐、天竺乐、高丽乐、龟兹乐、安国乐等，胡舞风靡长安，最流行的是胡旋舞、胡腾舞、柘枝舞，为儒家传统礼乐文明注入了新的活力。唐代的娱乐、绘画、婚俗等方面也都渗透了异域元素，直接或间接影响着社会思想的发展。

所有这些变化对于学术的发展和转向都产生了不可忽视的重要影响。唐代的文人多与入唐的外国人广泛交往，有些还结下了深厚情谊。唐诗中有很多送别外国友人的内容，如张籍《送新罗使》、皮日休《送圆载上人归日本国》等。这些交往使唐人具有了"国际"视野，乐于接纳新事物和善于汲取改造外来文明成为唐代学术的特点。兼收并蓄的文化方针表现了唐人不因循守旧、愿意海纳百川的博大胸怀，也显示了大唐帝国的自信。唐朝的充分开放，各种中外思潮的震荡碰撞，为后世创造了深厚的文化积淀。

值得注意的是，唐代广泛吸收中外各民族的文化，包括物质文明与精神文明，却从不原样照搬，而是将异族元素与本族传统相结合，进行改造，创

---

[1] 李斌城主编：《唐代文化》（上），北京：中国社会科学出版社，2007，第11页。

造出具有自身特色的新事物。文学上，诗人们不厌其烦地斟词酌句，精益求精，力求推陈出新。李白、杜甫、李商隐、白居易等著名诗人，都各具特色，自成一家，为世人所崇尚。唐代的书法、绘画均表现出极强的创新意识，所谓"画工如山貌不同"①，许多画家专攻一技以求精湛，绝不与人雷同。音乐上，以唐玄宗为代表，爱新乐而不喜旧曲，艺术家们创作了大量的新作品，音乐、舞蹈都不断推陈出新。此外，唐朝人在服饰、饮食、科技、手工业等各个方面均大力创新，形成了气象万千、繁荣兴盛的大唐风貌。这种广泛创新的精神已成为唐人的内在气质，在思想上也自觉生发出来。唐代儒释道三教的理论发展都是在继承前人广泛借鉴的前提下各自的学术创新，中唐以后的三教合流以及之后宋代理学的产生则可以看作在此基础上融合三教而进行的整体创新。

四、中唐以后儒释道三教互释与融合

如第三章所述，以安史之乱为转折，中唐以后社会思潮由强调忠孝转向注重诚明，由此开始进一步关注心性问题。欧阳詹著《自明诚论》曰：

> 自性达物曰诚，自学达诚曰明。……文武周公，自性而诚者也，无其性不可而及矣。颜子游夏，得诚自明者也。有其明，可得而至焉。从古而还，自明而诚者众矣。……呜呼！既明且诚，施之身，可以正百行而通神明；处之家，可以事父母而亲弟兄；游于乡，可以睦闾里而宁讼争；行于国，可以辑群臣而子黎甿；立于朝，可以上下序；据于天下，可以教化平②。

欧阳詹强调了诚的重要性，认为有了诚就可以修身、齐家、治国、平天下。而他认为，达到诚有两种途径：一是来自于性的诚，这是圣人所具有的本性，可以自然扩展至物；对于更多的人来说，则要通过修身，由明来实现诚。这一观点中蕴涵了很多问题，如：圣人与常人的性是否一致？圣人之性是什么，根据何在？常人之性又是什么，如何通过学而实现明？欧阳詹涉及了这些问

---

① 杜甫诗：《丹青引赠曹将军霸》。
② 欧阳詹：《自明诚论》，《全唐文》卷五百九十八。

题，却并没有做出进一步回答。在他的时代，儒学中已没有现成的理论可以完满地解决这些问题，需要进行新的探索和创造。而注重心性与修养正是佛道二教的理论特色，经过数百年的发展，已经非常完善。儒家学者在自身心性资源发展不充分的情况下，为佛老所吸引，遂广泛借鉴二教思想，用以发展儒学，最终实现了儒学自身的创新和转型。

另一方面，战争也使佛道二教受到了极大的打击，寺院道观遭到破坏，藩镇割据下的社会动荡使人心紊乱，经济萧条，佛道二教再没有盛唐时的政治地位和强大实力，思想也趋于衰退。中唐以来，朝野上下都认识到必须以儒学为治国之术，唐玄宗时，对佛教已经不再像从前那么纵容，他两次下诏，要求僧侣和道士不仅要拜父母，而且要按儒教礼制为父母服丧。此后，孝道逐渐融入佛教和道教教义之中。一些僧人也开始以行孝为荣，出现了很多孝僧，这意味着佛教想要保持其教义的独立性已经不可能了。以韩愈为中心的一大批儒者坚决提倡反佛，如皇甫湜、张籍、李翱，乃至唐末的孙樵、皮日休等。他们态度激烈、理由充分，对社会产生了深远的影响。到唐武宗灭佛，佛教经历了更加沉重的政治打击。尽管武宗之后又有皇帝不同程度崇佛，随着唐王朝实力衰退，佛教还是日趋没落了。法相宗、天台宗、华严宗等唐前期兴起的重要宗派到唐后期都陆续衰落，只剩下禅宗中慧能领导的南宗一枝独秀。而慧能以后，禅宗内部派别繁多，顿悟心性的教义固然简便，但实践中的体悟却并不容易。后期禅宗的主要关注点是通过何种方法让弟子领会六祖慧能"即心即佛"的真谛，创造了很多教学方式，对理论本身却没有更多的发展。道教的理论本就不如儒佛精湛，此时又将重点放在丹药和服气术上，更没有实质进展。到唐代后期，服丹而亡之人不计其数，连皇帝也不能幸免，道教也因此受到社会的广泛批评和指责。

佛、道二教在分别陷入困境和低潮的状况下，共同选择向占统治地位的儒学靠拢，宣称自己与儒家教义殊途同归，借助儒学使自身得以继续存在和发展。至此，儒释道融合成为三教共同的需要，融合的方式是会通与互释，融合的结果则是儒教复居于主导，统摄了佛道。

儒释道三教理论的论辩和交流从南北朝便已开始，多由统治者发动和召集，隋文帝、炀帝也都曾举行。唐代继承这一做法，唐高祖武德七年（624），国家初建，便在国子学召儒佛道三家代表进行辩论。"时徐文远讲《孝经》，沙门惠乘讲《波若经》，道士刘进喜讲《老子》。德明难此三人，各因宗指，随端立义，众皆为之屈。高祖善之。"① 之后，这样的三教讲论多有进行，唐前期，讲论的目的是要分出高下，以排定次序，中唐以后，逐渐以三教调和归一为宗旨。据《旧唐书》载，贞元十二年（796）四月，德宗的诞辰日，皇帝在麟德殿召给事中徐岱、兵部郎中赵需、礼部郎中许孟容与韦渠牟，及道士万参成和僧人谭延等十二人，讲论儒道释三教。韦渠牟口若悬河，讲论三教，皇帝大为赞赏，此后对此人分外恩宠。韦渠牟年轻时聪明而有悟性，广泛阅读经史典籍，"初为道士，后为僧"，兴元年间（784年正月—十二月），受推荐为试秘书郎，后来改任四门博士，掌管教学，是典型的儒释道兼通之人②。虽然史书以正统儒家的标准批评韦渠牟言辞戏谑，非正人君子，但也不否认他深受皇帝的喜爱。三教和会在大臣中逐渐被接受。此后，在皇帝诞辰开三教讲论成为常例。

另一次著名的讲论为唐文宗大和元年（827）十月皇帝生辰日，也在麟德殿内举行，主要论者是秘书监白居易、安国寺沙门义休、太清宫道士杨宏元，论辩由问、对、难、对等几个环节组成。

佛教代表义休（722—846）问白居易的问题是："《毛诗》称六义，《论语》列四科。何者为四科？何者为六义？"白居易回答了四科和六义的名称与来历，然后以佛教作比方予以详解曰：

> 即如《毛诗》有六义，亦犹佛法之义例有十二部分也。佛经千万卷，其义例不出十二部中；《毛诗》三百篇，其旨要亦不出六义内。故以六义可比十二部经。又如孔门之有四科，亦犹释门之有六度。六度者，六波罗蜜。六波罗蜜者，即檀波罗蜜、尸波罗蜜、羼提波罗蜜、毗梨耶波罗蜜、禅定波罗蜜、般若波罗蜜，以唐言译之，即布施、持戒、忍辱、精进、禅定、智慧是也。故以四科，可比六度。又如仲尼之有十哲，亦犹如来之有十大弟子，即迦叶、阿难、须菩提、舍利弗、迦旃延、目乾连、阿那律、优波离、罗睺罗是也。故以十哲可比十大弟子。夫儒门释教，虽名数则有异同，约义立宗，彼此亦无差别。所谓同出而异名，殊途而同归者也③。

白居易给义休的提问是："《维摩经·不可思议品》中云：'芥子纳须弥。'

---

① 《旧唐书》卷一百八十九上《列传第一百三十九上·陆德明》。
② 《旧唐书》卷一百三十五《列传第八十五·韦渠牟》。
③ 《三教论衡》，《全唐文》卷六百七十七。

须弥至大至高,芥子至微至小,岂可芥子之内,入得须弥山乎?假如入得,云何见得?假如却出,云何得知?"问道士曰:"《黄庭经》中有养气存神长生久视之道,常闻此语,未究其由。其义如何?"僧道的回答没有详细记载。

白居易的提问涉及了佛道二家的精深理论,绝非泛泛而谈,他对佛教问题的回答则表明其对儒学与佛理均有深厚造诣,"同出异名,殊途同归"代表了当时一大批博学之人对儒佛的看法。《册府元龟·诞圣》曾记叙三教论衡情况云:"数十人迭升讲座论三教。初若矛戟森然相向,後类江河同归于海。"①《南部新书》则曰:"初若矛盾相向,後类江海同归。"② 之所以能够"江河归海"的重要原因是三教之间的理论互释。如白居易用佛理与儒理相比附而使僧人更容易理解,也等于部分认可对方观点。这样的互释逐渐渗透到教义之中,以至于三教原本各具特色甚至彼此冲突的教义也得以圆融无碍,这成为中唐以后儒释道发展的总体趋势。

白居易自认为是儒家学者,自幼熟读六经,尊崇儒家之道,"儒学之外,尤通释典,常以忘怀处顺为事,都不以迁谪介意"③,佛教对其的影响主要在淡然处世的人生态度上。他在溢城时,居住于庐山遗爱寺,与凑、满、朗、晦四位禅师,结成世外之交,经常一起游玩吟咏,悠然自得随心所欲,有时过一个月才回来。《全唐文》载白居易所作《八渐偈》,其序曰:

> 唐贞元十九年秋八月,有大师曰凝公,迁化于东都圣善寺塔院。越明年二月,有东来客白居易作《八渐偈》,偈六句四言以赞之。初居易常求心要于师,师赐我八言焉,曰观、曰觉、曰定、曰慧、曰明、曰通、曰济、曰舍。繇是入于耳,贯于心,达于性,于兹三四年矣。呜呼!今师之报身则化,师之八言不化,至哉八言,实无生忍观之渐门也。故自观至舍,次而赞之,广一言为一偈,谓之《八渐偈》。盖欲以发挥师之心教,且明居易不敢失坠也。归而升于堂,礼于床,跪而唱,泣而去④。

可见,这《八渐偈》是白居易为了纪念圆寂的凝公大师而作。白居易曾向其请教佛法,内容是"心要"方面的问题,法师以"观、觉、定、慧、明、

---

① 《册府元龟》卷二《帝王部·诞圣》。
② 钱易:《南部新书乙》,《南部新书》卷二。
③ 《旧唐书》卷一百六十六《列传第一百十六·白居易》。
④ 白居易:《八渐偈》,《全唐文》卷六百七十七。

通、济、舍"八言相赠,白居易以此修养心性,很有收获。现今大师去世,白居易作《八渐偈》表达哀思。八渐偈由"观偈""觉偈""定偈""慧偈""明偈""通偈""济偈""舍偈"组成,讲的都是佛教的心性理论。如"观偈"曰:"以心中眼,观心外相。从何而有,从何而丧。观之又观,则辨真妄。";"觉偈"曰:"惟真常在,为妄所蒙。真妄苟辨,觉生其中。不离妄有,而得真空。"据序言所说的时间,白居易作此八偈时大约三十二岁,正值壮年,向佛教吸取和学习的主要是有关心性的内容,是儒家理论中心性资源发展不充分的结果。而到了晚年,情况则发生了一些变化,白居易曾作《六赞偈》,其序言曰:

> 乐天常有愿,愿以今生世俗文笔之因,翻为来世赞佛乘转法轮之缘也。今年登七十,老矣病矣,与来世相去甚迩,故作六偈,跪唱於佛法僧前,欲以起因发缘,为来世张本也①。

白居易此时已年过七十,对佛教的赞颂由心性扩展到佛的信仰方面。《六赞偈》包括:《赞佛偈》《赞法偈》《赞僧偈》《赞众生偈》《忏悔偈》《发愿偈》。其《赞佛偈》云:"十方世界,天上天下。我今尽知,无如佛者。堂堂巍巍,为天人师。故我礼足,赞叹归依。"《赞法偈》云:"过见当来,千万亿佛。皆因法成,法从经出。是大法轮,是大宝藏。故我合掌,至心回向。"这些偈文感觉上更像一个虔诚的佛教徒所作,白居易在乱世中经历了一生的仕途坎坷,人至暮年,面对死亡,以佛教教义安抚自己的心灵,也是可以理解的。这也正是中晚唐诸多儒者"初儒终佛"的原因。但这些人多数并没有彻底脱离世俗遁入空门,也没有完全放弃儒家思想,许多人至死仍以儒者自居。在他们心中,儒与佛已不再对立,而是统一而圆融的。道家与儒学本是同根而生,在发展中又大量利用佛教教义,与儒佛二教更不存在大的冲突,道家元气、养生等观点被一般士人所普遍接受。白居易并不是道士,但也不妨碍他青年时研读《老子》《庄子》,晚年时亲自炼丹修道。

像白居易这样儒佛道兼修的现象在中唐以后非常普遍,白居易的好友大文豪元稹与白居易志趣相投,既通儒学,也好与僧人道士结交,对于佛教思想颇有研究,在许多诗歌中均有体现。在理论上,与白居易同期的柳宗元(773—819)对统合儒释道三家思想的贡献最大。柳宗元与韩愈是至交好友,

---

① 《六赞偈》,《全唐文》卷六百七十七。

韩愈以激烈的态度反对佛教，主张采取"人其人、火其书、庐其居"①的措施将佛教彻底消灭。柳宗元对韩愈这一做法表示不满，他认为韩愈只看到了佛教的表面形式，没有发现佛教思想上的真正价值。他直言道：

> 退之所罪者，其迹也。曰："髡而缁，无夫妇父子，不为耕农蚕桑而活乎人。"若是，虽吾亦不乐也。退之忿其外而遗其中，是知石而不知韫玉也。②

在柳宗元看来，出家世外，抛弃人伦，不务农耕是佛教的弊端，但这只是佛教的一方面，佛教更大的价值在于其理论构建，儒者不应忽视佛教所取得的思想成果。

柳宗元以其经历作比论述佛教理论的作用。元和元年（806），他因放逐居于永州，起初住在龙兴寺。住房西墙外就是大江，但因没有窗户，无法看到大江的美景。于是，柳宗元在西墙上开了一扇窗户，室内顿时明亮起来，广阔而奔腾的江面映入眼帘。由此，他受到启发：

> 夫室，向者之室也，席与几，向者之处也。向也昧而今也显，岂异物耶？因悟夫佛之道，可以转感见为真智，即群迷为正觉，舍大暗为光明。夫性，岂异物哉？孰能为余凿大昏之墉、辟灵照之户、广应物之轩者，吾将与为徒。③

"性"为人与生俱有，但在如何体悟和发现本性的问题上，儒学理论显得贫乏无力，难以给人实际指导，佛教却在这一方面独有所长，因而吸引了柳宗元的目光。由此，他研究佛学，对天台、净土、律学、禅宗等各宗派理论均有涉猎。但他并没有因此而弃儒归佛，而是发现二者的一致之处，引佛入儒，最终实现以儒统佛。柳宗元作《送僧浩初序》表达他的这一观点。该序文是针对韩愈对他的批评而写的。韩愈多次批评柳宗元"嗜浮屠言"，"与浮屠游"，"不斥浮屠"。柳宗元回答说：

> 浮图诚有不可斥者，往往与《易》《论语》合，诚乐之。其于性情奭然，不与孔子异道。……吾之所取者与《易》《论语》合，虽圣人复生，

---

① 韩愈：《原道》，马其昶校注，马茂元整理：《韩昌黎文集校注》第一卷，上海：上海古籍出版社，1986，第19页。
② 柳宗元：《送僧浩初序》，《柳宗元集》，北京：中华书局，1979，第674页。
③ 柳宗元：《永州龙兴寺西轩记》，《柳宗元集》，第751页。

不可得而斥也①。

这表明柳宗元对佛教的吸取是有选择的，佛教中有与儒家思想一致、可以被儒家吸取的部分。另一方面，柳宗元也比较赞赏僧人的生活态度，认为修佛者"不爱官，不争能，乐山水而嗜闲安者为多"，比当世之人整天追名逐利为了利益相互倾轧排挤要好得多。

柳宗元不赞同韩愈因佛是夷狄而将其视为异端不加吸收，他认为佛教虽然是外来文化，但其思想并不比庄、墨、申、韩等诸子之学更加怪异。既然如扬雄一类的大儒可以广泛吸取诸子之学，我们为什么不能借鉴佛学呢？这样的观点去除了夷夏之别的偏见，将佛教看做与中国传统文化中诸子百家相类似的思想资源，当然可以加以利用和统合。

在为禅宗六祖慧能所作的《曹溪第六祖赐谥大鉴禅师碑》中，柳宗元说：

自有生物，则好斗夺相贼杀，丧其本实，悖乖淫流，莫克返于初。孔子无大位，没以余言持世。更杨墨黄老益杂，其术分裂。而吾浮图说后出，推离还源，合所谓生而静者②。

"生而静者"指《礼记·乐记》言："人生而静，天之性也。"柳宗元认为这代表了儒家的人性论，而佛教的性论正与此一致。他又赞佛教："其道以无为为有，以空洞为实，以广大不荡为归；其教人始以性善，终以性善，不假耘锄，本其静矣。"不论儒佛有多少差异，"教人性善"是二家共同的目标，由此体现"人生而静"本始状态。因而，在性情这一根本问题上，儒释是完全一致的。柳宗元在做永州司马时，曾遇到一个和尚，一心研佛，无名无姓，别人问其姓氏，和尚回答"以性为姓"，和尚去世，柳宗元为其作碑铭曰："道本于一，离为异门。以性为姓，乃归其根。"③ 表达了儒佛同归于"性"的观点。

对于道教，柳宗元也注重其与儒学的一致之处。他在《送元十八山人南游序》中说："太史公尝言：世之学孔氏者，则黜老子，学老子者，则黜孔氏，道不同不相为谋。余观老子，亦孔氏之异流也，不得以相抗……皆有以

---

① 柳宗元：《送僧浩初序》，《柳宗元集》，第 673 页。
② 柳宗元：《曹溪第六祖赐谥大鉴禅师碑》，《柳宗元集》，第 150 页。
③ 柳宗元：《岳州圣安寺无姓和尚碑》，《柳宗元集》，第 155 页。

佐世。"① 柳宗元认为儒与道的共同点在于佐世，道家"无为而治"的政治主张可以与儒家相结合，道家清静、恬淡的心性思想也可以被儒家所吸收。柳宗元天命论便广泛吸取了道家"元气自然论"的观点。

对待佛道二教，柳宗元既宽容而虚心又清醒而理性，他批评佛教说：

> 今之言禅者，有流荡舛误，迭相师用，妄取空语，而脱略方便，颠倒真实，以陷乎己又陷乎人。又有能言体而不及用者，不知二者之不可斯须离也。离之外矣，是世之所大患也②。

柳宗元认为禅宗不立文字，讲求顿悟，容易使人陷入空虚，其弊端在于"体用分离"，空谈性体而不及事用。他的见解是卓越的，这两者也正是后来宋代理学家批评佛教的主要方面。

柳宗元对道教的批评主要在其神仙方术方面，他反对士人不辨好坏、盲目服食的做法，以儒家思想论述对长寿的正确态度：

> 尝以君子之道，处焉则外愚而内益智，外讷而内益辩，外柔而内益刚；出焉则内外若一，而时动以取其宜当，而生人之性得以安，圣人之道得以光。获是而中，虽不至耄老，其道寿矣。今夫山泽之臞，于我无有焉。视世之乱若理，视人之害若利，视道之悖若义；我寿而生，彼夭而死，固无能动其肺肝焉。昧昧而趋，屯屯而居，浩然若有余，掘草烹石，以私其筋骨，而日以益愚，他人莫利，己独以愉。若是者愈千百年，滋所谓夭也，又何以为高明之图哉？③

寿可以分为两类：若君子能行圣人之道，有益于生民百姓，使其性得以安，虽然肉体生命是有限的，他所代表的道却可以永存，这是"道寿"；另一种是"我寿"，单纯追求个人的寿命长久，而全然不顾社会生民的命运和利益，整天沉迷于练就丹药一类的修炼行为，这种人即使活到千百岁，与夭折也没什么分别，又有什么意义呢？柳宗元认为人的生命要与圣人之道、生人之意相结合才有价值：

> 夫君子之出，以行其道也；其处，以独善其身也。……若苟焉以图寿为道，又非吾之所谓道也。夫形躯之寓于土，非吾能私之。幸而好求

---

① 柳宗元：《送元十八山人南游序》，《柳宗元集》，第 662 页。
② 柳宗元：《送琛上人南游序》，《柳宗元集》，第 680 页。
③ 柳宗元：《答周君巢饵药久寿书》，《柳宗元集》，第 840 页、841 页。

尧、舜、孔子之志，唯恐不得；幸而遇行尧、舜、孔子之道，唯恐不慊，若是而寿可也。求之而得，行之而慊，虽夭其谁悲？今将以呼嘘为食，咀嚼为神，无事为间，不死为生，则深山之木石，大泽之龟蛇，皆老而久，其于道何如也？①

从以上论述可以看出，柳宗元所坚持的还是儒者的基本价值观，他对于佛道二教的欣赏主要来自心性等儒家理论发展不够充分的方面，目的也是借助佛道更好地解读和发展儒学。他所交往的僧人道士也多会通儒学，元暠虽是僧人却有孝行，僧人浩初精通《易》和《论语》，山人元集虚（元十八）则取道佛之所以异者，"通而同之"，使其"与孔子同道"②。

亲近佛老不是信仰的改变，而是学术的需要，柳宗元的经历代表了当时一批杰出的儒家知识分子的心路历程。他的好友刘禹锡自述自己向佛教汲取思路理解《中庸》的过程：

> 曩余习《礼》之《中庸》，至"不勉而中，不思而得"，悚然知圣人之德，学以至于无学。然而斯言也，犹示学者以室庐之奥耳。求其经述而布武，未易得也。
>
> 晚读佛书，见大雄念物之普，级宝山而梯之。高揭慧火，巧融恶见，广疏便门，旁束邪径。其所证入，如舟溯川，未始念于前而日远矣。夫何勉而思之邪？是余知突奥于《中庸》，启关键于内典。会而归之，犹初心也③。

刘禹锡读《中庸》体会到圣人之境界在于"不勉而中，不思而得"，但如何达到这一目标，儒家经典中却难以找到方法。后来读佛经，才豁然开朗，找到了通达《中庸》圣人境界的门户和道路。

刘禹锡主张儒与佛各有所长，可以相辅相成：

> 天生人而不能使情欲有节，君牧人而不能去威势以理至有。乘天工之隙以补其化，释王者之位以迁其人，则素王立中枢之教，懋建大中；慈氏起西方之教，习登正觉。至哉！乾坤定位，有圣人之道参行乎其中，

---

① 柳宗元：《送娄图南秀才游淮将入道序》，《柳宗元集》，第655页。
② 柳宗元与僧交往分别见《送元暠师序》《送僧浩初序》《送元十八山人南游序》，《柳宗元集》，第678页、673页、662页。
③ 刘禹锡：《赠别君素上人》，《刘禹锡集》，北京：中华书局，1990，第389页。

亦犹水火异气，成味也同德。轮辕异象，致远也同功①。

上天和君王都不能使人的情欲自然有节，这就需要有社会教化来弥补。孔子虽然没有君王之位，却能够确立天下之教，主旨是大中之道；释迦牟尼佛在西方创教，主旨是正觉。两种教化虽然不同，但都有益于社会，好比水与火不同，却可以共同用来做饭，车轮与车辕不同，二者结合才能使车子行驶。具体来说，儒学适用于治世，佛教适用于乱世，"然则儒以中道御群生，罕言性命，故世衰而寝息；佛以大悲救诸苦，广启因业，故劫浊而益尊"②。刘禹锡从某个角度发现了儒佛盛衰的规律，在国家统一、太平盛世之时，积极入世的儒学占据统治地位，但儒学提供了中道的行为准则，却不善于解答人心性深处的问题。当国家分裂、社会动荡之时，人的内心也会因为各种灾难和际遇而波动，儒学对此无能为力，因而逐渐衰微。相反，佛教则以普度众生为宗旨，善于安顿人的心灵，所以在乱世之中更受推崇。这样看来，中唐以后，社会由盛而衰，佛教的流行浸入是不可避免的；而天下大势分久必合，儒学在低潮中充分借鉴佛教思想资源，遇盛世而焕然复兴也是大势所趋。

在唐代，借鉴佛教思想发展儒家心性理论最为典型莫过于李翱（722—841）的《复性书》。李翱是韩愈的学生，遵从韩愈的反佛路线，但他所反对的其实主要是佛教给社会造成的负担和危害，而不是其理论。他的《复性书》中有明显的佛教禅修色彩，如："弗思弗虑，情则不生。情既不生，乃为正思。正思者，无虑无思也。……方静之时，知心无思者，是斋戒也。知本无有思，动静皆离，寂然不动者，是至诚也。"③ 以至于朱熹评价李翱的复性说"只是从佛中来"④。李翱自己当然不这样认为，他援引《周易》"天下何思何虑""闲邪存诚"和《诗经》的"思无邪"来说明他的"正思""无思无虑"等思想均是源于儒家经典的。其实，在理论创新的最初阶段，即使有一些模仿的痕迹也是非常正常的，完全可以理解。而这一现象所反映的另一方面则是，当时儒佛之间的相互解读与融会贯通已经达到了很高的程度，甚至有时候分不出彼此。

到了唐末，又有一位儒者陆希声用会通儒道的方式讨论复性问题。陆希声

---

① 刘禹锡：《袁州萍乡县杨岐山故广禅师碑》，《刘禹锡集》，第56页。
② 同上书，第57页。
③ 李翱：《复性书》（中），《全唐文》卷六百三十七。
④ 朱熹：《战国汉唐诸子》，《朱子语类》卷一百三十七，北京：中华书局，1986，第3276页。

生卒年不详，只知其在唐昭宗时（867—904）为相，那么陆希声大概生活于唐末至五代时期。他出生于官宦家庭，"博学，善属文。通《易》《春秋》《老子》，论著甚多"①，其五世祖陆元方、四世祖陆象先分别为武则天朝（624—705）和唐睿宗朝（662—716）的宰相。而据《象山先生行状》记载，陆希声还是宋代著名理学家陆九渊的八世祖，整个家族可谓是儒学世家。但遗憾的是陆希声的著作现仅有《道德真经传》因收入《道藏》而完整保存下来。这一论著贯彻了儒道和合的原则，是儒者从道教吸取营养的典型。该书关于复性问题的讨论充分糅合了儒道二教思想而不露痕迹，为宋明理学的心性论奠定了基础。

《道德真经传》序言开篇曰：

> 大道隐，世教衰，天下方大乱，当是时，天必生圣人。圣人忧斯民之不底于治，而扶衰救乱之术作。周之末世其几矣，于是仲尼阐五代之文，以扶其衰；老氏据三皇之质，以救其乱，其揆一也。盖仲尼之术兴于文，文以治情；老氏之术本于质，质以复性。性情之极，圣人所不能异；文质之变，万世不能一也②。

陆希声认为孔子兴文以治情，老子尚质以复性，二者实是同道。但因为杨朱、庄周、申不害、韩非、王弼、何晏等六人的误传，使老子之学丧失了本来面貌，"而世因谓老氏之旨，其归不合于仲尼"，事实上，老子"与伏羲同其元"，"与文王通其宗"，"与夫子合其权"，"此三君子者，圣人之极也，老氏皆变而通之，反而合之"。他之所以作这部《道德真经传》就是为了"极其致，显其微，使（老氏之学）昭昭然与群圣人意合"。这很明显是在以儒学统合道教，使二者同归于一。

> 老氏本原天地之始，历陈古今之变，先明道德，次说仁义，下陈礼乐之失，刑政之烦，语其驯致而然耳。其秉要执本，在乎情性之极，故其道始于身心，形于家国，以施于天下，如此其备也③。

陆希声认为，道教之本在于性情，他还援引《大学》修齐治平之说，认为儒道都是主张从修养身心开始，推而广之扩展到治国平天下。对于性情，

---

① 《新唐书》卷一百一十六《列传第四十一·陆希声》。
② 陆希声：《道德真经传》序，《宛委别藏》影印本，南京：江苏古籍出版社，1988。
③ 同上。

他的观点是：

> 夫人之性大同而其情则异。以殊异之情，外感于物，是以好恶相缪，美恶无主。将何以正之哉？在乎复性而已。何则？情之所生，必由于性。故圣人化情复性而至乎大同①。

性与情作为一对范畴是相互关联的，性是根本，是人人相同的，情则不同，由此产生好恶善恶。解决方法是以性正情、化情复性：

> 夫为治者，以情乱性则难成，以性正情则易成。……圣人将复其性，先化其情。……使万物各遂其性，若无使之然者②。

复性的基本观点与李翱颇有相似之处，但却是由儒道思想的融合而来。在陆希声这里，儒道两家经典是："殊途同归，斯实道义之门"，因而可以相互解读。例如，他解释《道德经》中的"致虚极，守静笃，万物并作，吾以观复……归根曰静"时说：

> 万物并作，其体湛然，以观其复。雷在地中者，天地之复也。动在静中者，圣人之复也。复，其见天地之心乎？天地以圣人心为心也。故凡物芸芸，复则归于根，众事靡靡，复则归于理。理者，事之源也；静者，动之君也；性者，情之根也。夫人生而静，天之性；感物而动，人之情。情复于性，动复于静，则天理得矣。易曰：穷理尽性以至于命，故能穷天之理则能尽人之性，能尽人之性则能知天之命，故曰："归根曰静。"静曰复命也。自天命观之，则万物之性可见矣，故曰："天命之谓性。"性命之极谓之至赜，然则性命之理，由赜而生也，故能率其性，则入于赜矣；赜可以通理，通理之谓道，能修其道，则复于性矣；可以接物，接物之谓教，故曰："率性之谓道，修道之谓教。"然则继可传之教者，在于善成，可常之道者，在乎性至。赜之体深不可识，仁智则滞于所见，百姓则用而不知，故体道君子盖亦希矣，故曰："继之者善也，成之者性也。仁者见之谓之仁，智者见之谓之智，百姓日用而不知，故君子之道鲜矣。"③

可以看出，陆氏此段中首先运用了《周易》《复》卦的思想，将其与老子的"归根曰静"相联系，共同用来阐释复性之说。而"人生而静，天之性"

---

① 陆希声：《道德真经传》卷一，《宛委别藏》影印本，第3页、4页。
② 同上书，第4页、5页。
③ 同上书，第19页、20页。

又来自《礼记·乐记》,"天命之谓性,率性之谓道,修道之谓教"是《中庸》的理论,"穷理尽性以至于命","继之者善也,成之者性也。仁者见之谓之仁,智者见之谓之智,百姓日用而不知,故君子之道鲜矣"则是《易传》之言。在这一段解读中,《周易》《礼记》《中庸》与《道德经》结合得如此天衣无缝,其共同的落脚点是性命问题,而又不止于性命,进一步由"情复于性",联系到"动复于静",从而"天理得矣"。"性"与"天理"的思想已经涉及宋明理学的核心概念和命题。

陆希声大约生活于唐末,之后中国历史进入了五代十国的大分裂时期。五十余年间,政权不断更替变化,整个时代均崇尚武力,思想文化没有更多的发展。科举制度下,文人士子要以儒家经学求取功名,而政局动荡、命运难料又使他们需要借助佛道,特别是佛教,安抚心灵,有的干脆皈依佛教以求解脱。因此,读书人大都既"通五经大义",又"信浮屠之教"①,中晚唐士人出入佛道、亦儒亦佛、援佛解儒的风气在五代十国得到延续,儒佛道进一步交融,为宋代经学的整合与创新奠定了基础。

综上所述,从陆贽对皇帝倡导诚信,到李翱、陆希声的"复性说",中唐以来,儒者们日益意识到儒家心性问题的缺失,大量吸收和借鉴佛道二教的思想,将其与儒学结合,力求挖掘儒家的心性理论。在这一过程中,儒学不是被动的改变,而是适应社会需要作出了自然反应。儒学也并没有被佛道所吞噬,而是保持着自己的主体地位。儒学所吸收的都是它所需要的,"空""无""因果轮回""神仙方术"等其他诸多佛道思想都没有被借鉴,反而受到严厉的批判。与宋明相比,唐代经学与哲学都显得黯淡无光,然而,正是这一时期的痛苦、思索、转向、整合,才孕育出理学的光芒万丈。归根结底,理学的产生是社会现实的需要,也是儒学自身发展的产物。

五、中唐文学革新

文学是文化的重要组成部分,也是经学的文字载体,文学革新对学术思想有着直接影响。中唐时期,韩愈、柳宗元为代表的文学家发动了以"文以

---

① 《旧五代史》卷一百二十八《列传第八·司徒诩》。

明道"为口号的古文运动,将文学变革与儒学复兴紧密相连。在这一过程中,文学、儒学、经学联结成不可分割的整体而共同发生了转变。

(一) 中唐以前的文学状况

唐代是以文学著称的时代,唐代的文学变革对中国文化产生了深远影响。初唐时期,占据文坛的还是六朝以来的世族文学。其特点是:形式上沿用汉赋,推崇骈体,注重声律修饰,内容上不关心社会政治和人间疾苦,沉溺于田园山水和个人情趣,创作方式上缺乏独特个性和情感,模仿、雷同的现象严重。

骈文是与散文相对的一种文体,产生于两汉,在南北朝达到全盛,至唐代仍是政治公文和科举考试的主要文体。它的主要特点是以四字和六字句式为主,讲究对仗,因句式两两相对,犹如两马并驾齐驱,所以称为骈体。在声韵上,讲究运用平仄,韵律和谐;修辞上注重藻饰和用典。在这样艳丽的形式下,写作的内容也相应发生变化。南北朝二百多年中最为流行的是描写风景的山水文学和被称为宫体的色情文学,反映着世族贵族们的奢靡生活。

骈文的流行有着深刻的政治和文化背景。魏晋时期,汉代儒学经过几百年的发展已经日趋腐朽没落。从汉武帝独尊儒术以来,儒学逐渐成为追逐名利的工具。学者注经一味求新求全,经学繁琐至极却不解真意,无法维持人们的信仰。经过董仲舒等人的发挥,汉代儒学已经不是先秦孔孟之学的原貌,后来又加入了大量阴阳五行、谶纬迷信的内容,到汉末,所谓的儒学蜕变为方士的迷信之说。经学本身已没有任何新意和吸引力,完全靠利禄的原因得以维持,逐渐被时代所抛弃。曹操当权后,采取法治政策,看重有治国用兵之术的权谋之士,儒家失去了政治上的庇护。曹操的儿子曹丕不满意父亲的法治路线,仰慕汉文帝的无为政治,推崇和利用道家思想,儒学的衰微已成定局。政治上,从东汉末年开始,动荡连绵不断,宦官外戚争夺权力,黄巾起义,董卓、曹操起兵,三国争立,司马氏的篡位,一直到东晋灭亡,持续两百多年的社会混乱使人们的思想发生了转变,原来的信仰已不能指导现实的生活,社会需要新的思想意识。魏晋时期,孔融、杨修、何晏、嵇康、陆机、陆云等名士都在政治斗争中惨死,文士们自知政坛险恶,死生难料,于是避隐遁世,韬光养晦,寄情山水,老庄玄学、外来的佛教便乘机兴起,成为主流,士人关注的不再是国家社稷而转向个人的安危和心性修养。

在这样儒学衰微的社会背景下，纯文学有了极大的发展。东晋道教徒葛洪（284—364）的文学观念集中反映了魏晋时期儒学与文学的地位消长：

> 文章之与德行，犹十尺之于一丈，谓之馀事，未之前闻。……且夫本不必皆珍，末不必悉薄。譬若锦绣之因素地，珠玉之居蚌石，云雨生于肤寸，江海始于咫尺尔。则文章虽为德行之弟，未可呼为馀事也①。

儒家的传统观念认为德行是"本"，文章是"末"，德行居于绝对的主宰地位，不反映德行教化思想的文章是没有意义的。随着儒学的衰微，作为道教徒的葛洪推翻了传统的观念，文学获得了与德行并重的地位，这是纯文学获得独立发展的反映，也是传统儒学地位下降的表现。在此基础上，葛洪甚至还认为：

> 德行为有事，优劣易见；文章微妙，其体难识。夫易见者粗也，难识者精也。夫唯粗也，故铨衡有定焉，夫唯精也，故品藻难一焉②。

他明确表示德行是表面的，容易看到，也容易判断识别，而文学却是创作的精华，是微妙精深的，不能轻易评判高下。这样看来，文学与德行之间泾渭分明，而且文学精深，德行粗浅，文学反而高于德行了。

儒学与文学地位的变化预示了文风的大变革，此时的文学作品抛开了儒学中讽喻的内容，渗透了老庄清净、逍遥、自由的哲学，追求个人浪漫主义风格。文人们把老庄的无为、玄学的空虚、道教的神仙、佛教的厌世糅合起来，借用古代许多神话传说，描绘出各种各样令人神往的玄虚境界。这样的浪漫文学经过二百多年的发展，到南北朝形成了唯美文学极盛的潮流。所谓唯美文学就是一般所说的纯文学，特点是不考虑文学的社会内容，单纯注重形式的优美，把文学当做一种艺术品来雕琢，四六骈文、抒情的辞赋、艳丽的情诗都是这种文学形式的代表。这样的文风也不是作家们主观意愿，而是文化发展的必然结果。魏晋以来儒学衰微，清谈玄虚之风盛行，到南北朝佛教独盛，道家思想相辅而行，儒学更是萎靡不振，反映在文学上，儒学中的入世、务实、伦理等因素自然也消失殆尽。南北朝时国家分裂，君主统治时间多不长久，政治上也没有大的建树，但都注重文学，鼓励创作。宋文帝立

---

① 葛洪：《抱朴子外篇·尚博第三十二》，见杨明照：《抱朴子外篇校笺》下册，北京：中华书局，1997，第113页。

② 同上书，第107页。

儒、玄、文、史四馆,明帝分儒、道、文、史、阴阳五科,都明确把文学提高到了与儒学、史学并立的地位。许多有权势的皇室宗亲都以奖励文学、召集文士而著称,极大地推动了文学的发展。佛教的流行和发展对文学的重要影响之一是:由佛经转读产生了四声说。南朝齐武帝永明年间(483—493),精于文学之士沈约、谢朓、王融等根据"平上去入"四声制定了写诗的韵律规则,"有平头、上尾、蜂腰、鹤膝,五字之中音韵悉异,两句之内角徵不同,不可增减"①,被称为"永明体",就是四声八病说,其实质是讲究韵律,调和平仄。有了这样的音韵规定,辞藻更加注重雕琢,文学完全趋于技巧与形式上的唯美。

到了唐代,随着科举制度的推广和完善,世族制度已经日渐衰亡,而骈文写作却仍在广泛流行。骈文注重形式技巧,运用得当,可以适当增强文章的艺术效果,但更多的情况是作者只注重语言形式,完全忽视了内容的表达,由此而来的作品缺乏深刻的社会意义,远离了伦理教化的实用价值。唐朝建立后,儒家被重新重视起来,统治者采用三教并重、以儒治国的政策,儒学经历了数百年的沉寂,日渐苏醒了。如果说魏晋南北朝的个人浪漫主义的唯美文学是社会分裂、儒学衰落、道佛兴起的表现,那么,在国家统一、儒学复兴的新形势下,唐代文学必然要有一个新的面貌,唐代文学革新运动应运而生。

这场文学革新正式兴起于中唐时代,以韩愈、柳宗元、白居易、元稹等人为代表,在文学思想和文学创作两个方面均取得了极大的成就。然而在此之前,从初唐的陈子昂(约659—700),到天宝、大历年间的萧颖士(约717—760)、李华(约715—774)、贾至(718—772)、独孤及(725—777)、元结(719—772)、梁肃(753—793)、权德舆(759—808)、柳冕(?—804)等一批文人已经开始了变革文风的实践,可以看作是韩愈柳宗元古文运动的先驱者。这些先驱者们的共同特点是:他们反对六朝以来的骈俪之词,认为文章不应只是辞藻形式的堆砌,而应有充实的内容,表达作者的思想。这样,文章便不能与经史政治等因素完全分离。如李华说:"愚以为将求致理,始于学习经史,左氏、国语、尔雅、荀、孟等家,辅佐五经者也"②,"文章本乎作

---

① 《南史》卷四十八《列传第三十八·陆厥》。
② 李华:《质文论》,《全唐文》卷三百一十七。

者……本乎作者，六经之志也"①；萧颖士也说自己"平生属文，格不近俗，凡所拟议，必希古人，魏、晋以来，未尝留意"，"经术之外，略不婴心"②；独孤及主张"为文在经"，"文章可以假道"③；梁肃以为"文本于道"④，提出"故道德仁义，非文不明"⑤。其中，柳冕的论述最为深刻：

> 文章本于教化，形于治乱，系于国风。故在君子之心为志，形君子之言为文，论君子之道为教。《易》云"观乎人文以化成天下"，此君子之文也。自屈、宋以降，为文者本于哀艳，务于恢诞，亡于比兴，失古义矣。虽扬马形似，曹刘骨气，潘、陆丽藻，文多用寡，则是一技，君子不为也⑥。

> 自成康没，颂声寝，骚人作，淫丽兴。文与教分而为二。教不足者强而为文，则不知君子之道，知君子之道者则耻为文。文而知道，二者兼难。兼之者大君子之事，上之尧、舜、周、孔也，次之游、夏、荀、孟也，下之贾生、董仲舒也⑦。

可见，柳冕明确反对脱离教化的华丽文风，崇尚尧、舜、周、孔，认为儒家的教化是文章的根本，主张文与道二者兼得。

这些文学家所持的基本观点都是从"宗经""明道"出发，强调文章的教化作用，使文教结合，文道并重。这种观念与东晋葛洪文学德行分离的思想是截然不同的。从文学的需要出发，提倡研习儒家经典，也是唐代儒学的恢复和发展的体现。这种文能明道、尊经重道的主张为韩愈、柳宗元倡导古文运动奠定了理论基础。但这些文学家们所主张恢复的主要是汉代儒学和文学，他们推崇汉代学者，赞赏汉代文章。萧颖士明确说："《六经》之后……有贾谊文词最正，近于理体。"⑧ 独孤及则称"荀孟朴而少文，屈宋华而无根，有以取正，其贾生、史迁、班孟坚云尔。"⑨

---

① 李华：《赠礼部尚书清河孝公崔沔集序》，《全唐文》卷三百一十五。
② 萧颖士：《赠韦司业书》，《全唐文》卷三百二十三。
③ 梁肃：《祭独孤常州文》，《全唐文》卷五百二十二。
④ 梁肃：《补阙李君前集序》，《全唐文》卷五百一十八。
⑤ 梁肃：《常州刺史独孤及集后序》，《全唐文》卷五百一十八。
⑥ 柳冕：《与徐给事论文书》，《全唐文》卷五百二十七。
⑦ 柳冕：《答徐州张尚书论文书》，《全唐文》卷五百二十七。
⑧ 李华：《扬州功曹萧颖士文集序》，《全唐文》卷三百一十五。
⑨ 梁肃：《常州刺史独孤及集后序》，《全唐文》卷五百一十八。

这一方面是由于两汉文章都是"辅臣之文",是直接为朝廷政治服务的,如中唐名臣裴度所言:"贾谊之文,化成之文也,铺陈帝王之道,昭昭在目。"① 这些文学家同时多是朝廷大臣,因而都需要两汉文章的政治实用性。另一方面与汉代文章相应的则是汉代儒学和经学,汉代儒学的特点是注重礼学。在唐前期,朝廷对儒学的重视主要体现在制礼作乐的礼学实践上,两汉正是上层士人心中的典范。也正是由于这一原因,此时的文人对于荀子的认可要远超过孟子,提到二人时都是荀子在前,孟子在后,尽管在出生年代上,孟子要早于荀子。荀子与孟子都是孔子之后儒家的重要代表,而荀子思想重礼,孟子思想重仁,这一差别是非常明显的。中唐以前,朝廷重视礼的建设,希望以礼制治理国家,因而思想上推崇荀子。以礼治国的思路在安史之乱后得到修正,与之相应,中唐以后的文学观念也发生了重大变革。

(二) 中唐文人所面临的政治任务

唐建国后,几代统治者励精图治,从贞观之治到开元盛世,建立了一个政治、经济、文化全面强盛的统一王朝。安史之乱的爆发,短期内摧毁了这一积累数年的伟大成果,引起了整个社会的巨大变化。作为参政者的文人们对于政治历来是敏感而关注的,新的政治环境下,用什么样的文学来影响社会是他们必须思考和解决的问题。其中韩愈、柳宗元、白居易等便是杰出的代表。

中唐社会,安史之乱与藩镇割据无疑是最大的政治危机,事实证明,单靠儒家礼制并不能约束叛臣们的行为,要从内心树立"尊王攘夷"的观念,才有可能回复之前大唐盛世的统一状态。然而,纯粹的"尊王"也不能解决当时的问题,如果统治者都像唐太宗一样英明神勇,四夷自然安服。可事实是:从玄宗后期以来,国君一代不如一代,世族制度衰落,使原来可以制约君权的力量也逐渐消失了,君主或贪图享乐、重用奸佞,或为所欲为、一意孤行。这样的君王如何让人尊崇?因而,中唐文人所面临的又一重要任务是匡正君主的行为,实现"君明臣忠"的理想模式。这些都是两汉礼学所无法解决的问题,先秦儒学却为之提供了丰富的资源。

除了政治因素外,文化和宗教也受到反思和批判,韩愈(768—824)认为佛老盛行是唐由盛而衰的重要原因:一方面君王背离儒学,惑于异端,信

---

① 裴度:《寄李翱书》,《全唐文》卷五百三十八。

奉佛教的往往丧失治国安邦的志向,迷恋道教的则多服食丹药,最后性命不保;另一方面百姓迷信佛老,会导致人伦丧失、生产荒废、经济萧条。反对佛老,振兴儒学成为解决这些社会问题的根本措施。

在这样的政治环境下,唐前期萧颖士、独孤及、梁肃等人的文学思想已不适应社会的新变化。他们所推崇的汉代文学对文辞的修饰还是十分强调的。更重要的是,思想上,汉代的学者都主张加强中央权力,建立等级分明的礼制,如贾谊写道:

> 道德仁义,非礼不成;教训正俗,非礼不备;分争辩讼,非礼不决;君臣、上下、父子、兄弟,非礼不定;宦学事师,非礼不亲;班朝治军,莅官行法,非礼威严不行;祷祠祭祀,供给鬼神,非礼不诚不庄。是以君子恭敬、撙节、退让以明礼①。

可见,在他看来,"礼"是解决一切社会问题的根本途径。贾谊之后的董仲舒则建立了一整套天人感应的神学体系来强化君尊臣卑的礼法制度,使得君臣的等级更加绝对化。这样的思想无疑不适用于中唐政治。因为这一时期,世家大族的势力已经衰败,阶级礼法也日趋没落。韩愈等一批名士都是出身于普通家庭,通过科举走入仕途,凭借自己的才华和努力赢得社会地位。这些知识分子所期待的是一种上下互动、君臣共治的理想状态。以讽喻诗而著称的白居易正是要发挥文学的谏上作用来对君权进行制衡。在为科举考试而作的《策林》中,白居易提出"君不行臣事"的观点:"臣行君道则政专;君行臣道则事乱。专与乱,其弊一也。"② 正确的做法是"王者但操其要,择其人而已",由此特别强调宰相的重要作用。这样的观点虽然肯定了君王的地位,也同时暗含着君臣对等的意味,君与臣分工不同,要各尽所能。在韩愈、柳宗元、白居易等中唐学者的眼中,两汉的文学华而不实,两汉儒学专重礼法和神学,两汉经学恪守家法师法,都不足效仿,甚至应该被抛弃。于是,他们超越汉代,选择先秦儒家思想作为复归的方向,韩愈的"道统说"由尧舜开始,到孟子中断,孟子之后的荀子、两汉的贾谊、董仲舒等都被排斥在外,最主要的原因也正在于此。

---

① 贾谊:《礼》,《新书》卷六。
② 白居易:《策林》,《全唐文》卷六百七十一。

（三）古文运动的变革方式

中唐的古文运动以韩愈、柳宗元为代表，针对六朝的骈俪文风而展开，其基本内容包括"文"与"道"两个方面：语言上反对过分雕琢和四六句对偶的形式，要求用朴素活泼的先秦散文来代替华丽死板的骈文；内容上拒斥南北朝奢靡腐朽的个人主义文学，要求在文章中贯彻儒家的道德教化，重建社会的伦理秩序，恢复先秦儒家的政教理论。说到底是文与道两方面的复古，即恢复先秦古文质朴明快的写作风格和关心实事的精神特质，实现"文以明道"。

文道合一的文学主张不是韩愈的首创，隋唐以来的文人已经开始提倡这种观念，如王通、柳冕等，下文还将对这一问题进行详细论述。韩愈、柳宗元的独特之处在于：他们按照文道合一的要求进行写作，二人都既有复古的文学理论，又有卓越的散文成就，成为唐代古文运动当之无愧的代表人物。他们用自己的优秀作品推翻了前代的唯美思潮，打击了六朝以来的骈文，提高了散文的地位，主张文与道结合为一，明确了文学必须有益于社会和人生，必须以经世致用为最高目的。

除了变革文风本身，韩愈、柳宗元所领导的古文运动更深刻的意义在于：其理论和写作实践对于中唐哲学、经学乃至整个文化转型都有重要的推动作用。特别是韩愈，他是一位杰出的文学家，也是卓越的思想家。韩愈提出"文以明道"之"文"是先秦散文形式，但又反对简单模仿某家作品，而是要融合创新，"惟陈言之务去"。基于这一原则，韩愈本人创作了大量优秀的散文作品，如《原道》《论佛骨表》《原性》《师说》《进学解》等。韩愈在其作品中提出：所谓"道"是指纯正的儒家之道，而不是佛老之道，并认为儒家之道从尧、舜、禹、汤、文、武、周公、孔子、孟子传承而来，这就是儒家的道统。孟子之后，"不得其传"，道统中断一千多年后，至韩愈才得以重新接续。许多人由此批评韩愈的狂妄，而没有理解其中的深意。用先秦散文写作意味着重回先秦儒家经典，对经典文风的肯定便是对经典内容的推崇，孟子以后，写作方式和思想内容都发生了重大变化，已逐渐背离先秦儒家的精神实质。因此，韩愈自诩接续孟子而来，也意味着哲学上回到孔孟仁义心性之道，经学上则放弃注疏，直承先秦经典。文学变革的过程也是儒学和经学逐步转型和发展的过程。经过中唐古文运动，空虚华美的骈文因受到散文的打击而开始衰落,文学的个人主义和浪漫主义被实用主义所代替,先秦经典重新被重视起来,为儒学的复兴奠定了重要基础。

由于古文运动的影响,到唐代中期,散文和诗歌都从个人走向社会,出现了杜甫、白居易等优秀作家。然而经过安史之乱后,唐王朝由盛而衰,到了晚唐,宦官专权、藩镇割据、兵变篡位使得政治陷入混乱,儒家纲常再度沦落,文人怀才不遇,无暇顾及社会,重新沉浸在个人主义中,文学潮流又一次发生了转变,李贺、杜牧、李商隐、温庭筠等人的骈文艳情诗使得唯美文学得到了复活,专写色情的长短句助长了这一趋势。文学又从社会的转为个人的,由民众生活的反映变为宫廷贵族的享乐了。五代的"花间"派和宋初的"西昆体"极盛一时。

在这样的情况下,宋代有见解的文学家、思想家们继承韩愈、柳宗元,从儒家之道出发,对西昆体进行批判,进一步推进了中唐古文运动。最具代表性的当属宋初思想家石介(1005—1045):

> 昔杨翰林欲以文章为宗于天下,忧天下未尽信己之道,于是盲天下人目,聋天下人耳。使天下人目盲,不见周公、孔子、孟轲、扬雄、文中子、吏部之道;使天下人耳聋,不闻有周公、孔子、孟轲、扬雄、文中子、吏部之道。
>
> 周公、孔子、孟轲、扬雄、文中子、吏部之道,尧、舜、禹、汤、文、武之道也,三才、九畴、五常之道也。反厥常则为怪矣。夫《书》则有尧舜《典》《皋陶》《益稷谟》《禹贡》、箕子之《洪范》;《诗》则有《大小雅》《周颂》《商颂》;《春秋》则有圣人之经,《易》则有文王之《繇》、周公之《爻》、夫子之《十翼》。今杨亿穷妍极态,缀风月,弄花草,淫巧侈丽,浮华纂组,刓镂圣人之经,破碎圣人之言,离析圣人之意,蠹伤圣人之道。使天下不为《书》之《典谟》《禹贡》《洪范》;《诗》之雅颂,《春秋》之经,《易》之《繇》《十翼》……其为怪大矣①。

石介是站在传统儒学的角度批判西昆体,他认为文学应遵循"尧、舜、禹、汤、文、武之道",以《诗》《书》《易》《春秋》等儒家经典为典范,任何背离儒家道统的艳丽文学都应视为异端而予以打击。这种思想是宋代道统文学

---

① 石介:《怪说》(中),载陈植锷点校:《徂徕石先生文集》卷五,北京:中华书局,1984,第62页、63页。

的基础。

当时著名的学者柳开、孙复、穆修等人都与石介持相似的观点,共同提倡"明道""致用""尊韩愈""重散文"。

> 文章为道之筌也,筌可妄作乎?筌之不良,获斯失矣。女恶容之原于德,不恶德之原于容也。文恶辞之华于理,不恶理之华于辞也①。

> 故两仪文之体也,三纲文之象也,五常文之质也,九畴文之数也,道德文之本也,礼乐文之饰也,孝悌文之美也,功业文之容也,教化文之明也,刑政文之纲也,号令文之声也。圣人职文者也。君子章之,庶人由之。具两仪之体,布三纲之象,全五常之质,叙九畴之数。道德以本之,礼乐以饰之,孝悌以美之,功业以容之,教化以明之,刑政以纲之,号令以声之,灿然其君臣之道也,昭然其父子之义也,和然其夫妇之顺也。尊卑有法,上下有纪,贵贱不乱,内外不渎,风俗归厚,人伦既正,而王道成矣②。

> 夫学于古者所以为道,学夫今者所以为名。道者仁义之谓也,名者爵禄之谓也。然则行道者所以兼乎名,务名者无以兼乎道。……有其道而无其名,则穷不失为君子,有其名而无其道,则达不失为小人。与其为名达之小人,孰若为道穷之君子。……学之正伪有分,则文之指用自得③。

在石介等人看来,韩愈正是道统和文统的继承人,最好地体现了"明道""致用"的文学准则。

> 孔子为圣人之至……吏部为贤人之卓。不知更几千万亿年复有孔子,不知更几千百数年复有吏部。孔子之作《春秋》,自圣人以来未有也。吏部《原道》《原人》《原毁》《行难》《对禹问》《佛骨表》《诤臣论》,自诸子以来未有也。呜呼,至矣!④

> 唐之文章,初未去周隋五代之气,中间称得李杜,其才始用为胜,而号雄歌诗,道未极浑备。至韩柳氏起,然后能大吐古人之文,其言与

---

① 柳开:《上王学士第三书》,《河东集》卷五,四库全书本。
② 石介:《上蔡副枢书》,《徂徕石先生文集》卷十三,第143页、144页。
③ 穆修:《答乔适书》,《穆参军集》卷中,四库全书本。
④ 石介:《尊韩》,《徂徕石先生文集》卷七,第79页、80页。

仁义相华实而不杂。如韩《元和圣德》《平淮西》、柳《雅章》之类，皆辞严义伟，制述如经，能卒然耸唐德于盛汉之表，蔑愧让者，非二先生之文则谁欤？①

经过这些思想家的努力，韩愈、柳宗元的文学理论重新被重视起来，质朴实用的文学逐渐代替了盛极一时的骈文和艳诗，晚唐到宋初复活的唯美思潮结束了。随着宋代儒学的发展，文学也进入一个新的时代。韩愈的文学精神被欧阳修继承和发展，他与韩愈一样，既有文学理论，更有贯彻其理论的优秀作品，成为宋代古文运动的代表人。

圣人之文，大抵道胜者文不难而自至也②。

学者当师经，师经必先求其意，意得则心定，心定则道纯，道纯则充于中者实，中充实则发为文者辉光③。

与石介、穆修一样，欧阳修承认经文是文学的正统，要求学者先学道再学文，儒家之道得到前所未有的重视，文与道真正合而为一。在欧阳修的领导下，学生苏轼、曾巩、王安石等人大力推动，古文写作达到了比唐代韩愈柳宗元更高的成就，文学从魏晋以来注重美学和艺术形式的骈俪文体转变为排斥修辞、长于说理明道的质朴散文，唐宋文学变革由此完成。在文学形式的转换过程中，儒学与经学也有了质的飞跃，魏晋以来长期流行的佛老之学终于被宋明理学所取代。

（四）文学变革对经学的影响

唐宋的文学变革推动儒学复兴的同时，也对经学的发展产生了重要影响。唐代文学对经学的首要作用在于强调回归经典。韩愈、柳宗元注重经典，以六经为道与文的源泉，在经学衰落、佛老流行的背景下，极大地提高了先秦经典的地位。虽然他们的直接目的是为了促进文学的发展，客观上却推动了经学的普及。如韩愈、柳宗元所言，古人文风各有特点，不能以任何一家为尊，鉴于历史文化语境的变迁也不可能做到完全复古，所谓恢复古文实际是要博采众家之长，进行广泛创新。这就要求文士们自幼熟读各家经典，广泛

---

① 穆修：《唐柳先生集·后序》，《河南穆公集》卷二，四部丛刊本。
② 欧阳修：《答吴充秀才书》，《文忠集》卷四十七，四库全书本。
③ 欧阳修：《答祖择之书》，《文忠集》卷六十八，四库全书本。

学习为文之法，其直接影响是学者不能专治一经而要诸经皆通。这在很大程度上打破了两汉经学笃守家法、师法的僵化局面，为经学注入了新的气息。

以"文以明道"为核心的古文运动倡导"道为文之本"，由此提出"师其意不师其辞"的主张，暗含着意与辞的相对独立性，这一观念体现在经学上就是经义与章句的分裂。读经也要"师其意不师其辞"，以理解经义为宗旨，而抛弃繁琐的章句之学。韩愈提出：

> 生乎吾前者，其闻道也固先乎吾，吾从而师之；生乎吾后，其闻道也先乎吾，吾从而师之；吾师道也，夫庸知其年之先后生于吾乎？是故无贵无贱、无长无少，道之所存，师之所存也①。

他将学习的目标扩大到所有先于我而闻道之人。这种普遍学习的精神极为可贵，结果则是打破了固有的师法和门户之见，博闻强识，以有道者为尊。在"尊道""求道"的新理念下，前人注疏不再高不可攀，对经传的怀疑也不再是大逆不道，而逐渐成为理所当然的事情，经学由此获得了解放。

在这一基础上，北宋王安石进一步讨论了辞、理、事的关系。他说："某尝患近世之文，辞弗顾于理，理弗顾于事。"②"近世之文"指五代宋初的华丽文辞，理便是古文家所说的道，事则代表现实事务。王安石认为：注重文辞修饰而忽视道理论证是为文的大弊，而仅仅作文论道却不用来治理社会具体事务同样是有害于社会的。他强调辞、理、事的结合对文学与经学都具有重要意义。经学著作作为文的一种，要表达道理，还要有益于当世。在讲求经世致用的宋代，文学与经学必须以服务于世事为原则。儒家之学便是二者作用于社会的中介。"天下不可一日而无政教，古学不可一日而亡于天下"③，为了这一目标，王安石花费大量心血注解儒家经典，体现了以天下为己任的博大胸怀和治世济民的强烈使命感。从中唐的韩愈、柳宗元、刘禹锡等古文家到宋代胡瑗、孙复、石介、欧阳修、范仲淹、王安石等理学先驱，都兼通文学与经学、善于融合创新、关心世间实事，之后的儒学复兴也正建立在这一重要基础之上。

中唐古文运动最鲜明的旗帜莫过于韩愈的"道统说"。道统虽然是仿照佛

---

① 韩愈：《师说》，《韩昌黎文集校注》第一卷，第42页。
② 王安石：《上邵学士书》，《临川文集》卷七十五，四库全书本。
③ 王安石：《慈溪县学记》，《临川文集》卷八十三，四库全书本。

教法统而立，却对儒学产生了深远影响。不但如此，在经学上，韩愈的道统的确立也预示了经学发展的方向。韩愈的"道统说"从内容上看有三个特点：第一、将儒家思想的源头上溯到尧舜之道；第二、抬高孟子地位，将其列入道统正宗；第三、孟子之后再无传人，道统中断。韩愈发明这样的道统论绝非偶然，而是颇有深意的。南北朝至隋唐，佛老流行，二教人士都宣称孔子是其教主的弟子，道统说将儒家道统源头追述至尧舜，比释迦牟尼和老子更为久远，彰显了儒学的权威性。韩愈出身庶族家庭，思想上反对魏晋以来的世族礼法，而礼为周公所制，提倡尧舜之道能够在一定程度上削弱周公的地位，使礼法不再具有绝对性。尧舜时代的德治观念也是韩愈所向往的理想政治，代表了儒学的重心由外在规范向内在德性转变。于是仁义成为儒学的中心话题。韩愈《原道》开篇就讲仁义道德："博爱之谓仁，行而宜之之谓义，由是而之焉之谓道，足乎已无待于外之谓德。"① 这是从儒学出发为仁义道德正名，"仁义为定名，道德为虚位"的观点将仁义置于道德之上，确立了仁义的崇高地位。在道统中强调孟子的重要作用便是重视仁义的体现。孔子之后，儒分为八，孟子、荀子是其中的重要代表。但二人思想各具特色：孟子重仁，主性善；荀子重礼，主性恶。唐前期继承两汉政治，以礼学治国，却在安史之乱的重创下宣告失败，中唐思想家吸取这一教训，转而挖掘儒学中仁的方面，孟子由此得到推崇。韩愈明确说："轲之死，不得其传焉。"将荀子及汉代诸儒都排斥于道统之外，这也代表着韩愈对汉代学术的态度。两汉思想家继承荀子，内容上强调礼治，治经方式上讲求家法、师法，注重发挥和引申。韩愈批评这种人云亦云、缺乏创新的治学态度，称："汉氏以来，群儒区区修补，百孔千疮，随乱随失，其危如一发引千钧，绵绵延延，寝以微微。"② 道统至孟子而止，意味着对汉代学者如贾谊、董仲舒等的不满，更是对汉儒治经方式的反对和抛弃，在很大程度上推动了经学的转型。

在文学繁荣的唐代，韩愈、柳宗元等著名文学家对经典的态度也势必会直接影响经学的发展。思想上，韩愈、柳宗元都重仁而轻礼。韩愈《读仪礼》讲："余尝苦《仪礼》难读，又其行于今者盖寡。沿袭不同，复之无由，考于

---

① 韩愈：《原道》，《韩昌黎文集校注》第一卷，第13页。
② 韩愈：《与孟尚书书》，《韩昌黎文集校注》第三卷，第215页。

今,诚无所用之。"① 以韩愈对文章的理解能力,《仪礼》的难读当然不会是文字问题,而是指它本身语焉不详,不可复制,又流传已久,注疏间相互矛盾,缺乏现实意义。柳宗元对于《左传》中的礼学思想也曾进行批判,还专作《非国语》表达自己对《国语》中一些观点的不满。而对于经学中的心性内容,中唐文人都比较重视。韩愈作《原性》篇专门讨论人性问题,其弟子李翱作《复性书》,开启后世理学家对心性问题的新思路。柳宗元没有留下专门关于心性的作品,却因对性情的探求而亲近佛教汲取资源。当时文学家中作文讨论心性问题的还有皇甫湜(《孟子荀子言性论》)、杜牧(《三子言性论》)等。由于韩愈等人的推崇,儒家典籍中更适于挖掘心性内容的《大学》《中庸》《孟子》《论语》等作品的地位日益上升,逐渐取代了繁琐过时的《礼记》《左传》等传统经典,至宋代,经学典籍完成了由五经向四书的转换。

在唐宋文学变革的潮流中,诗学也发生了转变,而诗学领域的观念革新本身就是诗经学的一部分,对经学的发展产生了直接影响。唐代文学大家都主张积极创新,形成了各具特色的诗风。唐末,社会动荡之下,讽刺、隐逸、艳情等内容充斥诗坛,模仿成为写诗的主要形式,诗歌创作失去了生气。到了宋初,以柳开、范仲淹、石介等人为核心的一批诗人不满唐末诗风,提出了"复古求变,以故为新"的诗学理念,引发诗学领域的变革。

柳开认为文学必须有功于当世,因而需要自觉地弘扬儒道,要求诗歌也要"切于古人"。他评价韩愈说:"观先生之文诗,皆用于世者也。"② 评价胡五峰之诗:"残缺仅百篇……篇篇可爱重,恢然言胸臆间事,近世无比。事凡无大也,无小也,能有道,则几乎君子矣。"③ 在柳开看来,文学应该与道有关,要对社会有用,诗歌也是如此。

柳开之后,范仲淹在诗界继续推动复古求新的思潮。范仲淹与理学的先驱胡瑗、孙复、石介、张载、周敦颐、李觏、欧阳修等都有来往,对宋代文化产生了深刻影响。在诗歌上,他的观点是:

  嘻!诗之为意也,范围乎一气,出入乎万物,卷舒变化,其体甚大。故夫喜焉如春,悲焉如秋,徘徊如云,峥嵘如山;高乎如月星,远乎如

---

① 韩愈:《读仪礼》,《韩昌黎文集校注》第一卷,第39页。
② 柳开:《昌黎集后序》,《河东集》卷十一,四库全书本。
③ 柳开:《五峰集序》,《河东集》卷十一,四库全书本。

神仙;森如武库,锵如乐府。羽翰乎教化之声,献酬乎仁义之醇。上以德于君,下以风于民。不然何以动天地而感鬼神哉!而诗家者流,厥情非一:失志之人其辞苦,得意之人其辞逸,乐天之人其辞达,觏闵之人其辞怨。如孟东野之清苦,薛许昌之英逸,白乐天之明达,罗江东之愤怒。此皆与时消息,不失其正者也!"①

范仲淹认为诗有着重要的社会作用,可以体现仁义教化,可以用来观民情、知得失。不论何种风格,只要诗人通过诗歌客观描绘所处的境况,抒发真实情感,就是值得称道的。他反对五代以来的悲哀为主的诗风,认为后世模仿前辈未得精髓,以致"学步不至,效颦则多","非穷途而悲,非乱世而怨",背离诗之正道,而自己所处之时应是"天下有道,无愤悱之作",赞扬唐异的诗作"无虚美,无苟怨","意必以淳,语必以真",体现了唐宋之际诗风的转变。

诗歌的复古创新要求它能够"原于古卒于用"②。大力倡导诗歌创新的宋祁(998—1061)认为"诗者,探所感于中而出之外者也"③。既是诗人所感,就是一种个性化的产物。所以,宋祁强调:文章之难在于"虽悟于心,又求之古人,始得其匡略……夫文章必自名一家,然后可以不朽。若体规画圆准方作矩,终为人之臣仆。古人讥屋下作屋,信然。陆机曰:'谢朝华于已披,启夕秀于未振。'韩愈曰:'唯陈言之务去。'此为文之要"④。宋祁坚决批评因循前人的诗风,他在《南阳集序》中说:"大抵近世之诗,多祖述前人。不丐奇博于少陵、萧散于摩诘,则肖貌乐天,祖长江而摩许昌也。故陈言旧词,未读先厌。"而赞扬赵叔灵"不傍古不缘今,独行太虚,探出新意,其无谢一家者欤!"⑤由此可见,此时"自成一家"已经成为诗人追求的目标,既要博古通今,又不拘泥于任何一派,这种思维方式造就了宋代文化综合创新的特点,表现在经学和哲学上就是对之前包括儒释道各家在内所有思想的整合、融通和发展。

与宋祁同时的著名诗人梅尧臣(1002—1060)则主张恢复诗歌风雅美刺

---

① 范仲淹:《唐异诗序》,《范文正集》卷六,四库全书本。
② 石介:《石曼卿诗集序》,《徂徕石先生文集》卷十八,第213页。
③ 宋祁:《西洲猥稿系题》,《景文集》卷四十八,四库全书本。
④ 宋祁:《释俗》,《宋景文笔记》卷上,四库全书本。
⑤ 宋祁:《南阳集序》,《景文集》卷四十五,四库全书本。

的现实主义儒家诗学传统。他在诗中表达了自己的诗学理想："不书儿女语，不作风月诗。唯求先王法，好丑无使疑。安求一时誉，当期千载知。"① 梅尧臣倡导平淡诗风，提出"以故为新、以俗为雅"的诗学主张，受到后来宋代诗人的广泛推崇。所谓"以故为新、以俗为雅"就是要在汲取前人的基础上合理创新，"以故为新"需要有广博的知识积累然后融会贯通，"以俗为雅"则是要诗人从世俗生活中发现雅趣并用诗表现出来，对作者的思想境界有较高的要求，体现了宋代文化的特点。

在这样的原则和要求之下，以欧阳修为代表宋代士人开始怀疑传统诗学。《四库全书》云："自唐以来，说《诗》者莫敢议毛、郑，虽老师宿儒，亦谨守《小序》。至宋而新义日增，旧说几废。推原所始，实发于修。"② 欧阳修（1007—1072）自述：

> 昔者圣人已没，六经之道几息于战国，而焚弃于秦。自汉以来，收拾亡逸，发明遗义而正其讹谬，得以粗备，传于今者岂一人之力哉？……毛、郑于《诗》，其学已博矣。予尝依其笺、传，考之于经而证以序、谱，惜其不合者颇多。……予疑毛郑之失既多，然不敢轻为改易者，意其为说不止于笺、传，而恨已不得尽见二家之书，未能遍通其旨③。

一方面，欧阳修具有渊博的学识和独立思考的精神，对毛诗、郑笺进行考证并提出质疑；另一方面，他又颇为谨慎，考虑到可能毛、郑还有其他没有流传下来的著作而"不敢轻为改易"。欧阳修秉持着理智的怀疑，作《诗本义》，指出了毛、郑在《诗》学上的所失之处，特立一家之言，推动了诗经学的发展。这种既勇于怀疑又客观负责的治学态度也启迪了宋代学者的疑经思潮，促进了学术解放和创新。

总之，唐宋文学以儒家经学为其思想来源，文学的变革和创新在经典选择、内涵挖掘、解读方式、思维特点等诸多方面都深刻影响着经学的发展，二者具有不可分割的密切联系。

---

① 梅尧臣：《寄滁州欧阳永叔》（庆历六年）。
② 《诗本义·提要》，《四库全书》经部三。
③ 欧阳修：《诗谱补亡后序》，《诗本义》郑氏诗谱，四库全书本。

第四章 文道关系的演进

中国文学史和哲学史上,"文"与"道"是一对非常重要的概念。二者时而对立时而合一,具有极其微妙的关系。论其内涵,"文"与"道"都有广义与狭义之分。广义的"道"指一切道理,包括儒释道各家所悟之道以及天地万物一切自然之理;狭义的"道"专指儒家孔孟之道。广义的"文"包括所有文章文字,是一切经史子集的载体;狭义的"文"则特指以注重辞藻修饰为特点的纯文学,与经学、史学、哲学并立。对文道关系的理论探讨始于刘勰。刘勰的《文心雕龙》倡导"宗经、尊儒、明道",其《原道》篇云:

> 爰自风姓,暨于孔氏,玄圣创典,素王述训:莫不原道心以敷章,研神理而设教,取象乎《河》《洛》,问数乎蓍龟,观天文以极变,察人文以成化。然后能经纬区宇,弥纶彝宪,发辉事业,彪炳辞义。故知道沿圣以垂文,圣因文而明道,旁通而无滞,日用而不匮。《易》曰"鼓天下之动者存乎辞",辞之所以能鼓天下者,乃道之文也①。

这里,刘勰提出了"道""圣""文"的关系,文是道的显现,也是圣人明道的载体,文与道是一致的,道的原则就在文之中,这种观点可以看做后世文道合一、文以明道的雏形。

与文道合一相对,也有人强调文道的区别。南朝梁代简文帝萧纲云:"立身之道,与文章异,立身先须谨重,文章且须放荡。"② 放荡之文很难与谨重之道相合,为文道分离埋下了伏笔。

中唐以来,以"文以载道"为核心的古文运动掀起了唐宋文学、经学、

---

① 刘勰:《原道》,《文心雕龙》第一。
② 萧纲:《诫当阳公主大心书》,参袁济喜:《新编中国文学批评发展史》,北京:中国人民大学出版社,2010,第135页。

哲学的转型，引发了一场思想大变革，文道关系的演进集中反映了这一过程。

一、从文质半取到文以明道

魏晋南北朝数百年间国家分裂，社会动荡，儒学衰微，佛老兴起。在这样的背景中，文学得到了极大的发展，甚至成为与儒学、史学并立的独立学科。初唐时期，南北朝注重形式、唯美艳情的文风已经不再适应帝国繁荣统一的现状，逐渐引起了文人的不满，直到到韩愈、柳宗元发动了以"文以明道"为宗旨的古文运动，南北朝靡丽文风才得到了彻底的转变。"文以明道"是唐代古文运动的原则，它的提出也是一个渐进的过程，与初唐"文质半取"的文学观念有密切的关系。

唐初文人创作没有完全脱离六朝的风气，但是已经开始自觉地有所突破，表现为强调抒发真情实感，而不是伪情矫饰，追求文章的声律风骨。初唐四杰之一的王勃（约650—约676）对文章之道有如下论述：

> 夫文章之道自古称难，圣人以开物成务，君子以立言见志。遗雅背训，孟子不为；劝百讽一，扬雄所耻。苟非可以甄明大义，矫正末流，俗化资以兴衰，国家繇其轻重，古人未尝留心也。自微言既绝，斯文不振，屈宋导浇源于前，枚马张淫风于后。谈人主者以宫室苑囿为雄，叙名流者以沈酗骄奢为达，故魏文用之而中国衰，宋武贵之而江东乱。虽沈谢争骛，适足兆齐梁之危；徐庾并驰，不能止周陈之祸。于是识其道者，卷舌而不言；明其弊者，拂衣而径逝。《潜夫》《昌言》之论，作之而有逆于时；周公孔子之教，存之而不行于代。天下之文，靡不坏矣！①

王勃对文章的要求是"开物成务""立言见志"，这正是先秦士人为文的特点。内容上则要"甄明大义，矫正末流"，而这"大义"又主要是"周公孔子之教"，离开这一主导方向，文学便衰敝腐坏了。周孔之教"存之而不行于代"正是初唐儒学的现实状态。儒学衰微的结果便是文学的腐坏，可见，二者是紧密的结合体，不能分而论之。王勃强调文中蕴涵的积极内容，将其视为关

---

① 王勃：《上吏部裴侍郎启》，《全唐文》卷一百八十。

乎世运兴衰的重要因素。这种思想直接承继了其祖父王通之论："言文而不言理，是天下无文也。王道从何而兴乎？"① 理是为文的必要因素，文理不可分离。据载：房玄龄问文于王通，王通答曰："古之文也约以达，今之文也繁以塞。"② 古之文指的是先秦之文，质朴简洁所以约，文中有理所以达；今之文指魏晋以来的靡靡之音，华丽修饰所以繁，文中无理所以塞，王通的评价也可谓精当。

初唐的文人对这一问题已普遍有了较为清晰的认识。杨炯在《王勃集序》中写道：

> 有天文焉，察实以观其变；有人文焉，立言以重其范。历年滋久，递为文质，应运以发其明，因人以通其粹。仲尼既没，游、夏光洙泗之风；屈平自沉，唐宋宏汨罗之迹。文儒于焉异术，词赋所以殊源③。

天文之道理是为质，人文之言辞是为文，孔子之前文质彬彬，相互发明，堪为完美。孔子之后，屈原开启了文学之路，儒学与文学逐步分离，以致文质殊源。由此产生的严重后果是："礼乐之道，已颠坠于斯文。"④ 道借助于文才能得到很好的传播，文道分离之后，文解放出来独自繁盛，道却失去了载体，以至于"颠坠"。这正是初唐四杰经过反思得出的结论。而作为文学家，他们更为担心的不是道的沉沦，而是失去道的文也陷入了"繁而塞"的困境，要想改变这种面貌，就要破除"文""儒"界限，重新回到孔子文质彬彬的理想状态。但这并不意味着完全回到先秦，取消"文"的独立地位，而是在保持之前成就的基础上，对文学加以改革创新，使其克服弊端继续发展。

稍晚于初唐四杰的诗人陈子昂（约659—700）发展了四杰的文学观念，在著名的《修竹篇序》中，陈子昂云：

> 文章道弊五百年矣，汉魏风骨，晋宋莫传，然而文献有可征者。仆尝暇时观齐梁间诗，彩丽竞繁，而兴寄都绝，每以永叹。窃思古人，常恐逶迤颓靡，风雅不作，以耿耿也。昨于解三处，见明公《咏孤桐篇》，骨端气翔，音情顿挫，光英朗练，有金石声。遂用洗心饰视，发挥幽郁。

---

① 王通：《王道篇》，《中说》卷一。
② 王通：《事君篇》，《中说》卷三。
③ 杨炯：《王勃集序》，《全唐文》卷一百九十一。
④ 卢照邻：《驸马都尉乔君集序》，载祝尚书：《卢照邻集笺注》卷六，上海：上海古籍出版社，1994，第312页。

不图正始之音,复睹于兹,可使建安作者相视而笑①。
既"骨端气翔"又"音情顿挫",是陈子昂对东方虬之文的赞誉,也是他对于文章的追求,这种要求显然已经不同于南北朝之浮靡文风,"风骨"和"兴寄"成为此时文人看重的东西,被视为文章之质。文章的形式一定要很好地表达出作者的内在风骨气韵,或者说作者的风骨气韵、精神领悟最好通过文来彰显和表现。

与陈子昂同时的唐代文学家张说(667—730)认为文学的功能在于"吟咏情性、纪述事业、润色王道、发挥圣门"②,具有极为重要的作用:

> 七声无主,律吕综其和;五彩五章,黼黻交其丽。是知气有喧郁,非巧辞莫之通;形有万变,非工文莫之写,先王是以继天地,究人神,闻寂寞,览幽昧,文之辞义大矣哉!③

> 夫言者,志之所之;文者,物之相杂。然则心不可蕴,故发挥以形容;辞不可陋,故错综以润色。万象鼓舞,入有名之地;五音繁杂,出无声之境。非穷神体妙,其孰能与乎?④

先王正是通过"巧辞"与"工文"来实现其"继天地,究人神,闻寂寞,览幽昧"的伟大事业。作诗为文是与"道"相辅相成的行为,真正的好文章必是对各种人生哲理的体现。唐文学家殷璠在《河岳英灵集》中批判齐梁以来"理则不足,言常有余,都无兴象,但贵清绮"的形式主义文风,力主内容形式并重,声律风骨兼备。他对文章的要求是:"既闲新声,复晓古体。文质半取,风骚两挟。言气骨则建安为传,论宫商则太康不逮"⑤,这也成为他选录佳作的标准。这一精辟见解可以看做盛唐文学的理论依据。"新声""古体"有机结合,"文"与"质"相得益彰,实质上是一个"质"的不断扩张渗透过程。此时的"质"范围较广,可以是风骨、气度、才情、哲理,儒家之道因为其积极入世的特点也成为质的一个重要的方面,但并非唯一,与佛老相比,甚至处于劣势。尽管如此,强调文学中质的方面对于儒学有着重要意义。这意味着文学发展对儒学提出了需求,预示着儒学衰微的状态将得到改变。

---

① 陈子昂:《与东方左史虬修竹篇》,《陈拾遗集》卷一,四库全书本。
② 张说:《齐黄门侍郎卢思道碑》,《张燕公集》卷二十一,四库全书本。
③ 张说:《唐昭容上官氏文集序》,《张燕公集》卷十六,四库全书本。
④ 张说:《洛州张司马集序》,《张燕公集》卷十六,四库全书本。
⑤ 王克让:《河岳英灵集注》,成都:巴蜀书社,2006,第4页。

事实也的确如此，随着唐王朝的强盛，儒道的缺失已远远不能满足治国安邦的需要。《旧唐书·儒学传序》中描述当时的儒学发展：

> 近代重文轻儒，或参以法律，儒道既丧，淳风大衰，故近理国多劣于前古。自隋氏道消，海内版荡……先代之旧章，往圣之遗训，扫地尽矣①。

文与儒发展不平衡，文学取得了巨大成就，却因儒学衰微而导致"理国多劣于前古"。要想改变这种面貌，文儒结合共同发展成为最佳的选择。儒家之道逐渐成为文学之"质"的主要内涵。韩愈、柳宗元之前，这种思想已经基本定型。世为史官的柳冕（约730—804）对这一问题有着清醒的认识：

> 盖言教化发乎性情，系乎国风者称之道。故君子之文，必有其道。道有深浅，故文有崇替②。

> 夫君子之儒，必有其道；有其道，必有其文。道不及文，则德胜；文不知道，则气衰；文多道寡，斯为艺矣③。

对于君子来说，文与道是缺一不可的。在当时的重文风气下，道显得更为重要，柳冕提出"文章之道，不根教化，别是一技耳"④，文学要想具有伟大的意义，而不沦为单纯的技艺，必须以教化万民为根本。"至若荀、孟、贾生，明先王之道，尽天人之际，意不在文，而文随之，此真君子之文也。"⑤柳冕这一观点是对魏晋以来文、儒分立的反对，君子为文必须要"明先王之道，尽天人之际"。韩愈则将柳冕的"先王之道"进一步明确为儒家道统：

> 斯吾所谓道也，非向所谓老与佛之道也。尧以是传之舜，舜以是传之禹，禹以是传之汤，汤以是传之文、武、周公，文、武、周公传之孔子，孔子传之孟轲。轲之死，不得其传也⑥。

韩愈之前也有孔子思想传承的观念，却从没有人提出这样严密的传承统序，将儒家之道追述至尧舜禹，是为了在时间上不输于佛老，体现儒学的权威，截止于孟轲则是为了维护儒学的纯正性，韩愈认为孟子之后一千多年没

---

① 《旧唐书》卷一百八十九上《儒学上》。
② 柳冕：《答衢州郑史君论文书》，《全唐文》卷五百二十七。
③ 柳冕：《答荆南裴尚书论文书》，《全唐文》卷五百二十七。
④ 柳冕：《谢杜相公论房杜二相书》，《全唐文》卷五百二十七。
⑤ 同上。
⑥ 韩愈：《原道》，《韩昌黎文集校注》第一卷，第18页。

有出现能够传承道统的纯正的儒学代表。儒学受到佛老的影响面临失传的危险。在这样的情况下，韩愈挺身而出直承孟子，为儒家接续道统。这一言行多为后人所诟病，批评其过于狂妄，而韩愈也知道自己"不量其力"。但是，长久以来，"周道衰，孔子没，火于秦，黄老于汉，佛于晋、魏、梁、隋之间。其言道德仁义者，不入于杨，则归于墨；不入于老，则归于佛"①，道家和佛教甚至都声称"孔子，吾师之弟子也"。儒学确已处于生死存亡的紧要关头，韩愈"且见其身之危，莫之救以死也"，儒者神圣的使命感使他毅然担起了承继道统的重大责任，并因此而名垂青史。

对于儒学，韩愈的贡献还在于拨乱反正，明确儒学与他学之区别：

> 博爱之谓仁，行而宜之之谓义，由是而之焉之谓道，足乎己无待于外之谓德。仁与义为定名，道与德为虚位。故道有君子小人，而德有凶有吉。老子之小仁义，非毁之也，其见者小也。坐井而观天，曰天小者，非天小也。彼以煦煦为仁，孑孑为义，其小之也则宜。其所谓道，道其所道，非吾所谓道也。其所谓德，德其所德，非吾所谓德也。凡吾所谓道德云者，合仁与义言之也，天下之公言也。老子之所谓道德云者，去仁与义言之也，一人之私言也②。

儒家仁义为道，是君子之道，以平治天下为己任，而道家之道却要去仁与义，是小人之道，只为了满足于一己私愿。韩愈认为表达和彰显儒家之道是文章之士的使命。"君子居其位，则思死其官；未得位，则思修其辞，以明其道。我将以明道也。"③ 居位即是身为要职，能够施展治国理事的政治抱负，而唐代多数的文人并没有这样的机会，屡试不中，终身不得位的大有人在，对这些人而言，写作是其实现自我价值的主要途径。韩愈认为文章之士也可以通过自己的文辞而阐明儒家之道，来实现人生价值。韩愈本人从20岁开始应考，至36岁任监察御史才算开始"居位"，《原道》《原性》《师说》等名篇都是在不得位的十几年中写下的。韩愈以行动论证了自己的观点。作文不是为了炫耀文采，"读书以为学，缵言以为文，非以夸多而斗靡也。盖学所以为

---

① 韩愈：《原道》，《韩昌黎文集校注》第一卷，第14页。
② 同上书，第13页。
③ 韩愈：《争臣论》，《韩昌黎文集校注》第二卷，第112页、113页。

道,文所以为理耳"①。这里的文已经不再是南北朝文笔之文,而是唐代的明道之文了。不能居位则以文明道的主张表现出知识分子强烈的使命感和责任感,这也正是古文运动的精神实质,对宋代文人有着深远的影响。

韩愈的门人也是其女婿李汉撰《韩昌黎集序》,篇首第一句便是:"文者,贯道之器。"②这句话是否出自韩愈之口不可考证,思想应该来源于韩愈。"文以贯道"与"文以明道"的基本精神是一致的。柳宗元对这一观点有完整的论述:

> 始吾幼且少,为文章,以辞为工。及长,乃知文者以明道,是固不苟为炳炳烺烺,务采色,夸声音而以为能也。凡吾所陈,皆自谓近道,而不知道之果近乎远乎?吾子好道而可吾文,或者其于道不远矣。故吾每为文章,未尝敢以轻心掉之,惧其剽而不留也;未尝敢以怠心易之,惧其弛而不严也;未尝敢以昏气出之,惧其昧没而杂也;未尝敢以矜气作之,惧其偃蹇而骄也。抑之欲其奥,扬之欲其明,疏之欲其通,廉之欲其节;激而发之欲其清,固而存之欲其重,此吾所以羽翼夫道也③。

柳宗元表达了自己做文章由注重文辞到追求明道的转变,道在柳宗元眼中是神圣崇高的,写作是为了体现和彰显道,因而从不敢掉以轻心,好的文章对道有羽翼之功,文与道非但没有冲突,反而是相辅相成的。

> 大都文以行为本,在先诚其中。其外者,当先读六经,次《论语》孟轲书皆经言;左氏、《国语》、庄周、屈原之辞稍采取之。穀梁子、太史公甚峻洁,可以出入。余书俟文成,异日讨也,其归在不出孔子。此其古人贤士所懔懔者,求孔子之道不于异书④。

"文以行为本""先诚其中"的思想是很可贵的,表明柳宗元不仅要求以文明道,而且要求以行明道,将道贯彻于实际践履之中。"诚其中"是他对自身的道德要求,内诚其中,外读六经,是儒者自我修养的有效途径,这些观点都被宋代理学家所继承。柳宗元少年成名,21岁中进士,任秘书省校书郎,32岁时因参与王叔文政治革新而被流放,直至47岁早逝,虽然一生坎坷,却仍

---

① 韩愈:《送陈秀才彤序》,《韩昌黎文集校注》第四卷,第260页。
② 李汉:《昌黎先生集序》,《韩昌黎文集校注》第一卷,第1页。
③ 柳宗元:《答韦中立论师道书》,《柳宗元集》,第873页。
④ 柳宗元:《报袁君陈秀才避师名书》,《柳宗元集》,第880页。

能够自觉践行孔子之道，提倡实行，反对空名，打破了文学、儒学、经学、史学的壁垒，使四者通而为一。他以孔子之道为原则，不排斥庄周、屈原，也不完全抛弃佛老，而主张吸取各家精华，融会贯通。韩愈的道统论意在维护传统儒学的纯正性，拯救儒学于危亡之中，柳宗元之道则孕育着新儒学的萌芽，"有所取舍有所创新"的思路开创了宋明理学的基本方法。

总之，从初唐开始，文人日益厌弃南北朝浮艳文风，自觉寻求新的文学方向，至韩愈柳宗元，文以明道的思想已经成为共识，倡导从内容和形式两方面向先秦学习的古文运动达到高潮。韩愈、柳宗元，其友人刘禹锡、吕温、白居易、元稹、吴武陵等，以及韩门弟子李翱、皇甫湜、李汉等人创作了大量古文，实践了"文以明道"的主张。可惜之后的晚唐文坛后继无人，唐代古文运动呈衰落之势，直至宋初欧阳修等再一次掀起复古潮流。

二、师其意不师其辞

"文以明道"通常可以理解为：作文的目的在于明道。在文与道之间，道是目的，文是手段。中唐古文运动强调继承纯正的先秦儒家之道，而对于先秦之文则并非要完全复古，而更主张对古文进行综合创新，因而有"师其意不师其辞"的观念。

与文相比，道是根本的，历久不变的。隋代王通引孔子之语云："子曰：'学者博诵云乎哉，必也贯乎道；文者苟作云乎哉，必也济乎义！'"① 道与义是作文诵诗的根本内容，后人可以通过文而追求古代圣人之道。在这个过程中，文与道有各自的特点，不可等同。柳冕《与徐给事论文书》中自述自己的经验和体会：

> 仆自下车为外事所感，感而应之为文，不觉成卷。意虽复古，而不逮古，则不足以议古人之文。噫！古人之文不可及之矣，得见古人之心在于文乎？苟无文又不得见古人之心，故未能亡言，亦志之所之也②。

古人之意可以体会，而古人之文却"不可及"。"不可及"纵然有今人才

---

① 王通：《天地篇》，《中说》卷二。
② 柳冕：《与徐给事论文书》，《全唐文》卷五百二十七。

疏学浅的原因，更大的问题在于文化背景不可复原。对于文来说，完全"复古"是不可能的，而离开文又无法探寻古人之道，这是中唐文人面临的两难困境。

还有一个重要的问题：古人之文各有特色，该以哪一家为尊呢？柳宗元的回答是：

> 本之《书》以求其质，本之《诗》以求其恒，本之《礼》以求其宜，本之《春秋》以求其断，本之《易》以求其动，此吾所以取道之原也。参之穀梁氏以厉其气，参之《孟》《荀》以畅其支，参之《庄》《老》以肆其端，参之《国语》以博其趣，参之《离骚》以致其幽，参之太史公以著其洁，此吾所以旁推交通，而以为之文也①。

道可以"本"于五经来把握，而文则要参穀梁、孟荀、庄老、国语、离骚各家来"旁推交通"然后为之。"本"和"参"代表了柳宗元对于"道"和"文"的不同态度。从经典中体悟的"道"是可以确定的，而经典的写作方式却不可以直接照搬，需要广为借鉴进行创新。进一步分析便会发现，在文道合一的前提下，参考学习各家之文的过程也伴随着对各家之"道"的体会和领悟。文学上的融会贯通势必带来对儒学、经学的深入思考。

要想表达古人之意须借助文的手段。文的复古实质是学习综合古人之文辞然后加以创新。而这种古文创新的目的也是为了学习古道。

> 愈之为古文，岂独取其句读不类于今者邪？思古人而不得见，学古道则欲兼通其辞，通其辞者本志乎古道者也②。

韩愈说得很明白，他倡导古文不是为了在文字上与众不同，而是要更好地学习古道。学习的具体方法是：

> 始者非三代两汉之书不敢观，非圣人之志不敢存，处若忘，行若遗，俨乎其若思，茫乎其若迷。当其取于心而注于手也，惟陈言之务去，戛戛乎其难哉！③

首先要熟读经典，反复思虑，用心体认，当对道有所感悟之后要用自己的方式将它表达出来，这就是"注于手"，将古代圣贤之文变成当代之文，这样，

---

① 柳宗元：《答韦中立论师道书》，《柳宗元集》，第873页。
② 韩愈：《题欧阳生哀辞后》，《韩昌黎文集校注》第五卷，第304页、305页。
③ 韩愈：《答李翊书》，《韩昌黎文集校注》第三卷，第170页。

道与文都于当下得到传承。这是去除陈言、留下古道的过程，只有这样才能真正将道为我所有、为我所用。在具体的写作中，韩愈提出"师其意不师其辞"的方法：

> 或问：为文宜何师？必谨对曰：亦师古圣贤人。曰：古圣贤人所为书具存，辞皆不同，宜何师？必谨对曰：师其意，不师其辞①。

古代圣贤经典中的意便是圣贤之道，辞则是古人之文，是传道的工具，道与文在这里演变为意与辞。对意与辞的不同态度暗示着道与文的分歧，为之后文道的分离埋下伏笔。

"师其意不师其辞"的影响是极为深远的，它直接开启了文学变革的浪潮。骈文作为陈言而被抛弃，去除浮文虚辞，推崇质朴的古文文风成为当时士人的普遍倾向。曾经在唐穆宗时官至相位的元稹在其科场对策中提出自己对科举考试的看法：

> 以两科求士，凡自唐礼、六典、律令及国家制度之书者用，至于九经、历代史能专其一者，悉得谓之学士。以环贯大义而与道符者为上第，口习文理者次之。其诗、赋、判、论，以文自试者，皆得谓之文士。以经纬今古，理中是非者为上第，藻缋雅丽者次之②。

可以看出，不论学士还是文士，第一等的人才有两方面要求：一要广博通透；二要明道知理，读死书、重文采的则居于次位。元稹本人是著名学士，后来又成为当政者，他的建议代表了当时的社会潮流。

在这样的思潮之下，文人对义理的追求逐渐胜过辞章。初唐《五经正义》"疏不破注"的方法受到中唐文人的批判。有思想有学识的人都不愿意成为章句之师。曾经极力举荐韩愈的古文大家梁肃称赞另一位古文运动先驱独孤及"博究五经，举其大略，而不为章句学"③；柳宗元在《答严厚舆》中说："马融、郑玄者，二子独章句师耳。今世固不少章句师，仆幸非其人。"④ 都表达了对章句学的鄙夷态度。对于他们来说，治六经的本意是在于求得义理，而不在章句和文字。学者吕温更明确说道：

---

① 韩愈：《答刘正夫书》《韩昌黎文集校注》第三卷，第207页。
② 元稹：《对才识兼茂明于体用策》，《全唐文》卷六百五十二。
③ 梁肃：《常州刺史独孤及集后序》，《全唐文》卷五百一十八。
④ 柳宗元：《答严厚舆秀才论为师道书》，《柳宗元集》，第878页。

> 夫学者，岂徒受章句而已？盖必求所以化人。日日新，又日新，以至乎终身。夫教者，岂徒博文字而已？盖必本之以忠孝，申之以礼义，敦之以信让，激之以廉耻，过则匡之，失则更之，如切如磋，如琢如磨，以至于无暇①。

"忠孝仁义信让廉耻"才是士人求学的根本目标，而不是文字本身。这种重义理轻章句的学风与中唐"文以明道"的文学观念是有着直接联系的，只有把文字辞章看作明道的工具，才有可能从根本上转变治学方法。

既然只是媒介和工具，文字注疏也就不再具有神圣不可动摇的地位。基于这样的观念，中唐学者逐渐体会到：探求义理不应执著于注疏，而要以经典为本，超越传注。经学家陆淳描述中唐春秋学的状况：

> 微言久绝，通儒不作，遗文所存，三《传》而已。传已互失经旨，注又不尽传意。《春秋》之义几乎泯灭②。

可见，学者对于流传下来的传注已颇为不满，因为很多时候传注非但不能有助于理解经意，反而是解经的障碍。在这种情况下，回归经文成为中唐儒士的目标，"以己意解经"取代"疏不破注"成为新的解经方法。顺着这种思路前行又会发现，即使是经文也只是明道之具而已，也属于韩愈"不师其辞"的范围，因而也是可以怀疑的，于是疑经之风悄然兴起。早于韩愈半个世纪的唐代文学家元结就曾经提出质疑：

> 三礼何篇可删？三传何者可废？墨氏非乐，其礼何以？儒家委命，此言当乎？③

疑传疑经的治学态度在中唐已经非常普遍，啖助等经学家治《春秋》，韩愈、李翱作《论语笔解》，柳宗元作《非国语》都体现出勇于怀疑的精神。这种怀疑精神经过晚唐到宋代一直绵延不绝。

晚唐著名诗人李商隐在《上崔华州书》中质疑道：

> 始闻长老曰："学道必求古，为文必有师法"，常悒悒不快，退自思曰：夫所谓道，岂古所谓周公、孔子者独能邪？盖愚与周孔俱身之耳。以是有行道不系今古，直挥笔为文，不能攘取经史，讳忌时世。百经万

---

① 吕温：《与族兄皋请学"春秋"书》，《全唐文》卷六百二十七。
② 陆淳：《啖氏集传注义第三》，《春秋集传纂例》卷一，四库全书本。
③ 元结：《问进士第五》，《全唐文》卷三百八十。

书，异品殊流，又岂能意分出其下哉！①

又在《元结文集后序》中说："百千万年，圣贤相随于涂中耳。"② 李商隐所否定的已不止是经传，而是圣贤本身，否定了圣贤的至高权威，也否定了韩愈道统说的绝对性。这样的思想跟晚唐分裂动荡的社会环境有很大关系，也是中唐怀疑之风的延续与发展。

到宋初，国家重新安定统一，儒家思想的统治地位确定无疑，对于如何继承圣贤之道却有了更大规模的质疑和讨论。宋太宗时，学者赵湘针对"古之文章，所以固本者皆圣与贤，今非圣贤，若之何能之？"的时议写道：

> 圣与贤不必在古而在今也。彼之状亦人耳，其圣贤者心也，其心仁焉义焉礼焉智焉信焉孝悌焉，则圣贤矣。以其心之道，发为文章，教人于万世，万世不泯，则固本也。今学古之文章，而不求古之仁义之道，反自谓非圣贤不能为之，是果中道而废者，果贼于儒术者，为蠹教之物者③。

赵湘的思想一方面继承了韩愈"道为文之本"的"文以明道"论；另一方面认为圣贤之道不仅可以存在于古代也可以出现于今世，仁义理智信孝悌之心是圣贤的本质，只要保有这一原则，便是当今圣贤。这种理解找到了儒学的真正内核，在一定程度上打破了圣贤高高在上的地位，表现出独立思考、敢于与圣贤比肩的勇气和精神。到北宋中叶，疑经疑古的风气走向高潮，著名的学者孙复、刘敞、欧阳修等都信仰儒家之道，却对传统的经典及注疏持有怀疑态度。在"师其意不师其辞"的原则下，儒家之道与经典之辞得以分离，"以己意解经"成为流行的方法，为儒家经学注入了新的生命力。

三、文以载道与作文害道

唐代古文运动倡导"文以明道"，而宋代学者则提出"文以载道"，二者都认为"文"是传"道"的工具，但对文与道的认识又有所不同。总体看来，唐代是中国文学最为繁盛的时期，此时的著名知识分子都首先是出色的文学

---

① 李商隐：《上崔华州书》，《全唐文》卷七百七十六。
② 李商隐：《容州经略使元结文集后序》，《全唐文》卷七百七十九。
③ 赵湘：《本文》，《南阳集》卷四，四库全书本。

家，科场取士也以文学才能为尊，因而对文的强调是整个时代的特点。古文运动的代表韩愈和柳宗元都认为"文"对于传道授业是必不可少的。韩愈《答李翊书》云：

> 处心有道，行己有方，用则施诸人，舍则传诸其徒，垂诸文而为后世法①。

柳宗元《答吴武陵论非国语书》云：

> 仆之为文久矣，然心少之，不务也，以为是特博弈之雄耳。故在长安时，不以是取名誉，意欲施之事实，以辅时及物为道。自为罪人，舍悲惧则闲无事，故聊复为之。然则辅时及物之道，不可陈于今，则宜垂于后，言而不文则泥，然则文者固不可少耶？②

可见，在他们眼中，文是为了表达辅时及物之道而生的，道不能陈于今，只能借文而传于后世，没有文，道就无法继续存在下去。

在韩愈、柳宗元的时代，这种重文的观念是很容易被理解的，然而到了宋代，社会形势发生了变化，士人的观念也随之而变。经历了晚唐艳丽文风的复兴，到宋初，文所表达的已经不是什么"辅时及物之道"了，而是重归华丽的靡靡之音，形式上注重用典修饰，内容上表达放纵奢淫之情。宋初统治者提倡儒学，实行"文治"，将儒家之道落实到实际践履之上，道的传播以师者的身体力行和聚众讲习来实现。虽然在韩愈、柳宗元那里已经有"以行明道"的思想，但是由于现实条件所限，只能"以文传道"。到宋初，当世的道德践履成为第一要务，文不再是传道的唯一途径，甚至有碍于道的传承。宋初名臣范仲淹（989—1052）《上时相议制举书》中描述当时的状况：

> 今文庠不振，师道久缺，为学者不根乎经籍，从政者罕议乎教化，故文章柔靡，风俗巧伪，选用之际，常患才难。某闻前代盛衰与文消息。观虞夏之纯，可见王道之正，观南朝之丽，则知国风之衰。惟圣人质文相救，变而无穷，前代之季不能自救，则有来者起而救之。是故文章以薄，则为君子之忧；风俗其坏，则为来者之资。今朝廷思救弊，兴复制科，不独振举滞淹，询访得失，有以劝天下之学，育天下之才，是将复

---

① 韩愈：《答李翊书》，《韩昌黎文集校注》第三卷，第171页。
② 柳宗元：《答吴武陵论非国语书》，《柳宗元集》，第824页。

小为大，抑薄归厚之时也，斯文丕变，在此一举①。

"文章柔靡、风俗巧伪、教化不行"的原因是"文庠不振，师道久缺"，而这里的师道内容上要传承圣人王道之教，唯有如此才能"劝天下之学，育天下之才"。柔靡之"文"与教化之"道"是对立的，产生的原因是"不根乎经籍"。转变文章之风则意味着彰显教化之道，方法就是发扬师道、重归经籍。这段论述表明韩愈等人"文以明道"的成果在此时已经消失殆尽，文与道又一次分离对立。对重新统一的宋王朝而言，儒家王道教化的复兴迫在眉睫，重回儒家典籍是必由之路。在这样的文化变革中，"师"的引导自然是极为重要的，但必须是为道之师，而不是为文之师。恰如程颐所言：

> 学者必求其师，记问文章不足以为人师，以所学者外也。故求师不可不慎，所谓师者何也？曰理也，义也②。

程颐将师的内涵确定为"理""义"，固然与他的理学思想有关，但也表明宋代社会对于为人师者的要求是能够讲明儒家义理，而不是文章之士，这是重文向重道的转变。这种转变是在宋代经世致用的背景下展开的。经世致用的精神表现在政治、文化等各个方面，在教育上则要求师者不能只是章句之师，而要去虚求实，回归先秦儒学修身齐家治国平天下的伟大理想，具体方法则是讲习先秦儒家经典，同时以师者的身体力行阐释儒学精神，由此掀起了又一次复古潮流。

宋初最早倡导复古的代表人物有柳开、王禹偁、穆修、"宋初三先生"等人，他们的观点对之后的学术转变产生了不同程度的影响。

柳开（947—1000）生于晋末，长于宋初，深感五代文风的危害，以激烈的态度提倡古文。他立志要"师孔子而友孟轲，齐扬雄而肩韩愈"③，因而自名肩愈，字绍先，寓意恢复先圣的古文传统，后来又改名为开，字仲涂，希望自己能"开圣道之途"。柳开反对五代轻淫侈靡之文，主张作文要向六经典籍学习，表达儒家之道，实现文道合一。他旗帜鲜明地提出：

> 吾之道，孔子、孟轲、扬雄、韩愈之道；吾之文，孔子、孟轲、扬

---

① 范仲淹：《上时相议制举书》，《范文正集》卷九，四库全书本。
② 程颢、程颐：《河南程氏遗书》卷二十五，《二程集》上，北京：中华书局，2004，第323页。
③ 柳开：《上符兴州书》，《河东集》卷六，四库全书本。

雄、韩愈之文也①。

这样的道统观在继承韩愈的基础上又有所发展。韩愈之道上起尧舜下至孟子，柳开之道则不提尧舜，直接从孔子开始，在孟子之后又加上扬雄、韩愈，表达出他对孔子的高度重视，也反映了此时知识分子学道的目标不是成为尧舜文武周公那样的圣王，而是孔孟一样的王者之师。扬雄和韩愈都是弘扬儒道的著名的文士，也被柳开列入道统之中。道与文分开表述说明现实中二者并不是一回事，而内容上文统与道统又有相同的传承，表达了柳开心中文与道合一的理想状态。柳开对于文与道这种既有异又合一的关系的理解是："文章为道之筌也，筌可妄作乎？筌之不良获斯失矣。"②"筌"出自《庄子》一书，是指捕鱼的工具："筌（荃）者所以在鱼，得鱼而忘荃；蹄者所以在兔，得兔而忘蹄。"③文章为荃，意味着它是得道的工具。在中唐韩愈柳宗元"文以明道"思想中，文与道是互为体用，相辅相成的，而柳开则明显降低了文的地位，使文变成道的附属和工具。道是居于主宰的，文必须以道为灵魂和准则，因而不能妄作。

柳开主张古文写作，他对古文的理解是：

> 古文者，非在辞涩言苦，使人难诵读之；在于古其理，高其意，随方短长，应变作制，同古人之行事，是谓古文也④。

辞与理是古文的两个方面，是文与道在作品中的体现。柳开认为"文恶辞之华于理，不恶理之华于辞也"。⑤他赞赏古文的华实并茂，认为今文华而不实，因此："文取于古则实而有华，文取于今则华而无实。实有其华，则曰经纬人之文也，政在其中矣。华而无实，则非经纬人之文也，政亡其中矣。政亡其中，则理世不足以观之也。"⑥文的华与实是治世和乱世的标志，因此，恢复古文不只是文学的需要，而且是政治发展的必然要求。"吾若从世之文也，安可垂教于民哉，亦自愧于心矣。欲行古人之道，反类今之文，譬乎游于海者，

---

① 柳开：《应责》，《河东集》卷一，四库全书本。
② 柳开：《上王学士第三书》，《河东集》卷五，四库全书本。
③ 《庄子·外物》。
④ 柳开：《应责》，《河东集》卷一，四库全书本。
⑤ 柳开：《上王学士第三书》，《河东集》卷五，四库全书本。
⑥ 柳开：《答臧丙第二书》，《河东集》卷六，四库全书本。

乘之以骥，可乎哉？"① 在宋初，柳开率先倡导古文革新，以"古其理，高其意"为目标，唤醒人们对古文的重视。虽然柳开本人的创作不是非常成熟②，也未能阻挡之后西昆体的盛行，他毕竟开创了"复古重道"的新方向，为后来者所继承。

王禹偁（954—1001）是与柳开同期的古文家，比柳永小7岁，在古文理论与实践两方面都颇有影响。王禹偁主张文章要"传道""明心"，特别提出好文章应该是"易道易晓"的。这一观点在《答张扶书》中有明确论述：

> 夫文，传道而明心也，古之人不得已而为之也。且人能一乎心至乎道，修身则无咎，事君则有主。及其五位也，惧乎心之所有不得明乎外，道之所畜不得传乎后，于是乎有言焉。既不得已而为之，又惧乎言之易泯也，于是乎有文焉。信乎不得已而为之也。……既不得已而为之，又欲乎句之难道邪？又欲乎义之难晓邪？③

古人写文章的目的是为了传道，力求用平实易懂的语言让人理解，从而得到传播。这意味着"道"不是什么神秘不可知之物，而是与人修身治国密切相关的，文作为道的表达，不能艰涩难懂，而要朴实自然。这种对文的重新认识直接导致了文风的转变，提倡用浅显的语言传道授业从另一个角度表明道是可以被理解和学习的，与佛教"第一义不可说"等顿悟论观点形成鲜明对比，引发了后来理学的求道思潮。

柳开和王禹偁复兴古文之后不久，文坛又出现了以杨亿、刘筠为代表的注重修辞用典的"西昆体"，穆修和"宋初三先生"成为反对西昆体的古文家。

穆修（979—1032）字伯长，曾经师从于理学先驱陈抟，传其易学。穆修不事章句，提倡古文，反对修饰华丽的西昆体，在当时文坛具有很大的影响力，《宋史》曰："修虽穷死，然一时士大夫能称文者，必曰穆参军。"④

穆修极为推崇韩愈、柳宗元，主张恢复先秦平实质朴的古文。他在《答乔适书》中云："学于古者所以为道，学夫今者所以为名。……行道者有以兼乎名，务名者无以兼乎道。有其道而无其名，则穷不失为君子；有其名而无

---

① 柳开《应责》，《河东集》卷一。
② 《四库全书·河东集·提要》评价柳开："今第就其文而论，则宋朝变偶俪为古文，实自开始。惟体近艰涩，是其所短耳。"
③ 王禹偁：《答张扶书》，《小畜集》卷十八，四库全书本。
④ 《宋史》卷四百四十二，列传第二百一，文苑（四），穆修。

其道，则达不失为小人。"① 可见，当时的文士对于名与实、君子与小人等哲学问题已有自觉而深入的思考。在穆修看来，学于古所以有道，有道即为君子，从这一意义上讲，提倡古文便是在复归儒家君子之道，古文运动也成为儒学复兴的一部分。

穆修对于当时的社会环境有清醒的认识：

> 盖古道息绝不行，于时已久。今世士子，习尚浅近，非章句声偶之辞，不置耳目；浮轨滥辙，相迹而奔，靡有异途焉。其间独敢以古文语者，则与语怪者同也。众又排诟之罪毁之，不目以为迂，旨以为惑，谓之背时远名，阔于富贵。先进则莫有誉之者，同侪则莫有附之者，其人敬无自知之明，守之不以固，持之不以坚，则莫不惧而疑，悔而思，忽焉且复去此而即彼矣。噫！仁义中正之士，岂独多出于古而鲜出于今哉。亦由时风众势驱迁溺染之，使不得从乎道也②。

可以想象，"西昆体"在当时文坛的力量之大，古文家处于被社会排斥和诟责的边缘地带。然而，尽管困难重重，传统儒家的仁义中正在此时已经被提倡而初露端倪，随着古文运动的进展而逐渐成为新的社会思潮。穆修肯定仁义中正不止出于古，而且可以出于今，前提是净化社会环境，才能实现向儒家仁义的复归。在穆修眼中，儒学复兴的最大障碍是虚华不实的社会风气，而不是佛老。对于佛教，他持一种较为宽容的态度，认为佛教的流行是由于其善于抓住百姓的好恶来创建理论，以福寿安康为诱饵教导人民要世世代代行善积德。"其为贵为富为寿为康宁，皆根夫善者也，而统谓之福。为贱为贫为疾为夭，皆种夫恶者也，而统谓之祸。福祸之报不移也。世闻其说，甚惧。谓死且复生，则孰不欲其富贵康寿而恶其贱贫疾夭？虽君子小人，一其情也。"③ 穆修肯定佛教教义有吸引人之处，是导民向善的有效手段，因而具有存在的合理性。

> 予谓世有佛氏以来，人不待闻礼义而后入于善者，亦多矣。佛氏其亦善导于人者矣。呜呼，礼义则不竞，宜吾民之皆奉于佛也④。

---

① 穆修：《答乔适书》，《穆参军集》卷中，四库全书本。
② 同上。
③ 穆修：《蔡州开元寺佛塔记》，《穆参军集》卷下，四库全书本。
④ 同上。

虽然儒家与佛教的理论有很大区别，最终目标都是要感化人民，让其自觉行善，建立美好安定的社会，从这一点看，儒佛可谓殊途同归。但儒家的仁义教化却不如佛教的因果报应论更易于让人接受，由此才出现了佛教盛行儒学衰微的状况。拯救儒学不是要完全抛弃佛教，而更应该借鉴佛教的优点，改造儒学，使其变得更具吸引力，从而重新繁盛。这是一种客观而正确的态度，有别于韩愈激进的道统说，在这种思路的影响下，宋代理学广泛吸收佛教的精髓，注重人之性情，重建儒学理论，最终全面超越了佛教。

稍晚于穆修的"宋初三先生"——胡瑗、孙复、石介也在此时大力倡导儒学。三人曾同在泰山读书，都以复归儒家仁义之道为己任，但侧重不同。胡瑗（993—1059）字翼之，被改革家范仲淹聘为苏州府学教授，进行教育改革，后来又受举荐而主持太学，是宋初最著名的经师和教育家。胡瑗对儒家经典有独特见解，思想上推崇孟子性善论，认为人生来具有仁义理智的纯善之性，但同时也有七情六欲，圣人也不例外，而"圣人之情固有也，所以不为之邪者，但能以正性制之耳，不私于己而与天下同也"①。由此看来，胡瑗发展了中唐以来的性情学说，以儒家思想整合佛教理论，意在恢复和弘扬儒家仁义之道。胡瑗以自己的方式提倡复古，并产生了广泛的社会影响，宋初政治上的重要人物如王安石、范仲淹、欧阳修等都与胡瑗有过交往，后来成为理学大师的程颐更是胡瑗的得意门生。《宋元学案》卷一《安定学案》记载一段宋神宗与胡瑗的弟子刘彝的对话：

> 熙宁二年，神宗问曰："胡瑗与王安石孰优？"对曰："臣师胡瑗以道德仁义教东南诸生时，王安石方在场屋中修进士业。臣闻圣人之道有体、有用、有文。君臣父子、仁义礼乐，历世不可变者，其体也；诗书史传子集，垂法后世者，其文也；举而措之天下，能润泽斯民，归于皇极者，其用也。国家累朝取士，不以体用为本，而尚声律浮华之词，是以风俗偷薄。臣师当宝元、明道之间，尤病其失，遂以明体达用之学授诸生，夙夜勤瘁，二十余年专切学校，始于苏湖，终于太学。出其门者，无虑数千余人。故今学者明夫圣人体用，以为政教之本，皆臣师之功，非安

---

① 胡瑗：《周易口义》卷一《乾》，四库全书本。

石比也。"①

刘彝之辞固然有偏赞其师的成分,却也道出了当时的实际情况。胡瑗不像柳开、穆修等直接抨击浮华文风,而是在更深的层面通过建立明体达用之学来彻底改变"尚声律浮华之词"的面貌,最终目标则是复兴儒家仁义礼乐的政教之本,以实际践履来实现其治国理想。从这一层面来看,胡瑗确实比柳开等人单纯进行文学变革更深刻、更彻底。

与胡瑗相比,同窗孙复(992—1057)则更具个性,全祖望《宋元学案序录》说"安定笃实,泰山刚健",多半是指其力主道统,抨击佛老的激烈态度。孙复专门作《儒辱》一文论述佛老的危害:

> 夫仁义礼乐,治世之本也,王道之所由兴,人伦之所由正。……儒者之辱,始于战国,杨朱墨翟乱之于前,申不害韩非杂之于后,汉魏而下则又甚焉。佛老之徒横乎中国,彼以死生祸福虚无报应为事,千万其端,绐我生民,绝灭仁义,以塞天下之耳,屏弃礼乐,以涂天下之目。……去君臣之礼,绝父子之戚,灭夫妇之义。以之为国则乱矣,以之使人贼作矣。儒者不以仁义礼乐为心则已,若以为心,则得不鸣鼓而攻之乎?②

与韩愈一样,孙复的道统意识是极强的,视佛老为异端邪说,耻于将儒家与之并立。他说:"吾之所为道者,尧舜禹汤文武周公孔子之道也,孟轲荀卿扬雄王通韩愈之道也。"③ 他认为这个道是与生命同在的,个人的进退毁誉都要与道为一,表现出理学家的虔诚信仰。王通在思想成就上不能与孟子、扬雄等并列,却在隋代大力提倡儒家学说,传承道统,因而被孙复所推崇。关于文道关系,孙复在《答张洞书》中提出:"文者,道之用也;道者,教之本也。故文之作也必得之于心而成之于言。得之于心者,明诸内者也;成之于言者,见诸外者也。""斯文之难至也久矣,自西汉至李唐,其间鸿生硕儒摩肩而起,以文章垂世者众矣,然多杨墨佛老虚无报应之事,沈谢徐庾妖艳邪侈之辞……始终仁义不叛不杂者,惟董仲舒、扬雄、王通、韩愈而已。"④

---

① 黄宗羲:《安定学案·高平讲友》,《宋元学案》卷一,北京:中华书局,1986,第25页。
② 孙复:《儒辱》,《孙明复小集》,四库全书本。
③ 孙复:《信道堂记》,《孙明复小集》,四库全书本。
④ 孙复:《答张洞书》,《孙明复小集》,四库全书本。

文与道本应是统一的，道是文的内在本质，文是道的作用和表现，这里的道是以孔子为代表的圣人之道，而孙复心中理想的文也是以"诗书礼乐大易春秋"为代表的圣人之文。孙复认识到：在历史发展中，文与道经常分道扬镳，以文章名世者常常背离儒家的仁义之道，文与道合一实属不易。对宋代理学家来说，千百年来的文道冲突和分离已成为不争的事实，因而有了后来"作文害道"的观点。

石介是孙复的学生，言辞比孙复更加激烈，态度也颇为鲜明。他将佛、老及当时文坛流行的"西昆体"称为社会"三怪"，专门作《怪说》三篇给予批判。石介从捍卫"唐虞禹汤文武周孔"圣人之道的原则出发，认为"吾学圣人之道，有攻我圣人之道者，吾不可不反攻彼也"①，佛老是从思想上违背圣人之道的妖妄怪诞之教，因而要予以坚决地打击和抛弃。而"西昆体"淫巧侈丽的文风也直接损害了圣人之道，要恢复圣道，必须肃清其影响。石介尖锐地指出："佛老杨亿信怪矣，然今举中国而从佛老，举天下而学杨亿之徒亦云众矣。"② 面对这种状况，他坚定地宣称：

> 今天下为佛老，其徒嚣嚣乎声附合应，仆独挺然自持吾圣人之道。今天下为杨亿，其众哓哓乎，一倡百和，仆独确然自守圣人之经。凡世之佛老杨亿云者，仆不惟不为，且常力摈斥之。③

表明自己与佛老杨亿截然对立的态度。有人批评石介太过激烈武断，没有看到佛老和西昆体的合理之处，而石介的目的是要求恢复儒道，以道为文。他继承了韩愈道统说，提出像《尚书》一样的儒家经典就是最好的为道之文，是最值得模仿的范本。"治世者道，《书》以传圣人之道者已，能传圣人之道足矣。"④ 既然对抗佛老和西昆体的最佳武器是传统儒家经典，回归经典便是复兴儒家道统的必然要求。石介特别推崇韩愈，专作《尊韩》篇云：

> 若孟轲氏、扬雄氏、王通氏、韩愈氏，祖述孔子而师尊之，其智足以为贤。孔子后，道屡塞，辟于孟子而大明于吏部……噫！孟轲氏、荀况氏、扬雄氏、王通氏、韩愈氏五贤人，吏部为贤人而卓⑤。

---

① 石介：《怪说》（下），《徂徕石先生文集》卷五，第63页。
② 同上。
③ 石介：《答欧阳永叔书》，《徂徕石先生文集》卷十五，第175页、176页。
④ 同上书，第176页。
⑤ 石介：《尊韩》，《徂徕石先生文集》卷七，第79页。

韩愈既是古文写作的实践者，又是批判佛老的斗士，难怪被石介尊为楷模。石介自己也按照这一思路，创作了大量明白平实的散文作品，《明禁》《是非辩》《复古制》《辨惑》《怪说》等文章都是感情充沛，说理透彻，气势逼人的佳作。

  由"宋初三先生"的实践来看，此时，儒家的仁义之道重新受到知识分子的重视，其实用的入世精神正是宋初社会所急需的。对于佛老的态度，各人有所不同，孙复、石介从道统角度坚决排佛辟老，而在思想上，有识之士（如穆修）已经认识到，佛老之所以能够兴盛是因为其有优越于儒学之处，只有吸取这些内容，以儒家思想将其同化整合，才能真正超越佛老。文学上，理学先驱们反对浮华文风，提倡回到先秦儒家经典，对社会产生了很大的影响，回到经典是捍卫儒家道统的有效方法，也是儒学复兴的第一步。在这个过程中，"道"逐渐被神圣化，"失道之文"则常成为受批判的对象，"道"与"文"逐步分化。

  宋代古文运动经过初期复古准备，到庆历年间（1041—1048）经欧阳修达到最高潮，完成了其历史使命。作为宋代著名的政治家、文学家，欧阳修既有理论贡献又有大量优秀的文学创作，"我所谓文，必与道俱"①，代表了其文道观。欧阳修《与张秀才第二书》中云：

> 君子之于学也，务为道，为道必求知古。知古明道，而后履之以身，施之于事，而又见于文章而发之，以信后世。其道，周公孔子孟轲之徒常履而行之者是也。其文章，则六经所载至今而取信者是也。其道易知而可法，其言易明而可行②。

可见，欧阳修所言的道就是儒家周公孔子孟轲之道，文则是记录道的儒家六经典籍。他对于道的要求是"知古明道"，并且将道应用到修身治事之中，道与文都应该明白易懂，便于人们效法和践行。强调道的实际践履是欧阳修的特点。六经之文是为道服务的，大道须可行于当世，所以"六经之所载，皆人事之切于世者"③。不难看出，欧阳修的道与之前的古文家相比有了明显的变化，即由强调道统传承变为将道归本于政教治道，体现了他作为政治家的

---

① 苏轼：《祭欧阳文忠公夫人文》（颖州），《东坡全集》卷九十一，四库全书本。
② 欧阳修：《与张秀才第二书》，《文忠集》卷六十六，四库全书本。
③ 欧阳修：《答李诩第二书》，《文忠集》卷四十七，四库全书本。

实干性。

欧阳修在《答吴充秀才书》中分析"道鲜至之"的原因：

> 夫学者，未始不为道，而至者鲜焉。非道之与人远也，学者有所溺焉尔。盖文之为言，难工而可喜，易悦而自足。世之学者往往溺之，一有工焉，则曰："吾学足矣"。甚者至弃百事不关于心，曰："吾文士也，职于文而已。"此其所以至之鲜也①。

汉唐以来，文章之士扬名于天下，士人以写好文章为专职，不深入探究为人处世之道理，导致溺于文而不至道的误区。文与道本应是合一的，实践中，对文的片面追求和满足却阻碍了对道的深入探索。欧阳修不遗余力地批判这一现象，表明这样的问题在当时社会具有典型性。为了改变这种认知，欧阳修强调"蓄道德而能文章"，道德深厚，自然能写出好文章：

> 昔孔子老而归鲁，六经之作，数年之顷尔。然读《易》者如无《春秋》，读《书》者如无《诗》，何其用功少而至于至也？圣人之文虽不可及，然大抵道胜者，文不难而自至也。故孟子皇皇不暇著书，荀卿盖亦晚而有作。若子云、仲淹，方勉焉以模言语，此道未足而强言者也。后之惑者，徒见前世之文传，以为学者文而已，故愈力愈勤而愈不至。此足下所谓"终日不出于轩序，不能纵横高下皆如意"者也，道不足也。若道之充焉，虽行乎天地，入于渊泉，无不之也②。

> 今学士所作文书多矣，至于青词斋文，必用老子浮屠之说；祈禳秘祝，往往近于家人里巷之事；而制诰取便于宣读，常拘以世俗所谓四六之文，其类多如此，然则果可谓之文章欤？③

如此看来，欧阳修认为道是文的先决条件，有道才有文，无道则非文。欧阳修看到当时写文章存在两方面问题：一是形式上采用流行的四六之体来体现文采；二是内容上表达佛老之说而忽视儒家政教，这样的文章不能称为真正的文章。作为宋代古文运动的领导者，欧阳修也从形式和内容两个方面来改革文风。在作文形式风格上，他抛弃骈体四六文，崇尚简洁平易的散文，对一篇文章常要进行多次修改，字数越精炼越好。他最为推崇韩愈，认为唐

---

① 欧阳修：《答吴充秀才书》，《文忠集》卷四十七，四库全书本。
② 同上。
③ 欧阳修：《内制集》，《欧阳文粹》卷十二，四库全书本。

代"有道而能文者，莫若韩愈"①。与韩愈的求新求变有所不同，欧阳修简洁平易的文风更适于言说道理，也更容易被人所接受和模仿。苏轼评价欧阳修之文："其言简而明，信而通，引物连类，折之于至理，以服人心。"②朱熹也说欧阳修的文章可学而至③。欧阳修简洁的文风对宋代文学影响极大，之后的学者如三苏、曾巩、王安石等人都深受其影响，晚唐以来的浮靡文风至此有了彻底的改变。

内容上，欧阳修认为"甚矣，佛老之为世惑也"④。而二者相比，佛的危害更大："故凡佛氏之动摇兴作，为力甚易；而道家非遭人主之好尚不能独兴"⑤，"佛法为中国患千余岁，世之卓然不惑而有力者，莫不欲去之。"⑥问题是历史上佛教屡禁不止，即使暂时受到打压，很快又会复兴，有愈演愈烈之势。根本原因何在？欧阳修答云：

> 佛居西域，去中国最远，而有佛固已久矣。尧舜禹三代之际，王政修明，礼义之教充于天下。于此之时，虽有佛无由入也。及三代衰，王政阙，礼义废，后二百年而佛至乎中国。由是言之，佛所以为吾患者，乘其阙废之时而来，此受患之本⑦。

既然佛教兴起于中国的原因是儒家政教衰落而致尧舜禹三代之道不能推行，那么要从根本上去治理佛教就应该大力提倡儒家的"礼义"，重建儒家王道的治世原则，"补其阙，修其法，使王政明而礼义充"。回顾中国历史，欧阳修发现：

> 昔战国之时，杨墨交乱，孟子患之，而专言仁义，故仁义之说胜则杨、墨之学废。汉之时，百家并兴，董生患之，而退修孔氏，故孔氏之道明而百家息。此所谓修其本以胜之之效也⑧。

由此，欧阳修的最终结论是："礼义者，胜佛之本也。"这样的反佛思路比韩

---

① 欧阳修：《读李翱文》，《文忠集》卷七十三，四库全书本。
② 苏轼：《六一居士集敘》，《东坡全集》卷三十四，四库全书本。
③ 朱熹：《论文》上，《朱子语类》卷一百三十九，第3306页。
④ 欧阳修：《唐华阳颂》（天宝九年），《文忠集》卷一百三十九，四库全书本。
⑤ 欧阳修：《御书阁记》，《文忠集》卷三十九，四库全书本。
⑥ 欧阳修：《本论》中，《居士集》十七，《文忠集》卷十七，四库全书本。
⑦ 同上。
⑧ 同上。

愈"人其人、火其书、庐其居"要更加理性也更高明。欧阳修还尖锐地指出，佛教之所以能让万千百姓虔诚信仰是"以佛有为善之说故也"。这就意味着儒家仁义之道要想战胜佛教，必须超越"为善之说"的理论，提出更具解释力、更使人民信服的新思想。欧阳修的深刻见解启迪了后来的理学家，促成了理学心性之学的大发展。

欧阳修之后，宋代古文运动达到了高潮，关于文道的理论有了进一步发展。理学创始人周敦颐（1017—1073）将文道关系正式归结于"文以载道"：

> 文所以载道也，轮辕饰而人弗庸，徒饰也，况虚车乎？文所以载道犹车所以载物。故为车者必饰其轮辕，为文者必善其词说，皆欲人之爱而用之。然我饰之而人不用，则犹为虚饰而无益于实。况不载物之车不载道之文，虽美其饰亦何所为乎？文辞艺也，道德实也，笃其实而艺者书之，美则爱，爱则传焉。贤者得以学而至之，是为教，故曰言之无文，行之不远。此犹车载物而轮辕饰也①。

周敦颐将文比作车，道比作物，想要表达两层含义：一方面，文与车一样经过一定的装饰会更加华美而让人喜爱，肯定了文饰的合理性；另一方面，他又强调车让人喜欢的目的在于使用它来载物，如果不用于载物，车即使装饰得再美也没有任何意义，这意味着文存在的最终价值也是用以载道，否则便是徒有其表而毫无用处。优美的文章是一种技艺，内在道德才是实质，最理想的状态是二者有机结合，用美好的形式来传达深刻的内容，使人喜爱而传承道德。

"文以载道"的命题既突出了道对于文的主宰作用，也认同文辞的必要修饰，而中心在于强调文的实用性，文必须是"有益于实"，供人日用的，离开了实用便毫无意义。判定文的价值就看它是载道之具，还是徒有其辞：

> 圣人之道，入乎耳，存乎心，蕴之为德行，行之为事业，彼以文辞而已者，陋矣②。

> 君子所蕴畜（蓄）者，大则道德经纶之业，小则文章才艺③。

---

① 周敦颐：《通书·文辞》第二十八章，《周元公集》卷一，四库全书本。
② 周敦颐：《通书·陋》第三十四章，《周元公集》卷一，四库全书本。
③ 程颐：《周易程氏传》卷一《小畜》，《二程集》下册，北京：中华书局，2004，第745页。

这里的文辞很显然与圣人之道是对立的，与圣人的道德大业相比，文章才艺则变得浅陋而卑下。周敦颐批评当世之人："不知务道德而第以文辞为能者，艺焉而已。噫！弊也久矣。"① 不反映道德的文便只是辞，只是一种技艺而已。

周敦颐的观点引发了宋代学者关于文道问题的新思考。北宋改革家王安石认为文与辞的区别在于：

> 所谓文者，务为有补于世而已矣。所谓辞者，犹器之有刻镂绘画也，诚使巧且华，不必适用；诚使适用，亦不必巧且华。要之以适用为本，以刻镂绘画为之容而已。不适用，非所以为器也；不为之容，其亦若是乎？否也。然容亦未可已也，勿先之，其可也②。

既能适用又有容饰固然最好，若二者不能兼得，宁可选择适用也绝不可华而不实。这样的观点与周敦颐基本类似，更加凸显注重实用的精神。文与辞的区分就在于载道与离道。离道之文非但不能传道，反而有害于道。

另一位政治家司马光（1019—1086）虽然与王安石政见大为不合，二人对文的态度却是一致的。司马光《答孔司户文仲书》分辨古今之文云：

> 古之所谓文者，乃所谓礼乐之文，升降进退之容，弦歌雅颂之声，非今之所谓文也。今之所谓文者，古之辞也，孔子曰：辞达而已矣！明其足以通意斯止矣，无事于华藻宏辩也③。

司马光所言古代之文与儒家的礼乐之道是直接合一的，道的所有实践内容都是文的表现。当世之文却没有了道的内涵，只是纯粹的辞。而辞做到表达意思就可以了，无需进行其他修饰，这实际上否定了纯文学的合理性。

这种文辞只是技艺的观点在宋代逐渐被认可，以致于文学在汉唐树立起来的崇高地位日益下降，甚至被视为危害社会的主要原因。理学家程颐"作文害道"的观点最具代表性：

> 问：作文害道否？曰：害也。凡为文不专意则不工，若专意则志局于此，又安能与天地同其大也。《书》曰"玩物丧志"，为文亦玩物也。……古之学者惟务养情性，其他则不学。今为文者专务章句，悦人耳目；

---

① 周敦颐：《通书·文辞第二十八章》，《周元公集》卷一，四库全书本。
② 王安石：《上人书》，《临川文集》卷七十七，四库全书本。
③ 司马光：《答孔司户文仲书》，《传家集》卷六十六，四库全书本。

既务悦人，非俳优而何？①

虽然有宋以来"以道主文"的观念已经颇为流行，直接宣称"作文害道"的，程颐还是第一个。这种鲜明的抑文观点被后世很多学者尤其是文学家们所批判。而程颐本人并不认为他自己偏激，他提出的理由也很充分。从用力多少的角度看，如果着意于文辞工整华美必定耗费诸多心智，就不能全心学习和践行圣人之学，久而久之，则玩物丧志。这样，以文章取悦读者的人实质与歌舞艺伎没有什么区别。"俳优"在古代社会历来地位很低，程颐将作文之人比作俳优，当然充满了贬低和不屑。但这里的文主要是指不载道之文，是王安石与司马光所谓的辞，相当于今天所说的纯文学。

程颐作文害道的观点，由之前周敦颐、王安石、司马光等人的"文辞分论"思想逐步发展而来。既然纯粹的辞对道毫无意义，那么便应该予以抛弃。对于历来以六经为文之典范的观点，程颐也予以修正：

> 曰："古者学为文否？"曰："人见六经便以为圣人亦作文，不知圣人只摅发胸中所蕴自成文耳。所谓有德者必有言也。"曰："游夏称文学，何也？"曰："游夏亦何常秉笔学为词章也？且如'观乎天文以察时变，观乎人文以化成天下'，此岂词章之文也？"②

可见，程颐主张的是"道胜文自胜""有德自有言"的观点，与欧阳修"蓄道德而能文章"的思想如出一辙。程颐并不否定圣人之六经，只是认为圣人文章都是道义通达后自然发出，并没有如后来文人那样绞尽脑汁、咬文嚼字，专为作文章而写作。他认为正确的写作方法是："须是养乎中，自然言语顺理。今人熟底事，说得便分明；若是生事，便说得塞涩。须是涵养久，便得自然。若是慎言语不妄发，此却可著力。"③

因此，程颐"作文害道"的观点实质是要强调文章必须有道德作基础和前提，一切离道之文都是有害于道的。这可以看做是"文以载道"观的延续。表面上将文与道对立，实际上与道对立的是不载道之文，从另一个角度强调文道统一，须臾不可分离，是文道合一的另类表达。

从程颐开始，文与道有了新的划分。由道而来之文如儒家六经都应合于

---

① 程颐：《河南程氏遗书》卷十八，《二程集》（上），第239页。
② 同上。
③ 程颐：《河南程氏遗书》卷十八，《二程集》（上），第208页。

道本身，是道的一部分。所谓文则专指没有体现道或者与道相悖的文章，也就是不反映儒家政教的、单纯追求写作技巧的纯文学范畴。

  古之学者一，今之学者三，异端不与焉。一曰文章之学，二曰训诂之学，三曰儒者之学。欲趋道，舍儒者之学不可。

  今之学者有三弊：一溺于文章，二牵于训诂，三惑于异端。苟无此三者，则将何归，必趋于道矣①。

  应该说程颐作为宋代著名学者，具有敏锐的洞察力。他看到了在先秦学者那里，思想、写作、考证是一个有机的统一体，由此才有了学术的繁荣和传世经典。而汉唐以后，文人墨客以写作为职业，经学家们则专以训诂为追求，都脱离了儒家思想的本源，以致儒学衰微，引发了种种社会危机。所以复兴儒学一方面要排除佛老等异端思想，另一方面必须将文章之学与训诂之学重新归附于儒家之道，使三者合一，才能实现学术的创新和超越。程颐的分析符合当时的实际情况，提出的对策也是比较中肯的，表达了文道合一的思想。

  从初唐的"文质半取"到中唐韩愈柳宗元"文以明道"，再到宋代周敦颐"文以载道"和程颐的"作文害道"，文道关系的变化展现了唐宋文学变革的历程。在这一过程中，文与道由对立到合一，又走向新的对立。社会思潮由重文向重道转变，文的内涵和地位逐步发生变化，独立性日益减弱，最后"合于道"。在重道的理念下，学者开始以求道传道为己任。"仁义"作为为道的具体内涵凸显出来，用以对抗佛老之说，先秦儒学的治世精神真正复活，理学由此而兴起。文道关系发展的另一趋势是注重实用实行，强调儒家政教。主张教化是儒家传统的文学观念，是文道合一的基础。唐代文教观主要着眼于道德教化，宋代以后以经世致用为目标，强调儒家治国平天下的政治理想。如王安石所言："夫圣人之术，修其身，治天下国家，在于安危治乱，不在章句名数焉而已。"② 圣人之道在道德上落实于行为践履之中，在政治上一定要用于治国安民的伟大事业。文学观念的变化代表着整个社会的转型。

---

① 程颐：《河南程氏遗书》卷十八，《二程集》（上），第187页。
② 王安石：《答姚辟书》，《临川文集》卷七十五，四库全书本。

第五章 疑经思潮的萌芽：舍传求经与疑古惑经

学术的创新需要怀疑的精神，经学的怀疑之风在唐代已经萌芽并初具规模。从初唐开始，由于政治的需要，疑经疑传首先在礼学领域兴起，打破了汉代经学笃守家法、师法的解经方式。唐代注重实录的史学观念也在很大程度上破除了对圣人和经典的迷信，使经学上出现疑古惑经的新思路。中唐以后，啖助、陆淳等人的新《春秋》学则以理性的态度批判"春秋三传"，主张舍传求经，直接开启了宋代"以己意解经"的经学风尚。

一、制礼过程中的疑经疑传

唐朝前期，统治者复兴儒学的重点在经籍整理和重建礼乐两个方面。《旧唐书·礼仪志》开篇回顾了儒家礼仪制度的发展历程。早在五帝之时，礼仪便是治国之本，后来周公辅佐成王，制礼作乐，形成制度。但春秋以后，诸侯争霸，礼仪日渐衰微，"仲尼之世，礼教已亡，遭秦燔炀，遗文殆尽"，到汉朝建立，意图恢复，通过收集经典来揣测三代的礼仪，"然数百载不见旧仪，诸子所书，止论其意。百家纵胸臆说，五礼无著定之文"①。刚有进展，遇汉末动乱，魏晋南北朝佛学流行，儒家礼制又趋于停滞。隋唐制礼作乐就是在这样薄弱的基础上进行的，可依据的也只有儒学经典和前人注疏。要将书本中语焉不详的理论变为现实产物，必然要经历一个分析、考证、辨别、取舍、创新的过程。

---

① 《旧唐书》卷二十一《志第一·礼仪一》。

唐代礼仪中最重要的内容莫过于祭祀,祭天、祭神、祭祖先等,都是历代君王彰显其统治合理性的方式。这些祭祀的具体对象、内容、方式等各个方面都要重新予以确定,中间便产生了很多怀疑和争论,一大批杰出的儒者和礼官们都精研礼学,考证古今,为皇帝建言献策。他们的基本思路是:以儒家经典为依据,参考诸家注解,废除前朝错误礼法,重建符合上古礼制的唐代礼乐。

唐太宗时,为了规范科举考试,统一思想,规定了儒学各经典的标准注疏,并撰《五经正义》加以推广。礼学方面以郑玄注本为权威,十二部经典中《周礼》《仪礼》《礼记》三部礼学典籍全部采用郑玄注。而在现实使用中,儒生们引经据典发现了很多问题,指出了郑玄注解的诸多谬误,开启了怀疑传注的经学思潮。

显庆元年(656),太尉长孙无忌等礼官上奏讨论"祖宗共同配祭天地"问题,认为郑玄注解错误,而依郑注将唐高祖与唐太宗同祭于明堂的做法是违背经文的,请求更正。奏章指出:《祭法》中说周人合祭祖宗时以帝喾配天而郊祀时以后稷配天,以文王为祖,以武王为宗,并没有说祖宗合祭。而郑玄注解说:祭天帝祖宗,意思是以祭祀时配食。禘是祭昊天于圜丘,郊是祭上帝于南郊,祖宗是指祭五帝、五神于明堂。礼官们认为:"寻此郑注,乃以祖、宗合为一祭,又以文、武共在明堂,连衽配祀,良为谬矣。……郑引《孝经》以解《祭法》,而不晓周公本意,殊非仲尼之义旨也。"① 经过分析论证,建议奉祀高祖于圜丘,以配祭昊天上帝,祭太宗于明堂,以配上帝。

显庆二年(657)七月,礼部尚书许敬宗与礼官等又上奏议,认为郑玄关于昊天上帝、圜丘、郊祭等问题的观点是错误的,不应遵从。该奏议云:

> 据祠令及新礼,并用郑玄六天之议。圜丘祭昊天上帝,南郊祭太微感帝,明堂祭太微五帝。谨按郑玄此意,唯据纬书。所说六天,皆谓星象,而昊天上帝,不属穹苍。故注《月令》及《周官》,皆谓圜丘所祭昊天上帝为北辰曜魄宝。又说《孝经》"郊祀后稷以配天"及明堂严父配天,皆谓太微五帝。考其所说,舛谬特深。
>
> 按《周易》云:"日月丽于天,百谷草木丽于地。"又云:"在天成象,在地成形。"足明辰象非天,草木非地。《毛诗传》云:"元气昊大,

---

① 《旧唐书》卷二十一《志第一·礼仪一》。

则称昊天。远视苍苍，则称苍天。"此则苍昊为体，不入星辰之例。①

唐代将祭祀的天神称作昊天上帝，昊天上帝之下又有五帝，郑玄根据纬书，认为昊天上帝即为北辰星，名叫"曜魄宝"，五帝则是天上太微垣中的五颗星。这意味着昊天上帝与五帝均为星辰，可以相提并论。而礼官们则依《周易》《毛诗》，认为昊天上帝并非星辰，而是昊大元气，是太微五帝之体，若视为星辰，则与五帝地位等同，不是至高之神了。他们还根据史官和天象的记录来提出对郑玄的质疑："又检太史《圆丘图》，昊天上帝座外，别有北辰座，与郑义不同。得太史令李淳风等状，昊天上帝图位自在坛上，北辰自在第二等，与北斗并列，为星官内座之首，不同郑玄据纬书所说。"由此，昊天上帝不同于北辰星，古代祭祀中，昊天上帝是在祭坛之上的至高神，北辰与北斗则在第二等，能称为天的也只有昊天上帝，即可以为体的昊大元气。这一观点后来被武则天所采纳，于永昌元年（322）专门下诏明确昊天上帝的至高地位：

  天无二称，帝是通名。承前诸儒，互生同异，乃以五方之帝亦谓之天。假有经传互文，终是名实未当。称号不别，尊卑相混。自今郊之礼，唯昊天上帝称天，自余五帝皆称帝②。

另外，许敬宗还提出，郑玄分圜丘与郊祭为二也是错误的：

  《孝经》惟云"郊祀后稷"，无别祀圜丘之文。王肃等以为郊即圜丘，圜丘即郊，犹王城、京师，异名同实，符合经典，其义甚明。而今从郑说，分为两祭，圜丘之外，别有南郊，违弃正经，理深未允③。

许敬宗以《孝经》等经典为依据，推断上古圜丘与郊祭是同一祭祀，只是名称不同，因而赞成王肃的看法，反对郑玄的注解。许氏还考察并纠正了关于祭祀中笾、豆之数的错误认识，这些意见都被武则天所采纳。从这些议奏中可以看出，在礼学领域，当时的学者并非盲从传注，而是善于考辨经典，提出自己的观点。辨别传注正误的过程就是一个对传统经学怀疑和论证的过程，也是经学发展中必不可少的环节。

随着唐王朝礼乐制度的建立和完善，学者考证和怀疑的内容更加深入，态度也更为激烈。唐代宗宝应元年（762），大臣们因是否仍要以高祖神尧皇

---

① 《旧唐书》卷二十一《志第一·礼仪一》。
② 武则天：《五帝皆称帝敕》，《全唐文》卷九十六，高宗武皇后（二）。
③ 《旧唐书》卷二十一《志第一·礼仪一》。

帝配祭天地而发生争论。礼部官员薛顾、归崇敬等根据郑玄的注解提出：神尧皇帝（唐高祖李渊）是受命之主，不是始封之君，不能作为太祖以配祭天地。太祖景皇帝①最初受封于唐，相当于殷的契和周的后稷，应该以景皇帝郊祭配天地，宗庙之中也应该以景皇帝为始祖。谏议大夫黎干则认为太祖景皇帝不是受命之君，不能以之配祭天地。黎干因此上"十诘十难"的议状，以经典为依据，充分表达了他的质疑和反对。该议状中涉及诸多对礼学传注的怀疑和诘难，摘录如下：

其一难曰：《周颂》："《雍》，禘祭太祖也。"郑玄笺云："禘，大祭。太祖，文王也。"《商颂》云："《长发》，大禘也。"玄又笺云："大禘，祭天也。"夫商、周之《颂》，其文互说。或云禘太祖，或云大禘，俱是五年宗庙之大祭，详揽典籍，更无异同。……又《祭法》说虞、夏、商、周禘黄帝与喾，《大传》"不王不禘"，禘上俱无大字，玄何因复称祭天乎？又《长发》文亦不歌喾与感生帝，故知《长发》之禘，而非禘喾及郊祭天明矣。殷周五帝之大祭，群经众史及鸿儒硕学，自古立言著论，序之详矣，俱无以禘为祭天。何弃周、孔之法言，独取康成之小注，便欲违经非圣，诬乱祀典，谬哉！

其二难曰：《大传》称"礼，不王不禘，王者禘其祖之所自出，以其祖配之，诸侯及其太祖"者，此说王者则当禘。其谓《祭法》，虞、夏、殷、周禘黄帝及喾，"不王则不禘，所当禘其祖所自出"，谓虞、夏出黄帝，殷、周出帝喾，以近祖配而祭之。……郑玄错乱，分禘为三：注《祭法》云"禘谓祭昊天于圜丘"，一也；注《大传》称"郊祭天，以后稷配灵威仰"，笺《商颂》又称"郊祭天"，二也；注《周颂》云"禘大祭，大于四时之祭，而小于祫，太祖谓文王"，三也。禘是一祭，玄析之为三，颠倒错乱，皆率胸臆，曾无典据，何足可凭？

其三难曰：虞、夏、殷、周已前，禘祖之所自出，其义昭然。自汉、魏、晋已还千余岁，其礼遂阙。又郑玄所说，其言不经，先儒弃之，未曾行用。愚以为错乱之义，废弃之注，不足以正大典②。

---

① "太祖景皇帝"是高祖李渊的祖父李虎，因战功卓越被列为北周开国第一功臣，北周皇帝追封其为唐国公。唐朝建立后追尊为"太祖景皇帝"。

② 《旧唐书》卷二十一《志第一·礼仪一》。

黎干此奏折名为"十诘十难",从十个方面提出质疑,现选取有代表性的前三难进行分析。这三难讨论的问题都是关于"禘祭",第一难中讲禘祭的性质,黎干首先指出郑玄的自相矛盾之处,郑玄在注《周颂》时认为:禘祭是祭祀太祖文王的大祭,在注《商颂》时又说:大禘祭是祭天的。而黎干认为,《商颂》与《周颂》本是一致的,可以相互说明,经过对经典的考证可以发现,"禘太祖"与"大禘"祭都是五年一次的宗庙大祭,没有什么不同。只有郑玄注《商颂》说大禘是"郊祭天"的,如果说《商颂》中"禘"前面多了"大"字,就成为祭天了,那么在《祭法》《大传》中的"禘"前面均没有"大"字,郑玄为什么也说是祭天呢?由此看来,郑玄对禘祭的解释前后不一,没有根据,也不符合经典。相信郑玄注解便是违背经典和圣人之义,坏乱祭祀,是大错特错的。

第二难中说:《礼记·大传》讲得清楚,不称王不能进行禘祭,而禘祭是称王者祭祀其远祖所由来,由近祖配祭。例如虞、夏出自黄帝,殷、周出自帝喾,所以他们分别禘祭黄帝和帝喾,以各自的近祖作为配祭。郑玄对这一问题理解错乱,对禘祭竟有三种不同说法:一说禘祭是祭昊天上帝于圜丘,又说禘祭是郊祭天,还说禘祭是祭太祖文王,大于四时之祭小于祫祭的祭祀。考察其各种说法,都没有确实根据,混乱而矛盾,完全是凭空猜想,不足为信!

第三难从总体上回顾历史,认为三代之前,禘祭之礼的宗旨内容都很明白,而到了汉代郑玄给予错解,历代先儒都不采纳他的观点,因而其理论一直没有变为现实。黎干称郑玄之言为"错乱之义,废弃之注",不能用来指导唐代祭祀之典。

黎干上奏之后没有立即得到批复,朝廷又令众臣就此事讨论了一年多,最后考虑到尊敬祖先的因素,还是采用了归崇敬等人的看法,以太祖景皇帝配祭天地。尽管没有听从黎干的建议,大家对他所指出的郑注的谬误并没有多少异议,由此引发了更多辩论和思考。此后,在制礼上对传注的批评和质疑不断,到修建明堂之时,众说纷纭,皆认为注解不可相信,要靠自己的判断结合实际而行。

修建明堂的计划早在隋文帝时就已经确定,但因儒生们对实施方案争论不定而没有动工。到唐太宗平定了天下,重提这一计划,贞观五年(631),时任太子中允的孔颖达上奏,建议令群臣就明堂修建的规制、层数、结构等问题展开详细讨论。但由于三代以后明堂之制失传，典籍又记载不详，所以讨论难以达成一致意见。侍中魏征（580—643）议论道：

> 夫孝由心生，礼缘情立。心不可极，故备物以表其诚；情无以尽，故饰官以广其敬。……凡圣人有作，义重随时，万物斯睹，事资通变。若据蔡邕之说，则至理失于文繁；若依裴頠所为，则又伤于质略。求之情理，未允厥中。今之所议，非无用舍。请为五室重屋，上圆下方，既体有则象，又事多故实。下室备布政之居，上堂为祭天之所，人神不杂，礼亦宜之。其高下广袤之规，几筵尺丈之制，则并随时立法，因事制宜，自我而作，何必师古！①

东汉学者蔡邕对礼乐多有研究，曾遍考经典而作《明堂论》，至为繁复。魏晋裴頠认为众说纷纭，难以决断，不如从简，只建一殿用于祭祀就可以。魏征认为这两种观点都不足采纳，前代学者的讨论也都没有确实根据，无法选择，建议根据实际情况，修建五室二层建筑，上层用于祭天，下层用于皇帝处理政务，实用又符合礼制，至于具体规格尺寸，根据修建情况来自己决定，抛开历代经传之言，以我为准，不必非去效法古代。这样，明堂不久便可建成，廓清千年疑虑，成为后代的样板。

出于慎重，魏征的意见没有被采纳，修建明堂的各种议论仍在进行而无法付诸实施，到贞观十七年（643），秘书监颜师古（581—645）上奏说：明堂制度来自古代，而典籍中没有完整的记载，从黄帝、有虞氏，经夏、商，到周代，各立名号，分别创立规格。历代学者"众说舛驳，各执所见，巨儒硕学，莫有详通"，虽然文字注疏繁多、词采华丽，却不知裁断。其实，经过春秋战国及秦朝的焚书坑儒，"典籍废弃""经礼湮亡"，今天所流传下来的，只是"传记杂说"而已，用作标准，实在是不合道理。根据《尚书·周书》的记载，明堂有四面，有应门、雉门的规制，那么明堂应该是帝王的居所。再考察《文王居明堂》《月令》《周官》《尸子》等当时可见的经典，都证实明堂是"路寝"，即帝王的正殿，可以处理政务的地方。

根据这些经典，颜师古对《大戴礼记》提出质疑："《大戴》所说，初有近郊之言，复称文王之庙，进退无据，自为矛盾。"又列举了汉儒孔牢、金褒、蔡邕、郑玄、淳于登、颖容等人的观点，认为他们是"苟立同异，竞为

---

① 魏征：《明堂议》，《全唐文》卷一百四十一。

巧说",都出自主观臆测,并没有可靠的流传依据。颜师古的意见是:自古天子平定天下,功成之后制礼作乐,起初创造阶段比较简单,后来逐渐完善修订。所以,"旌旗冠冕,古今不同,律度权衡,前后不一,随时之义,断可知矣"。对于前代注疏,颜师古主张:"假如周公旧章,犹当择其可否;宣尼彝则,尚或补其阙漏。况郑氏臆说,淳于谀闻,匪异守株,何殊胶柱?"① 所以建议皇帝不考虑经籍传注所言,按照自己的想法修建大唐的明堂,使其传于万代。

在这篇奏议中,颜师古怀疑传注的态度是鲜明的,在他眼中,传注很多都是注家凭借想象而来的主观臆断,那些笃守郑玄、淳于登之言而不敢有所突破的人,无异于拘泥固执,不知变通的守株待兔者。他甚至提出,即使对周公的旧典也要辨别是否可行来进行选择,对孔子所定的原则,也还可以补充其不足。这意味着对圣人的经典也应该有自己的判断和发挥,而不是一味盲从。魏征与颜师古都是唐代著名的儒者,对于经学颇有造诣,他们以经驳传,勇于怀疑甚至抛弃传注的思想说明唐代经学并非只有"疏不破注"的呆板模式,即使在唐朝前期《五经正义》编写之时,优秀的儒学人才对于经典和注疏也有着比较清醒的认识。

当然,不可否认,对礼学传注的辨别和怀疑很大程度源于政治上建设礼乐制度的需要。昊天上帝、禘祭、明堂等现实问题引发了经学上的讨论和争辩,而当这种辩论和质疑产生之后,势必会启迪人们思考传统经学的解读方式,对经学的转向有所推动。"自我而作,何必师古"是儒者们对于明堂修建给出的答案,这一观点却来自对经典的充分讨论和取舍,何尝不意味着他们对于典籍传注的潜在态度呢?这一思想趋向在中唐以后至宋代发展成经学的疑古思潮,直接推动了宋明理学的产生。

唐太宗之后的四代皇帝都曾决心建造明堂,唐高宗甚至为此大赦天下,改年号为总章,并从万年县分设出明堂县以示纪念,而最终还是因学者意见不一而搁浅。直至武则天当政,践行了当年魏征"自我而作"的原则,不听众议,只按自己的想法,才完成了明堂建造。从隋文帝开皇三年(583),隋

---

① 《旧唐书》卷二十二《志第二·礼仪二》。

朝大臣牛弘建议修建明堂①，到武则天垂拱四年（688），明堂建成②，中间历代皇帝都有过这一计划，却终都因学者争论不休而作罢，一百余年的争论主要围绕礼学经典展开，可以想象，其间儒者们对于经传和各家观点提出的疑问应该数不胜数，这也是后来造成儒家礼学衰落的原因之一。政治上，安史之乱使以礼乐制度治国的方针遭到失败；经学上，礼学内容本身代有变异、记载不详、多有臆断，又经历了一个世纪的讨论还没有任何成果，再多的研究看起来也将无济于事。既没有政治需求，又缺乏学术意义，学者们自然对其失去了兴趣。与此同时，《论语》《孟子》等经典因为具有更大的心性诠释空间而符合了社会需要，《大学》《中庸》也从《礼记》中分化而出，经典的重新选择成为必然趋势。

二、唐代实录史观对经学的影响

所谓"盛世修史"，大唐帝国气象万千，对史学非常重视。唐太宗贞观三年（629）正式设立史馆，经过逐步完善，建立起一整套积累史料、撰录前代史、当代史的修史制度，被后来各朝所继承。太宗时修史的主要目的在于"以史为鉴"，重在修治前朝史书，《五代史》和《晋书》等前朝史完成后，修史重心转移到修国史上。高宗显庆四年（659），中书令监修国史许敬宗等撰《高宗实录》，而高宗并不满意，认为"多非实录"，提出修史应该"穷征索隐，原始要终，盛业鸿勋，咸使详备"③。此后，要求"实录"成为史学的新原则。唐代注重修撰皇帝实录，想要建立一个皇帝一部实录的制度，实际共修十六帝二十六部皇帝实录，最后五帝的实录由于种种原因没有修成，北宋仁宗时才由史官补修而成。名曰"实录"，内容难免还有隐晦不实之处，但是"实录"的要求已经成为一种修史理念逐渐深入人心。

唐代最重要史学家莫过于刘知几，他的史学著作《史通》对于史学与经学均有重大意义。刘知几总结了史学的发展，并确立了史学的新原则——

---

① 《隋书》卷四十九《列传第十四·牛弘》。
② 《旧唐书》卷二十二《志第二·礼仪二》。
③ 《唐会要》卷六十三《修国史》。

"实录直书"。刘知几认为:"夫史官执简,宜类于斯。苟爱而知其丑,憎而知其善,善恶必书,斯为实录。"① 提出"良史以实录直书为贵"的史家标准。注重实质,实事求是,成为史学追求的目标。从这一原则出发,刘知几对传世的史书进行了诸多揭露和批判。而这些传世史书很多同时也是儒家的经学典籍,如《尚书》《论语》《春秋》等。这样,史学领域的批判之风势必扩展到经学范围,对经学的发展产生影响。《史通》全书都贯穿着以"实录"为要求的批判精神,《疑古》《惑经》两篇与经学的关系最为直接。

《疑古》篇专门批判经典的不实之处,反对圣人"美者因其美而美之,虽有其恶,不加毁之;恶者因其恶而恶之,虽有其美,不加誉也"的不实事求是的写作态度。他说:

> 观夫子之刊《书》也,夏桀让汤,武王斩纣,其事甚著,而芟夷不存;观夫子之定礼也(指修《春秋》),隐、闵非命,恶、视不终,而奋笔昌言,云"鲁无篡弑";观夫子之删《诗》也,凡诸《国风》,皆有怨刺,在于鲁国,独无其章;观夫子之《论语》也,君娶于吴,是谓同姓,而司败发问,对以"知礼",斯验世人之饰智矜愚,爱憎由己者多矣②。

刘知几怀疑《尚书》《春秋》《论语》所载不尽符合史实,提出十条虚假之事,最具批判性的是对三代的王位禅让制的否定。据《尚书·尧典序》说:"(尧)将逊于位,让于虞舜。"孔安国注解:"尧知子丹朱不肖,故有禅让之志。"由此,后世有尧将王位禅让于舜之说。而刘知几根据出土的《汲冢琐语》中有"舜放尧于平阳"的记录,又举出"书云某地有地,以'囚尧'为号",然后进一步用《山海经》论证:"据《山海经》,谓放勋之子(即尧之子)为帝丹朱,而列君于帝者,得非舜虽废尧,仍立尧子,俄又夺其帝者乎?"③ 综合这些证据,刘知几认为事情真相应该是:尧未将帝位传给舜,而本是传给了自己的儿子丹朱,舜最终放逐了尧,把丹朱废黜之后才登上帝位。而历史上这样的事情可谓屡见不鲜:"观近古有奸雄奋发,自号勤王,或废父而立其子,或黜兄而奉其弟,始则示相推戴,终亦成其篡夺,求诸历代,往往而有。必以古方今,千载一揆。"古今的道理都是一样的,所以得出结论:"尧之授舜,

---

① 刘知几:《史通》外篇,《惑经》第四。
② 同上书,《疑古》第三。
③ 同上。

其事难明，谓之让国，徒虚语耳。"由此又分析《虞书·舜典》中言"舜五十载陟方乃死"。《注》云："死苍梧之野，因葬焉。"苍梧是偏僻的不毛之地，作为君主的舜为何会在暮年之时孤独地死于如此蛮荒之地？也极可能是被禹篡位放逐，所谓南巡只是掩人耳目罢了。

经过刘知几的分析论证，儒家一直以来所宣称的尧舜禅让之说被彻底颠覆，圣人的形象荡然无存，其革命性是显而易见的。而刘知几本意绝不是要毁圣灭道，而是要以实录的精神纠正经典的谬误。他指出《五经》的自相矛盾：

> 夫《五经》立言，千载犹仰，而求其前后，理甚相乖。何者？称周之盛也，则云三分有二，商纣为独夫；语殷之败也，又云纣有臣亿万人，其亡流血漂杵。斯则是非无准，向背不同者焉。又案武王为《泰誓》，数纣过失，亦犹近代之有吕相为晋绝秦，陈琳为袁檄魏，欲加之罪，能无辞乎？而后来诸子，承其伪说，竞列纣罪，有倍《五经》。①

儒家一直宣称周文王以德行赢得天下归心，即所谓"三分天下有其二"，商纣王残酷暴虐早已民怨沸腾，那么为什么推翻纣王还需要经历残酷的战争，还有那么多人为其流血牺牲？这只能说明纣王并非如武王《泰誓》所说的那样罪大恶极。关于这一点，孟子早有论述："尽信《书》，则不如无《书》。吾于《武成》，取二三策而已。仁人无敌于天下。以至仁伐至不仁，而何其血之流杵也？"② 刘知几继承这一思想加以分析，揭示出儒家经典片面夸大了周的威德和纣的罪恶，是虚谬而不可信的。他还援引古籍，提出后世经典中对汤、桀、太伯、周公等人的评价都有失公允，造成的严重后果是："令后来学者莫究其源，蒙然靡察，有如聋瞽。"

在《惑经》篇中，刘知几专门论述孔子作《春秋》的不实之处，提出《春秋》中有未谕者十二，都是由于著者记事缺乏可靠来源，凭一己之心来评价，是非不明，褒贬不公而造成的。例如："狄实灭卫，而桓耻而不书；河阳召王，成文美而称狩。"公元前600年，狄人攻灭卫国，公元前632年，晋楚城濮大战，晋国确立霸主地位，周襄王被召至属于晋国的河阳参加会盟，任命晋侯为侯伯（诸侯之长）。孔子在记述这两件事时都有所避讳，为掩饰齐桓

---

① 刘知几：《疑古》第三，《史通》外篇。
② 《孟子·尽心下》，刘知几《史通·疑古》篇引用。

公无能，不写灭卫，而只书"狄人入卫"，晋文公以臣下命令天子，本应受到谴责，为维护其形象，却有意说成"天子狩于河阳"，这种"为尊者讳"的做法违背了史官据实直书的原则，会使君主不再惧怕典章制度，不再为自己的错误行为而感到羞愧。

　　史官的职责在于实事求是地书写历史，用客观的评价来达到惩恶扬善的目的。但《春秋》书中许多地方却是颠倒是非，善恶不分。哀公十年（公元前485）《经》曰"齐侯阳生卒"，襄公七年（公元前568）《经》曰"郑伯僖公卒"，昭公元年《经》曰"楚子麇卒"。事实上，昭公元年（公元前541），楚国公子围杀死国君郑敖，襄公七年，郑子驷弑国君髡顽，哀公十年，齐国陈乞杀死了国君悼公，这三者都是典型的臣弑君，而他们各自都谎称国君是病死的，作为史书，当然应该予以揭露，维护正义，而《春秋》却也说"君卒"而不说"弑君"。与之相比，晋国的赵盾官为正卿，没有讨伐乱臣贼子，许国太子止给国君喂药没有亲自尝药，致使国君死亡，此二人就被《春秋》记为"弑君"，使他们的恶名流传后世。前三人与后两者相比，罪过当然更加严重而不可宽恕，却因为善于掩饰，而逃脱了历史的谴责，这样怎么能起到惩恶扬善的作用呢？

　　刘知几指出，孔子作《春秋》不仅为"为尊者讳""为贤者讳""为亲者讳"，而且标准不一：对于时代较远的隐公、桓公时的历史，就写得比较详明；对于当代定公、哀公时的历史，则比较隐晦，态度不明。鲁隐公、闵公都被弑而亡，鲁文公两儿子恶和视也被杀，而孔子却说鲁国没有弑君夺位的事情。记录鲁国国外的事时"必凭来者之辞，而来者之辞，多非其实。或兵败不以败告，君弑不以弑称，或宜以名而不以名，或应以氏而不以氏，或春崩而以夏闻，或秋葬而以冬赴。皆承其说而书，遂使真伪莫分，是非相乱"①。这样只凭信别国的讣告和外交文辞而不加考证的采用，自然会导致真伪难辨、是非混淆，基于这种史实基础之上的分析判断又怎么能相信呢？

　　可是，后人非但没有指出孔子《春秋》之失，反而将其视为圣人而不加分辨地一味赞扬和盲目崇拜，刘知几严厉地批评了这一现象，指出"世人以夫子固天攸纵，将圣多能，便谓所著《春秋》善无不备，而审形者少，随声者多，相与雷同，莫之指实"②。接着对司马迁、左丘明、孟子、班固等人对

---

① 刘知几：《惑经》第四，《史通》外篇。
② 同上。

《春秋》的虚美之词——进行了反驳，将这些虚美的根源归于儒家的神圣化："考兹众美，征其本源，良由达者相承，儒教传授，既欲神其事，故谈过其实。"① 这一见解是深刻的，孔子成了圣人，《春秋》便不能被怀疑，其他的经典又何尝不是如此？而刘知己以史学的实事求是态度，将孔子还原为一个普通的史学家，指出其谬误，剥去了长期以来笼罩在圣人及儒家经典头上的光环，使之以本来面貌示人。一旦去掉了神圣性，就意味着，孔子和六经都不是绝对权威，而是可以批评讨论的了。这一观念的变化极大地震动了那些尊崇圣贤、盲信经书的学人，启迪他们摆脱神学色彩，从理性的角度重新审视儒学和经典，宋代诸儒的"疑经非圣"正是这种思路的反映。

刘知己对经典进行辨析，提出了自己观点。他比较《春秋》三传，认为一直以来不受重视的《左传》在可信度上要优于《公羊传》和《榖梁传》②。他提出《左传》有三个优点：第一，凡例源于孔子："《春秋》之作，始自姬旦，成于仲尼。丘明之《传》，所有笔削及发凡例，皆得周典，传孔子教，故能成不刊之书，著将来之法。"第二，材料来源丰富："其时与鲁文籍最备。丘明既躬为太史，博总群书，至如梼杌、纪年之流，《郑书》《晋志》之类，凡此诸籍，莫不毕睹。其《传》广包它国，每事皆详。"第三，左丘明为鲁国人，与孔子同时，亲受孔门经义，所记更为正宗可信："《论语》子曰：'左丘明耻之，某亦耻之。'夫以同圣之才，而膺授经之托，加以达者七十，弟子三千，远自四方，同在一国，于是上询夫子，下访其徒，凡所采摭，实广闻见。"与之相反，《公羊传》和《榖梁传》二传作者"生于异国，长自后来，语地与鲁产相违，论时则与孔子不接，安得以传闻之说，与亲见者争先者乎"？由这一点来看，三传与孔子《春秋》的远近亲疏已经分明可见。由于并非亲传，加上年代地域的差异，《公羊传》与《榖梁传》"语乃龃龉，文皆琐碎"，"记言载事，失彼菁华；寻源讨本，取诸胸臆。自我作故，无所准绳，理其迂僻，言多鄙野"，因此"违夫子之教，失圣人之旨"，会起到"奖进恶徒，疑误后学"的负面作用。

刘知几从史学角度对《春秋》三传做了比较分析，使"三传之优劣见矣"，力图使处于劣势的《左传》得到重视，他的观点不一定正确，但却使《左传》

---

① 刘知几：《惑经》第四，《史通》外篇。
② 本段引文均见刘知几：《申左》第五，《史通》外篇。

在唐代的地位大为提高，三传的优劣得失也成为经学考辨的重要内容，中唐以后啖助、赵匡、陆淳的春秋学在此基础上打破"先儒各守一传"的传统，兼采三传，以己意加以贯通，阐发义理，开启了《春秋》经学研究的新气象。

刘知几还对郑玄注《孝经》提出质疑，并从经学中找到十二条证据来进行论证，认为现行的所谓的郑注《孝经》"言语鄙陋，义理乖疏，固不可以示彼后来，传诸不朽"，主张"行孔废郑"①，用孔传《古文孝经》来替代郑注《孝经》。他的建议没有得到推行，却也产生了一定的影响。他对河上公注《老子》，子夏作《易传》也表示怀疑，并都进行了经学分析。

刘知几"实录直书"的史学精神表现在经学领域便是不迷信经传，勇于质疑，积极论证。这可以看做是他的经学主张。他不仅自己怀疑经典，还欣赏具有怀疑精神的学人，给以提携和推荐。据《唐会要》记载，长安三年（703）"四门博士王元感，表上《尚书纠谬》十卷，《春秋振滞》二十卷，《礼记绳愆》三十卷。……宏文馆学士祝钦明，崇文馆学士李宪、赵元亨，成均博士郭山恽，皆专守先儒章句，深讥元感掎摭旧义。元感随方应答，竟不之屈。唯凤阁舍少魏知古、司封郎中徐坚、左史刘知几、右史张思敬，推好异闻，每为元感申理其义，由是擢拜太子司议郎"②。王元感的三部著作现在已经难以再见，由书名推断，应该是对传统经学的反叛之作，与刘知几《疑古》《惑经》同出一辙，因而会受到保守派的大力攻击。可知在安史之乱（755—762）之前半个世纪的时候，疑经疑传的风气已经开始悄然兴起，并得到了一批学者的支持，体现了儒学自身发展的规律和要求。

刘知几的疑古思想并不是无源之水，他自认为是汉代王充的继承者。他对王充的《论衡》评价极高："儒者之书，博而寡要，得其糟粕，失其精华。而流俗鄙夫，贵远贱近，传兹牴牾，自相欺惑，故王充《论衡》生焉。"③ 他赞赏王充的原因正是其能够实事求是地考辨儒家典籍的是非虚实，而不人云亦云，欺惑后人。在《史通·惑经》篇结尾，刘知几明确说道："昔王充设论，有《问孔》之篇，虽《论语》群言，多见指摘，而《春秋》杂义，曾未发明。是用广彼旧疑，增其新觉"，故而作《疑古》《惑经》两篇，表明自己

---

① 刘知几：《孝经老子注易传议》，《全唐文》卷二百七十四。
② 王溥：《论经义》，《唐会要》卷七十七。
③ 刘知几：《自叙》第三十六，《史通》内篇。

是接续王充而来。与王充一样，刘知几坚持实录，敢于怀疑经典、谴责圣人的思想也给予世人强烈的震撼，打破了儒家圣人长期以来树立的光辉形象，一定程度上动摇了人们对儒学的信仰，因而受到许多经学家、儒学家的强烈批判。然而，从另一方面来看，刘知几却为儒学的发展作出了更大贡献，他反对学者对经书的迷信和盲从，以直接怀疑圣人、批判经典的方式启发了士人独立思考的精神，引导他们抛开表象中的个人因素，探究事物的本质，形成自己的观点，这种方法为后来宋代理学家们所普遍使用，刘知几的启蒙意义是不可忽视的。

刘知几还提出史学的功用在于"激扬名教"，史官之责任在于"惩恶劝善"，使小人君子等差有别，这正是儒家政教学说的主要观点，体现在经学上，便是强调学术要以经世致用为目标。而要做到这一点必须将"实录直书"作为前提，否则只能是善恶不分，黑白颠倒。由此看来，对儒家圣人的质疑不代表对儒学的反对，相反，是为了更好地推进儒学。刘知几之后，"实录直书""激扬名教"成为史学的两大原则，也逐渐渗透到经学领域。注重实质、实事求是、勇于怀疑、自成一家的观念在社会中日益流行开来，引发了唐末宋初的疑经改经、以己意解经的文化思潮。

三、"新《春秋》学"的舍传求经

安史之乱打破了唐前期政治统一、社会安定、经济繁荣的局面，使唐朝政治、经济、文化都遭到重创。学者们开始反思、探索、总结安史之乱爆发的原因并寻求复兴之道。儒学不振被认为是亟待解决的关键问题。统治者要想恢复原来的强盛统治，就必须首先复兴儒学。而经学是儒学的主要载体，改革经学使其重获新生成为时代的迫切需要。在这样的背景下，啖助、赵匡、陆淳三位学者开创了"新《春秋》学"，打破传统，荡涤家法，开启了舍传求经的新风气，对唐宋经学发展产生了深远影响。

啖助（724—770）是新《春秋》学的开创者，曾任台州临海尉，后为润州丹阳主簿，任满之后在家专心著述，上元辛丑年（761）开始注释《春秋》，大历庚戌年（770）完成，著有《春秋集传集注》《春秋统例》二书，可惜均已亡佚。他的最大特点是对三传从总体上加以把握，"考三家得失，弥缝漏阙"①。啖助去世后，赵匡和陆淳继承他的思路，对春秋学进行了丰富和发展。赵匡生卒年记载不详，曾撰《春秋阐微纂类义统》十卷，早已佚失。三人之中陆淳的记载相对完善，陆淳（？—805），字伯冲，吴郡（今江苏苏州）人，世以儒学著称，历任信州、台州刺史。顺宗时为给事中、皇太子侍读，为避皇太子讳，改陆淳为陆质。陆淳对《春秋》颇有研究，以啖助为严师，以赵匡为益友，吸收啖助、赵匡思想加以发挥，撰《春秋微旨》三卷、《春秋集传辨疑》七卷、《春秋集传纂例》十卷，成为新《春秋》学的集大成者。由于啖助、赵匡二人著作佚失，今天只能通过陆淳的著作了解三人的思想。

在经学方面，啖助、赵匡、陆淳新《春秋》学最大的意义在于转变解经方式，以怀疑的态度看待《春秋》三传，根据经文提出自己的观点，以己意解经。《春秋左氏传》《春秋公羊传》与《春秋穀梁传》都是解读《春秋》的奠基之作。汉代以来，经学家们注重微言大义的阐发，强调义理发挥的《公羊传》与《穀梁传》占有统治地位，到了唐代，刘知几从史学角度褒扬《左传》而贬斥《公羊传》《穀梁传》，使《左传》成为三传之首。总体看来，自汉到唐，三传具有崇高的地位，唐科举考试将其与经并立，甚至比《春秋》经文更加权威。清末经学家皮锡瑞曾论述唐前期的《春秋》学：

> 自汉后，《公羊》废搁，《左氏》孤行，人皆以《左氏》为圣经，甚至执杜解为传义。不但《春秋》一经，汨乱已久；而《左氏》之传，受诬亦多。孔疏于经传不合者，不云传误，反云经误。……又无解于经传参差之故，故不能据经以正传，反信传而疑经矣②。

可见，当时的情况是：三传之中，重《左传》而轻《公羊》，经传相比，则重传而轻经，甚至信传而疑经。这两种倾向都是春秋学研究的弊端。自汉代以来，《左传》《公羊传》《穀梁传》各有家法和传承，地位此消彼长，彼此互相攻击，学者耗费了大量精力，却难以达成一致意见，收效甚微。数百年执著于传注，反而使《春秋》经文日益不受重视，以传解经，以传疑经，无异于本末倒置而走入歧途。在这样的经学困境中，啖助等人敏锐地发现了问题所在，提出"会通三传""舍传求经"的新主张。

---

① 陆淳：《春秋集传纂例》提要，四库全书本。
② 皮锡瑞：《经学历史·经学统一时代》，北京：中华书局，2004，第154页。

新《春秋》学在综合考察三传，充分吸收其精华的基础上，对三传提出严厉的批评，这些批评集中在陆淳《春秋集传辨疑》一书。总体看来，陆淳认为三传主要存在着记事不实、释义错误、有违经义等方面的问题。

三传之中，《左传》侧重记事，而其言事却多有不合逻辑之处，说明其记事不实。如经文记隐公九年春，"公会齐侯于防"，《左传》记录这一事件说"公会齐侯于防"的目的是为了"谋伐宋也"，原因是"宋公不王，郑伯以王命讨之"因而"来告伐宋"。赵匡认为这一记载不符合当时的情况，当时周王室已经衰微至极，哪里有诸侯会出力为王室进行讨伐？况且鲁隐公自己也不把周王室放在眼里，自即位以来"不曾朝聘于王"，甚至周平王驾崩这样的大事，鲁国也没有按照礼制履行诸侯义务。鲁国自己首先应该受到讨伐，怎么可能为周王去讨伐别人？而当时各国都是如此，又怎么可能是受王命而伐宋？由此看来，赵匡认为"左氏说事多不实"，推测其原因"或是鲁杂史为饰辞，左氏因之矣"①。

《辨疑》指出，《左传》还有一些记载从时间上就可以看出不合情理。例如：庄公三十二年"宋公、齐侯遇于梁丘"，左氏曰："齐为楚伐郑之故，请会于诸侯。"赵匡认为，荆国攻打郑国已经过去五年了，不可能等这么久才开始商讨报仇。对于另一处经文：僖公八年"冬十二月，天王崩"，《左传》认为惠王实际驾崩的时间是僖公七年闰月，襄王出于政治原因没有通告诸侯。赵匡认为这种解释不可信，即使当时没有告丧，待僖公七年二月襄王王位平定发丧后也应及时告知诸侯，怎么可能直到第二年（僖公八年）十二月才通告天下呢？《左传》的记事是十分可疑的。

《公羊传》与《榖梁传》也有诸多不实之处。例如：僖公九年"夏，公会周公、齐侯、宋子、卫侯、郑伯、许男、曹伯于葵丘。九月戊辰，诸侯盟于葵丘"，《公羊传》曰："贯泽之会，桓公有忧中国之心，不召而至者，江人黄人也。葵丘之会，桓公震而矜之，叛者九国。"赵匡辨疑说："此会唯有六国，至十三年会于咸有七国，十五年盟于牡丘亦七国并旧盟之国，宁有九国叛乎？"可见，《公羊传》对于盟国数量的记载与事实明显不符。而《榖梁传》对于这一事件的说法是"葵丘之会陈牲而不杀"，意思是并没有杀掉牲口用血进行盟誓，赵淳认为这种说法也是不对的，因为经文并没有这样的记录，凭

---

① 陆淳：《春秋集传辨疑》卷一，四库全书本。

什么论断这一盟会没有进行歃血为盟的盟誓呢?①《穀梁传》过于穿凿附会了,是没有事实根据的主观臆断。

尽管三传都是为解读《春秋》而作,却各执己说,对同一问题也往往有不同解释。陆淳在《春秋集传辨疑》中记录了新《春秋》学对三传错误释义的批评。如对经文"八年,郑伯使宛来归邴",《左传》曰:"郑伯请释泰山之祀而祀周公。"啖助认为,郑国人请求祭祀周公已不合情理,泰山又不在郑国境内,怎么可能"释泰山之祀"?《左传》的解释难以成立。《公羊传》曰:"泰山之下诸侯有汤沐邑焉。"啖助对此也提出质疑,诸侯国众多,不可能都在泰山下设邑。《穀梁传》曰:"名宛,所以贬郑伯恶易地也。"陆淳认为这也是主观妄断,经文并没有"贬郑伯恶"的意思②。

再如,僖公二年"齐侯、宋公、江人、黄人会于阳谷",《左传》解释说是为了"谋伐楚也",赵匡指出,根据后文,攻打楚国是第二年的事,而且江人、黄人都没有参加,所以这一次相会并不是为了伐楚;《春秋》经载:庄公二十九年"齐人降鄣",《公羊传》曰:"鄣者何?纪之遗邑也。"③啖助质疑:纪本身就是小国,举全国之力也不敢与齐国抗衡,鄣如果只是纪国的一个小城,如何抵抗齐国二十多年呢?可见,鄣应该是个独立的小国家,《公羊传》所言错误。

春秋时,鲁国的庆父接连杀死子般和闵公两位君主,对这段历史,《公羊传》评论说:"孰弑子般?庆父也。杀公子牙,今将尔,季子不免。庆父弑君,何以不诛?将而不免,遏恶也,既而不可及,因狱有所归,不探其情而诛焉,亲亲之道也。"即认为季子处事不公,出于私情没有处决弑君的庆父。赵匡认为,不是季子不愿意讨伐逆贼庆父,而是实力有限,"力不能尔,非不讨也"。④

《穀梁传》在《公羊传》基础上进行发挥,一些释义与《公羊传》类似,特点在于比《左传》《公羊传》更多比附、穿凿,因而,陆淳《辨疑》称其"妄义也甚"。如隐公四年"冬,十有二月,卫人立晋"一节,《穀梁传》发挥

---

① 陆淳:《春秋集传辨疑》卷五。
② 同上书,卷一。
③ 同上书,卷四。
④ 同上书,卷五。

道:"卫人者,众辞也。立者不宜立也。晋之名,恶也。其称人以立之何也?得众也。得众则是贤也。贤则其曰不宜立何也?《春秋》之义:诸侯与正而不与贤也。"①陆淳认为这种释义方式过于主观和繁琐,将本来没有蕴涵大义的文字过度解释,加上褒贬,理解为有大义,事实上,"晋是其名,有何恶乎?"②闵公二年,"公薨",《穀梁传》曰:"其不书葬,不以讨母葬子也。"陆淳曰:"不书葬者自为贼未讨而葬尔,不以讨母葬子。""讨母葬子"是《穀梁传》的臆说。"公子庆父出奔莒",《穀梁传》曰:"其曰出,绝之也。"陆淳辨析:按照《春秋》体例,"大夫奔皆言出"③,不能引申出其他意义。

可见,啖助、陆淳等人对《春秋》三传的辨析是以经文为根据的,在陆淳的著作中多次表达"与经义违皆不取"④的观点。如"十年公会齐侯郑伯于中丘",《左传》却注解说"盟于邓",明显与经文不符,因而陆淳曰"此文与经不合故不取"⑤。再如:经文曰"宣七年冬,公会晋侯、宋公、卫侯、郑伯、曹伯于黑壤",《左传》却说"盟于黑壤",陆淳引啖助的话评论道,"经但言会,传作盟,不与经合矣"⑥,故不取。与《左传》相比,《公羊传》《穀梁传》解经更加繁琐,许多地方穿凿附会,擅加褒贬,与经义不符之处甚多,因而皆不可轻信。

《春秋》经原文大约一万六千字,记事简约,的确需要进行进一步解读。三传从不同角度对其进行研究,本来是有益的。但自汉以后,经学家们专研一传,墨守陈规,自以为是,互相攻击,逐渐形成了三传分立、笃信传注的局面,严重阻碍了《春秋》学的发展。啖助深刻揭示了这一弊端:

> 《春秋》之文简易如天地焉,其理著明如日月焉,但先儒各守一传,不肯相通,互相弹射,仇雠不若,诡辞迂说,附会本学,鳞杂米聚,难见易滞,益令后人不识宗本,因注迷经,党于所习⑦。

"因注迷经"的严重后果是:"传已互失经旨,注又不尽传意,《春秋》之义几

---

① 陆淳:《春秋集传微旨》卷上,四库全书本。
② 陆淳:《春秋集传辨疑》卷一。
③ 同上书,卷五。
④ 同上书,卷一,"九年三月癸酉大雨震电庚辰大雨雪"段。
⑤ 同上书,卷一。
⑥ 同上书,卷八。
⑦ 陆淳:《啖氏集传注义》第三,《春秋集传纂例》卷一,四库全书本。

乎泯灭。"①

面对这样的经学困境，啖助等人提出"弃传从经，直寻经义"的解经方法，即从经文本义来进行解读，不再崇尚传注。对于三传既不笃守迷信，也不完全抛弃，啖助云："故知三传分流，其源则同，择善而从，且过半矣。归乎允当，亦何常师？"② 他自述自己注经的原则是"若旧注理通，则依而书之；小有不安则随文改易；若理不尽者，则演而通之；理不通者，则全削而别注；其未详者，则据旧说而已。但不博见诸家之注不能不为恨尔！"③ 这表明，啖助对于三传的态度是十分理性的，经过认真辨析后兼采三传乃至之前所有注家之长而提出自己的观点。

会通三传，直解经义是新《春秋》学的特色，赵匡、陆淳均继承了啖助的思路，比啖助更为彻底。唐代以《左传》为尊，立为大经，《公羊传》《穀梁传》次之，立为小经。赵匡则通过大量论证，对《左传》的作者和地位提出质疑。他认为左丘明是孔子以前的贤人，在当时比较有名，秦始皇焚书之后，后世学者对左氏情况便知之甚少了，凭猜测认为《左传》及《国语》都是丘明所作，这一说法本来只是臆断，没有明确记载，由于史官司马迁、刘歆、班固等人的记录而成为定论流传下来。因而从时代推断，所谓的《左传》不可能是左丘明所作。从其内容来看，赵匡认为，《左传》"文体不伦，序事又多乖剌"，"定非一人所为也"，由此推测该书是孔子之后的学者"广集诸国之史以释春秋""以广异闻"的作品④，也许曾由某个姓左之人收集整理，绝不是左丘明的著作。陆德明《经典释文》所引的"丘明以授鲁曾申，申传吴起，起传其子期，期传楚铎椒，椒传虞卿，卿传荀况，况传张苍，苍传贾谊"的《左传》传承也是后人欲崇《左传》而妄为记录的。由此看来，《左传》的成书年代并不比《公羊传》《穀梁传》更早，三者谁更接近孔子也不得而知。单从解经来看，《公羊传》《穀梁传》比《左传》更加细致准确，其作者应是孔门弟子，反而比《左传》可信度更高。

赵匡之前，唐人多认为《左传》由孔子亲授，因而具有绝对权威性，地

---

① 陆淳：《春秋宗指议》第一，《春秋集传纂例》卷一。
② 同上书，《啖氏集传注义》第三。
③ 同上书，《啖氏集注义例》第四。
④ 同上书，《赵氏损益义》第五。

位远高于《公羊传》《穀梁传》，甚至将《春秋》与《左传》视为一体①。赵匡的观点颠覆了流行的三传排序，否定了《左传》的权威性。在此基础上，赵匡提出，《春秋》是救世之说，其宗旨在于"尊王室、正陵僭、举三纲、提五常、彰善瘅恶、不失谶芥"，而"三家之说，其弘意大指多未之知，褒贬差品所中无几"②。这样一来，三传所注都不准确，解经还要靠自己的理解，直承经义。

陆淳继承并发展了这种辨疑传注、以己意解经的精神。他说：

> 《春秋》之文至简，故字皆有义。但见其文则知其义。必须解释，但相承曲说，遂令迷其指归。何者？夫子制作，本教中人，故简易其文，昭著其义。若能以质直见之，则不可俟传注而自通矣③。

在陆淳眼中，《春秋》三传皆是曲说，学者因迷信三传而不见《春秋》本义。而《春秋》本身是蕴涵微言大义的，目的在于教化人民。只有抛弃传注的桎梏，从本质上直接把握经义才能正确解读《春秋》。"以质直见之"要求人们抛开章句之学，追求经学义理，"不俟传注而自通"则意味着人人都可以发表自己对经典的看法而不需要迷信任何权威。在这种理念下，陆淳突破性地赋予其师啖助之说以"传"的地位。啖助本来称自己的著作为"注"，陆淳评价道："（啖氏注解及赵氏损益）既合《春秋》大义，又与条例相通。……又《春秋》之意，三传所不释者，先生悉于注中言之，示谦让也。淳窃以为既自解经，理当为传，遂申己见各附于经，则春秋之指朗然易见。"④

能否称之为传的标准不再是时间和传承上的先后，而是看是否是"自解经"，若是以己意解经，自有创新之处，便可以越过千年的章句注疏，直接领会经典的奥妙。在这一点上，当世学者与历代注家都是平等的，在经学的领域，仁者见仁，智者见智，没有预定之规和所谓的"权威"。这样的思想表达了抛弃章句注疏，追求经文义理的目标，也反映了学者的学术自信，是经学观念的一次重要的解放和变革。

综上，啖助、赵匡、陆淳等人的《春秋》学摆脱了汉唐经学长期以来"迷信传注、以传解经"的陈旧模式，开启了"舍传求经，直取本义"的解经

---

① 赵伯雄：《春秋学史》，济南：山东教育出版社，2004，第370页。
② 陆淳：《春秋集传纂例》卷一，《赵氏损益义》第五。
③ 同上书，卷八，《杂字例》第三十二。
④ 同上书，《重修集传义》第七。

新风，对唐宋经学的转向产生了深远影响。陆淳之后，唐代《春秋》学著作的数量有了显著增长，《春秋》学在新的思路下呈现出明显的发展趋势。但由于政治动荡等原因，这些著作多已佚失，只能通过其他书籍的描述略有了解。据史料记载，中晚唐重要的《春秋》学著作还有：卢仝《春秋摘微》四卷、刘轲《三传指要》十五卷、陈岳的《春秋折衷论》三十卷、陆希声《春秋通例》三卷。这几位学者均生活于唐代中晚期，生平没有详细记载，著作也均已失传，根据保留的资料来看，其解经各有特点，共同倾向是"舍传求经"。

卢仝、刘轲是中唐学者，与韩愈同时且有过交往。卢仝性格直傲，是颇受韩愈赏识的弟子，韩愈曾专门作长诗《寄卢仝》描述他的生活，诗中描写卢仝经学研究的方法是"春秋三传束高阁，独抱遗经穷终始"。这一论述集中反映了卢仝完全舍弃三传，直接从《春秋》经文中探求大义的治经特点。他在啖助、赵匡、陆淳辨疑传注、回归经文的基础上更进一步，主张"解经不用传"，完全抛弃传注，但凭己意体察经典，独得圣人之旨，使"舍传求经"更加彻底。

刘轲为元和进士，对于《春秋》学的研究状况，他在《三传指要序》中道：

> 轲尝病先儒各固所习，互相矛盾，学者准裁无所。岂先圣后经以辟后生者邪，抑守文持论败溃失据者之过邪？次又病今之学者，涉流而迷源，舍经以习传，撼直言而不知其所以言。此所谓去经纬而从组缋者矣。既传生于经，亦所以纬于经也。三家者，盖同门而异户，庸得不要其终以会其归乎！①

刘轲尖锐地指出，"固守一传不能相通"和"迷信传注以传代经"是《春秋》学的两大弊端。要摆正经与传的地位，认清传生于经的本质，因而应该"以经为本，以传为辅"，会通三传，将其旨归于经义。刘轲对三传采取折中取正的态度，"会三家必当之言，列于经下"。这种态度与啖助等人较为接近，区别在于刘轲不讨论三传的优劣，而力求打破三传不通的状况，将其统一于"尊经"，展现了开阔的学术视野。

陈岳和陆希声都是晚唐学者。《崇文总目》记载：陆希声撰《春秋通例》

---

① 刘轲：《三传指要序》，《全唐文》卷七百四十二。

三卷,"因三家之例,裁正其冗,以通《春秋》之旨"①。陈岳《春秋折衷论》则认为,《春秋》经具有至高无上的地位,三传都没有全面领会圣人的宗旨,因而需要折中,"参求其长"来解读《春秋》。从遗文来看,陆希声强调的"春秋之旨"是"尊王"和"重民"。陈岳则重点突出了儒家"明王道""大一统"和"尊卑观念"。二人"会通三传"的目的都是体悟和发挥《春秋》义理,而这些义理又是解决晚唐社会问题的根本原则,经学已经摆脱了章句的束缚,走向追求义理,以求经世致用。

此外,新《春秋》学还促进了疑古之风,最典型的代表莫过于柳宗元(773—819)。柳宗元曾与陆淳同朝为官,住处又相距不远,对陆淳"执弟子礼",思想上颇受陆淳及新《春秋》学的影响。他推崇新《春秋》学"舍传求经"的创新精神,大胆突破,直抒己意,对当时的典籍产生了诸多怀疑。柳宗元的疑古思想集中体现在他所作的《非国语》六十七篇中。《国语》中有很多关于祥瑞、灾异、命数、神怪、妖异等的记载,表达"天命"论和"天人感应"学说。柳宗元从其"天人不相预"的天人观念出发进行了严厉批判。他在《非国语》序中说:

> 左氏《国语》,其文深闳杰异,固世之所耽嗜而不已也。而其说多诬淫,不概于圣。余惧世之学者溺其文采而沦于是非,是不得由中庸以入尧、舜之道。本诸理,做《非国语》②。

可见,柳宗元继承司马迁、班固的说法,将《国语》视为左丘明的著作,他批评《国语》的主要原因是其不合圣人之意,有违尧舜之道。柳宗元从"子不语怪力乱神"的立场出发,认为《国语》中许多地方都是鬼怪荒诞之说,并非圣人所言,有的甚至是诬陷圣人,玷污圣人之名。如:《三川震》中将三川之地震当做西周将亡的征兆和《灭密》篇中康公不献三美女予恭王则康必亡的说法都是无稽之谈;《卜》篇中区分圣人之卜与昏邪者之卜的不同,指出左氏的记载是"惑于巫而尤神怪之,乃始迁就附益以成其说,虽勿信之可也"③;《律》篇中认为《国语》所言的"州鸠之辞"是"诬圣人亦大矣"④,

---

① 王尧臣等:《崇文总目》卷二《春秋类》,四库全书本。
② 柳宗元:《非国语序》,《柳宗元集》,第1265页。
③ 柳宗元:《非国语上》,《柳宗元集》,第1291页、1292页。
④ 柳宗元:《非国语》上,《柳宗元集》,第1282页。

全不可取。柳宗元曾作《论语辨》二篇，对《论语》本身内容进行细致分析，提出《论语》并非孔子弟子所作，而最可能是曾子弟子编辑成书。对于诸子作品，他也详加考证，写了《辨晏子春秋》《辩鹖冠子》《辩亢仓子》《辨鬼谷子》《辨文子》《辨列子》等诸多辨伪之文，从源流、作者、文辞、文义、史实等多方面进行分析，充满了理性的怀疑精神，对宋代学者有很大启发。

第五章　疑经思潮的萌芽：舍传求经与疑古惑经

第六章　唐代五经体系的分化和学术转向

唐代经学的新动向不仅仅表现在文化、社会政治等外在氛围中，同时经学自身也开始面临分化和更新的现象。这种变化一方面是由社会政治变迁、文化冲突等原因造成的，另一方面也是经学内在逻辑的自然演化过程。

"经"以载"道"，"道"取源于"经"。在"经"与"道"的演化中，经典体系也会因为"道"的作用而自发地进行淘汰和更新。"五经"因孔子而设，在孔子那里，"五经"是一个整体，共同发挥作用。但是，随着社会的变迁和学术的发展，《诗》《书》《礼》《易》《春秋》因其内容和义理取向的不同，受关注程度也有区别。汉唐时期，"五经"名义上是一体的，但实际上，经学所依赖的经典重心是有所偏倚的。如汉代《春秋》独领风骚，成为政治思想的经典支柱。魏晋时期，《易学》以其玄妙深旨受到玄学家的重视。隋唐时期，《礼记》中的《大学》《中庸》篇开始受到学者们关注。经典重心的变化是与学术动向息息相关的。唐宋之际，学术重心已经转移，心性思想成为学术热点。学者对经典的解读都围绕着心、性、情等概念展开，重视挖掘经学的内在精神特质；解读经典的方法也开始由章句训诂模式转向把握义理，发挥大义。在此学术背景下，《春秋》《易》《礼》等经典被赋予了新的学术理念，关注心性、性情问题成为这些经典诠释过程中的新导向。

另外，由于"五经"体系整体应对社会的功能逐渐衰退，面对变化了的社会形势和新的学术选择，唐代，"五经"模式也逐渐被解构，开始衍生出"四书"经典体系。"四书"作为一种新的儒学资源而受追捧，其地位不断提升，最终成为新儒学的经典依据和理论来源。综合而言，新儒学正是在经学的学术转变中酝酿出来的，我们可以从唐宋之际的经学思想中发现其迹象。

一、唐代学者对《春秋》经典的新解读

汉代，《春秋》曾经备受重视，《春秋》学风靡一时，通过借史传义的手法，《春秋》的政治功能被发挥得淋漓尽致，《春秋》成为政治、法律、乃至社会诸多事务的宝典和依据，成就着儒家的外王事业。唐宋时期，随着时代变迁，经典体系也开始调整，在"五经"中地位如此重要的《春秋》却未能跻身理学的新经典体系，未能入选"四书"，我们不禁要问，《春秋》经典失落的原因何在？存在状态又如何？

与时俱进，自我调整是事物不可避免的生存法则。唐宋时期，儒学理论的内圣需求、心性需求使得《春秋》不得不转变其学术轨迹以适应新的学术潮流。在此形势下，中唐学者对《春秋》学的研究重心从政治转向内在心理、心性和精神，注重其性情解读，从而开辟了《春秋》学研究的新思路，为《春秋》经典的学术转型奠定了基础。

（一）经与史不同标准下的《春秋》

在"五经"中，《春秋》属于很特别的一部经典。"五经"中的其他经典或多或少都会直接透射着某些"义理"，《春秋》以史料和典故为主，缺乏明显的义理阐述，这种情况也使得《春秋》饱受争议，是史？是经？古今争论纷纭。

晋代杜预、唐代刘知几都认为孔子之《春秋》与鲁国史并无不同，笔法也与《纪年》等史书笔法类似，这就彻底否定了《春秋》另有他"义"。王安石曾讥讽《春秋》是"断烂朝报"，章学诚曾提出"六经皆史"的观点。今人钱玄同也说："我现在对于'今文家'解'经'全不相信，我而且认为'经'这样东西压根儿就是没有的；'经'既没有，则所谓'微言大义'也者是'皮之不存，毛将焉附'了。……《春秋》乃是一种极幼稚的历史，'断烂朝报'跟'流水账薄'两个比喻实在确当之至。"① 此种观点认为《春秋》只是旧史，

---

① 钱玄同：《论获麟后〈续经〉及〈春秋〉例书》，《古史辨》（第1册），上海：上海古籍出版社，1982，第278—280页。

不能入"经",更没有"义",这些人被认为是史学派。

与上面这种言论针锋相对的则是经义派,自汉代《春秋》被定为"五经"之一之后,后儒大都十分尊崇《春秋》。近代以皮锡瑞、徐复观等人为代表更是强烈捍卫《春秋》的经学地位。如皮锡瑞认为:"须知孔子所作者,是为万世作经,不是为一代作史。经史体例所以异者,史是据事直书,不立褒贬,是非自见。经是必借褒贬是非,以定制立法,为百王不易之常经。"①徐复观先生也说:"《春秋》之所以入于六经,是因孔子从鲁史中取其义。离开孔子所取之义,则只能算是历史中的材料而不能算是经。乃有人要越过孔子以求周公的史法,真可谓昧于经之所以为经的本原。"②

因此,在不同人眼中,《春秋》的地位也不同,可以是"经世之法",也可以被看做是"断烂朝报"。对《春秋》性质的定位直接影响着《春秋》自身的价值及历史地位。纵观历史中的《春秋》学演变过程,我们可以发现,《春秋》在历史上衰荣的命运与其性质定位有很大关联,通过汉唐《春秋》学的历史,我们能够更清楚地看到这一点。

《春秋》三传为:《左传》《公羊传》《穀梁传》。关于三传性质,朱熹分析道:"左氏是史学,公、穀是经学。史学者记得事详,于道理上便差;经学者于义理上有功,然记事多误。"③可见,三传中,《左传》主要是"传事",注重历史事实;《公羊传》《穀梁传》"传义",偏于义理发挥。历史上,相对来说,史学派重视《左传》,而经义派则重视《公羊传》《穀梁传》。

《春秋》与政治的关系最为密切。《春秋》经世的功能主要依附"微言大义"的经学义理,特别是公羊家、穀梁家的阐释和发挥,他们通常以此种方式来借杯浇臆,推引大道。如汉代,在董仲舒的提倡和诠释下,《春秋》学特别是公羊学派成为主体性显学,《春秋》的经世功能也被发挥得淋漓尽致。董仲舒的经学诠释方法也是非常经典的,他说:"所闻诗无达诂,易无达占,春秋无达辞。从变从义,而一以奉人。"④这就抓住了《春秋》"微言大义"的特征。因此,他借《春秋繁露》发挥公羊大义,提出了"天人感应""君权神

---

① 皮锡瑞:《经学通论》,北京:中华书局,1954,第4页。
② 徐复观:《徐复观论经学史二种》,上海:上海书店出版社,2002,第30页。
③ 朱熹:《朱子语类》卷八十三。
④ 董仲舒:《春秋繁露》卷三《精华》第五。

授""春秋大一统"等新观点。两汉时期,《春秋》"上明三王之正道,下辨人事之纲纪",被看做是国家必备之宝典。人们常常以《春秋》说灾异、以《春秋》决狱、以《春秋》议礼辅政、以《春秋》作为现实的政治原则和标准,无论朝堂政事还是民间纠纷,几乎都可以依据《春秋》大义来裁决,《春秋》俨然已经成为治理国家的"圣经"。

可见,历史上,当《公羊传》或《穀梁传》成为显学的时候,则是《春秋》的政治功能发挥得最为瞩目的时候。三国魏晋南北朝时期,《左传》地位上升,《春秋》的政治功能也随之淡弱。

由此可见,《春秋》的经、史之分与其价值和功能的发挥有密切关系。明白这两种态度的分殊及由此而导致的现实作用,我们更加有理由相信,《春秋》作为"经"的重要意义。正如徐复观所说"《春秋》系以先王之志,亦即是以政治的理想为归趋;但乃随史实之曲折而见,故谓之'志而晦'"①,因此:"曲笔隐讳是《春秋》的一大特点,如果我们以史的标准来衡量它,当然可以说是一大缺陷。但孔子的本意并不是为了作史。……孔子自己深通史法,并肯定董狐'书法不隐'为'古之良史',如果他自己作史却多所隐讳,岂不有愧于心?"②孔子自己也说《春秋》"其文则史","其义则丘窃取之"。孔子借史明义,志于尧舜之道,"史"不过是他拨乱反正的凭借,而"义"才是他汲汲所求的旨归。

无论如何,《春秋》性质的争议,特别是其所谓的"史学"特征,为《春秋》功能的弱化埋下了伏笔。这种不纯粹性也必然影响《春秋》在经典体系中稳固地位。

另外,《春秋》自身内容政治性强,与理学关心的义理、心性内容不大相当,而"春秋之义"微而隐,这就使得《春秋》精神不易把握。唐宋之际,学术话题转移,心性思想成为重心。那么,具有强大"外王"功能的《春秋》学如何与重视修身养性的"内圣"之学接轨?面对经典体系的分化和更新,《春秋》学该如何应对?能否实现功能的成功转化关系到《春秋》经典地位的稳固与否。

---

① 徐复观:《两汉思想史》,第三卷,上海:华东师范大学出版社,2001,第152页。
② 赵生群:《〈春秋〉经传研究》,上海:上海古籍出版社,2000,第34页、35页。

唐初时期，《春秋》的经世功能已经十分微弱。这是因为孔颖达撰《五经正义》过程中，他选择了《左传》杜预注为标准，在经、传之间，更加尊崇传，甚至屡屡出现强经以就传的现象。科举取士，也以《春秋左氏传》为大经，而《春秋公羊传》《春秋穀梁传》为小经。这使得唐前期，很多学子只知道《左传》，不闻《公羊传》、《穀梁传》，只知道《左传》史事，而不懂《公羊传》、《穀梁传》的义理。在当时《左传》几乎成了《春秋》的同义语。时人引用的《春秋》之义大都出自《左传》，甚至《左传》之传义会被直接说成是《春秋》传义。皮锡瑞总结当时的情况说："自汉后，《公羊》废搁，《左氏》孤行，人皆以《左氏》为圣经，甚且执杜预解为传义。不但《春秋》一经，汩乱已久，而《左氏》之传，受诬亦多。孔疏于经传不合者，不云传误，反云经误。"①

另外，《左传》自身具有经、史双重性质。唐代，《左传》虽然以经的身份存在，但由于其政治色彩形式化、缺乏学术活力以及科举取士重视文辞歌赋等原因，其经世功能却不能彰显。反而，其"史"的一面有所凸显。通过以上分析，我们可以看出在唐前期《春秋》的存在状态，《春秋》原本具有的经世功能就被遮掩，《春秋》应对社会问题的能力也越来越弱。

（二）《春秋》宗旨的回归：微言大义，解释现实

经学之所以成为中国社会维持文化传统的内在支柱，以及文化思潮涌起的依托和基础，就在于经学精神的不断延续。创造性，这是经学发展的内在动力和精神。激活原典，这就是经学存在的意义。

中唐时期，《春秋》学研究有了新气象，并形成了以啖助、赵匡、陆淳为代表的"新《春秋》学"。"新《春秋》学"之所以称之为"新"，在于其抓住了《春秋》"微言大义"的特征，以经世致用为目的进行理论创新。

"新《春秋》学"对《春秋》研究方法的革新，如尊经、会通三传、直取大义，目的在于摆脱传注桎梏，回到经典，从经典本身理解经意。但另一方面，经典仍需回应现实，具备解释现实的能力，经的意义本身就存在于经典文本与现实之间的良好互动中。

"新《春秋》学"在把握《春秋》宗旨的时候，注重其微言大义的特征，

---

① 皮锡瑞：《经学历史》第七章，北京：中华书局，1981，第217页。

从经典中寻求"理"。中唐时期,韩愈复兴儒学曾提出过"道",并建立了儒家"道统",以求与圣人之道一以贯之,遥相契合。而"新《春秋》学"提出了"理",对传注的取舍、经典的把握以"理"为标准,与"理"合则当,不合则弃之不用。如啖助说:

> 予所注经传,若旧注理通,则依而书之;小有不安,则随文改易;若理不尽者,则演而通之;理不通者,则全削而别注;其未详者,则据旧说而已①。

赵匡也指出:

> 至于义指乖越,理例不合,浮辞流遁,事迹近诬及无经之传,悉所不录。

陆淳也曾说:"非传《春秋》之旨,理自不得录耳。"这个"理"应该是与《春秋》之旨相合的,否则即使是善言,如仁义诚节、知谋功业、政理礼乐、说言善训等,都要除去。

"新《春秋》学"提出的"理"自然与宋代理学的"理"内涵不同,相比之下,这里的"理"与韩愈的"道"类似,那么,"新《春秋》学"的"理"究竟指什么?陆淳有一段话可以说明:

> 良时未来,吾老子少,异日河图出,凤鸟至,天子咸临泰阶,请问理本,其能以生人为重,社稷次之之义发吾君聪明,跻盛唐于雍熙者,子若不死,吾有望焉!②

陆淳说这个"理"以"生人"为重,柳宗元也曾说:"孔子自以极生人之道,不得行乎其时,将复守至道而游息焉。"③ 陆淳与柳宗元交好,中唐儒者致力于儒道复兴,而"生人之道"应该是他们共同关注的话题。柳宗元曾经赞叹陆淳说:"有吴郡人陆先生质,事其师友天水啖助洎赵匡,能知圣人之旨,故《春秋》之言,及是而光明,使庸人小童,皆可积学以入圣人之道,传圣人之教,是其德岂不侈大矣哉!"

因此,中唐学者学习经典绝不是枯守文字,而是为了"生人"问题,解决社会实际问题。通经致用乃是他们的目标,如啖助说:"夫子之志,冀行道

---

① 陆淳:《啖氏集注义例》第四,《春秋集传纂例》卷一。
② 陆淳:《祭陆给事文》,《全唐文》卷六百三十一。
③ 柳宗元:《乘桴说》,《柳宗元集》,北京:中华书局,1979,第459页。

义拯生灵也。"① 赵匡也说:"《春秋》者,亦世之针、药也。相助救世,理当如此。"② 因此,"新《春秋》学"认为"《春秋》之作以为经国大训,故一字之义劝戒存焉"③。他们关心时事,也积极参加社会政治活动,如陆淳与韦执谊、柳宗元、刘禹锡、吕温、李景俭等结为"死友",参与了王伾、王叔文发动的"永贞革新"活动。

陆淳也曾表明心迹:

> 其有与我同志思见唐虞之风者,宜乎齐心极虑于此。得端本清源之意,而后周流乎二百四十二年褒贬之义,使其道贯于灵府,其理浃于事物,则知比屋可封,重译而至,其犹指诸掌尔!宣尼曰:"如有用我者,期月而已可矣。"岂虚言哉!④

陆淳志于恢复"唐虞之风","端本清源"从而使"道贯于灵府""理浃于事物",这里,"道"和"理"的实施在于"端本"。唐代,三纲废绝、人伦大坏,礼法不能维系,"忠信之凌颓,耻尚之失所,未学之驰骋,儒道之不举"。而乱臣贼子生,伦理败坏,安史之乱后,时人反思其因,其"本"仍是由"礼"维系的伦理道德问题。贞元九年(793)《条流习礼经人敕文》中就明确点出了"理"与"礼"的联系:"安上理人,莫善于礼,然则礼者,盖务学之本,立身之端,居安之大猷,致治之要道。"而赵匡对《春秋》救世的宗旨也归结为"尊王室,正陵僭,举三纲,提五常,彰善瘅恶,不失纤芥,如斯而已"。啖助更是指出:"《春秋》者,救时之弊,革礼之薄。"

一言以概之,中唐"新《春秋》学"面临的主要社会问题就是纲常伦理的维系问题,即"礼"的建设问题。

(三)由政治向心性的转变:关注性情,革礼之薄

儒家的纲常伦理东汉以后就已经流于形式化,无法维系人心,魏晋时期曾经掀起了一股"名教"与"自然"关系的大讨论。玄学家试图以道家的"真性情"来改变有名无实的伦理道德,儒学家也多次修改礼制以图适应社

---

① 陆淳:《春秋宗旨议》第一,《春秋集传纂例》卷一。
② 陆淳:《赵氏损益义》第五,《春秋集传纂例》卷一。
③ 陆淳:《春秋集传辨疑》卷七。
④ 陆淳:《春秋集传微指》卷三。

会。但"礼"与"情"的紧张一直存在，无法消解。唐代，这个问题变得更加尖锐。因此"新《春秋》学"在对《春秋》进行诠释的时候，改变了两汉以来重视其政治功能的思路，开始寻求一种内在的"性情"解读。

关注心性、性情，实际上是中唐时期的学术潮流，如韩愈作《原性》，要求"正心诚意"，从心性问题入手研究道；柳宗元更是以儒佛相合于"性情"，因而从性情方向讨论孔子之道；刘禹锡也感叹儒家"罕言性命"；李翱则直接写出"复性书"，探寻"性命之源"。在此学术气氛下，"新《春秋》学"也转向"性情"角度来诠释《春秋》，这也是学术发展的方向。如啖助提出要"原情为本""用之于性情"，他说：

> 《春秋》者，救时之弊，革礼之薄。何以明之？前志曰：夏政忠，忠之弊野，殷人承之以敬；敬之弊鬼，周人承之以文；文之弊僿。救僿莫若以忠，复当从夏政。……唐虞淳化，难行于季末，夏之忠道，当变而致焉。是故《春秋》以权辅正，以诚断礼，正以忠道，原情为本。不拘浮名，不尚狷介，从宜救乱，因时黜陟。或贵非礼勿动，或贵贞而不谅，进退抑扬，去华居实①。

啖助认为兴《春秋》的目的在于救世，"革礼之薄"。啖助引用前志中的孔子之语来详加解释，周人的礼法制度崇尚"文"，"文"的弊端在于其"僿"，僿乃是"不诚恳、轻薄"的意思，周代礼法形式繁琐、重视形式，人们在实践过程容易流于形式而失去了礼法本应有的内在精神实质。因此应该以夏制代之，夏制崇尚"忠"，重视情感，这就可以补救形式化的礼。啖助的目的即在于此，他认为《春秋》内含的"精神实质"才是春秋之宗旨所在，因此他提出要挖掘制度、秩序等政治层面背后的人性、精神、情感内容，即以"性情"来充实礼法。故而，他说应该"以诚断礼，正以忠道，原情为本"，只有这样才能去华居实，褪去浮华，尽归质朴。因此，他反复强调："不用之于性情，而用之于名位，失指浅末，不得其门者也。"②

在解释《春秋》内容的时候，啖助关注的是历史实践背后的"情"，比如，啖助释僖公二十八年（前632）冬"天王狩于河阳"条曰：

> 时天子微弱，诸侯骄惰怠于臣礼，若令朝于京师，多有不从。又晋

---

① 陆淳：《春秋宗指议第一》，《春秋集传纂例》卷一。
② 同上。

已强大,率诸侯而入王城,亦有自嫌之意,故请王至温而行朝礼,若天子因狩而诸侯得觐。然以常礼言之,晋侯召君,名义之罪人也,其可以为训乎?若原其自嫌之心,嘉其尊主之意,则晋侯请王之狩,忠亦至焉。故夫子特书曰:天王狩于河阳。所谓《春秋》之作,原情为制,以诚变礼者也①。

"天王狩于河阳"这个典故,啖助认为晋侯召君,并非僭越,因为当时天子微弱,诸侯不愿朝觐,故请王狩于河阳,而行朝礼,这是尊主之意,体现的是忠心。啖助认为孔子褒贬不拘礼法、重视内心的动机,是原情为制,以诚变礼。赵匡也认同此点,他说:"非常之事,典礼所不及,则裁之圣心,以定褒贬,所以穷精理也。"②赵匡提出"裁之圣心,以定褒贬","裁之圣心"说明他关注的是事物背后的精神动机。可见,他们认同的都是形式背后的精神内容,而不是徒具形式的常典或礼法。

由此,我们可以看到,《春秋》研究的方向已经从外在的政治转向了内在的精神,这个转折使得《春秋》这部特殊的经典能够有机会参与到新的话语体系中并有所影响,而唐代"新《春秋》学"开辟的这个新思路也成为宋代《春秋》学关注的"存天理,灭人欲"思想的一个基点。

(四)从"性情"问题到"理欲"问题的转变

根据前面的分析,我们可以看到,"新《春秋》学"的学者心中已经有一个模糊的"理",虽然他们还不能说清楚这个"理"究竟是什么,但他们意识到有这个最高精神。这个"理"若是落实到现实问题,他们认为应该是在"礼"的建设方面,面对当时社会存在"礼薄"的弊端,他们提出从"性情"角度、从"心"的角度来充实礼,以救时弊。"新《春秋》学"对心性问题的关注开启了春秋研究的新方向,可以说是《春秋》经学研究历史上的一大转折点。柳宗元对"新《春秋》学"的学者以极高的评价,他尊称陆淳为"巨儒",认为啖助、赵匡、陆淳诸人"能知圣人之旨,故《春秋》之言及是而光明"③。在他们的倡导下,"新《春秋》学"成为当时的一个新思潮,如冯伉、

---

① 陆淳:《春秋集传微旨》卷中。
② 陆淳:《赵氏损益义》第五,《春秋集传纂例》卷一。
③ 柳宗元:《文通先生陆给事墓表》,《柳宗元集》,第208页。

樊宗师、卢仝、刘轲、韦表微、陈岳、孙郃等就是其中的代表人物。

他们的治学传统对宋儒有很大影响,如孙复、孙觉、刘敞、崔子方、叶梦得、吕本中、胡安国、高閌、吕祖谦、张洽、程公说、吕大圭、家铉翁等,都是相续而来,沿用此种治学方法。皮锡瑞说:"宋人说《春秋》,本啖、赵、陆一派。"① 宋儒对他们也大加赞赏,如邵雍说:"《春秋》三传而外,陆淳、啖助可以兼治。"朱子称"赵、啖、陆皆说得好",程颢、陆九渊、张枢、陈振孙、朱临、吴莱等人也都认为他们开正途、功不可没。

毫无疑问,"新《春秋》学"备受理学家肯定。那么,《春秋》学在理学的兴起中究竟有何作用?这一点经常被学者们忽视。误以为《春秋》一书记载的不过是历史典故,对于思想义理性的东西少有明确阐述,与理学家所关心的心性话题看似毫不相关,但实际上并非如此。如程颐说《春秋》"微辞隐义,时措从宜者,为难知也";"故学《春秋》者,必优游涵泳,默识心通,然后能造其微也"②。《春秋》义理本来就隐晦难知,微而不显,因此必须静心涵泳,以"心通",才能理解孔子笔削深意,明白《春秋》义理。这一点,中唐"新《春秋》学"就有所把握,他们越过文字障碍,深挖文字背后的精神实质,因此体会到"性情"问题,意在用真情实感来充实礼法秩序,缓解"情"与"礼"的紧张,最终达到维系纲常伦理的目的。甚至他们意识到"理"与"性情"的模糊联系,但却没有提出具体的实践办法,所以,中唐"春秋"学派只能作为一种学术思潮,启迪人们的心智,开拓人们的思维,并没有落实到"用"上。当然这也是历史条件限制的结果,即使如此,在当时,他们的成绩也是不可磨灭的。

"性情"问题正是宋儒关心的主要话题。中唐《春秋》学者提出"原情为本","以性情为用",认识到用"性情"来改变纲常伦理之虚化现象,他们重视忠、诚等情感的作用。这些都是其积极作用,但是他们最终没能解决问题,原因何在?这里我们可以看到,中唐《春秋》学者对于情和性没有严格区分,他们认为情、性是一体。实际上在唐之前,学者们也经常把情和性并称、合用,性情之间的差别是微乎其微的,甚至在某些时候常作为一个整体词语,

---

① 皮锡瑞:《经学通论·春秋》,第59页。
② 程颢、程颐:《春秋传序》,《河南程氏经说》卷四,《二程集》,北京:中华书局,1981,第1125页。

被联用作"情性"或"性情"。如《礼记》《荀子》《春秋繁露》《论衡》等书中都有"情性"或"情性"的说法。可见，在当时，性与情二者之间并没有严格的高下、善恶之分，甚至是地位相当。

具体来说，"情"实际上是具有丰富内涵的，如真情义、情感义、情欲义，所以"情"本身具有善恶相混的特征，而且情与性之间也有微妙关系及其差别。而中唐春秋学者看到的只是"情"的真情实感方面，如忠、诚，没有考虑到情的欲望性、恶的一面。这样一来，"情"与"礼"的紧张在理论层面就不容易消解。宋儒在这一点上看得非常透彻，他们区分了情与性的关系，情与性不是相与为一，而是相互对立，他们严防"情"中之"恶"，力求获得纯善之"性"，这样，以此纯善的"性"来规范纲常伦理、社会秩序，从而实现了"礼"的文与质的统一、精神与形式的统一。"性"在宋儒那里就是"理"，性、理是合一的，"情"则是"欲"，这些理论归结到一点就是"存天理，灭人欲"的天理人欲之辨。因此，《春秋》学在宋代关注的问题已经演变成"天理人欲"问题。如南宋湖湘学派大儒胡安国潜心研究《春秋》三十余年，总结孔子修《春秋》之意也是如此，他说："知孔子者，谓此书之作，遏人欲于横流，存天理于既灭，为后世虑极深也。"① 胡宏也明确指出了《春秋》经世之用，在于存天理，正人心，维护纲常伦理，他说："天理人欲，莫明辨于《春秋》，圣人教人清人欲，复天理，莫深切于《春秋》。"②

通过上面的分析，我们更加明白中唐《春秋》学在理学兴起方面的启蒙意义。汉代《春秋》学重视天人感应、灾异现象等政治问题，而唐代学者的致思方向已经转向了"性情"方面，宋代则在此基础上进一步发展为"天理人欲"问题，因此，如果从经学的转变角度看理学的兴起的话，唐代《春秋》学功不可没。

二、唐代易学研究的不同路向

汉易重象数，但缺乏义理发挥。魏晋时期，《周易》以其玄妙之理成为玄学家追捧的经典，玄学的形而上思维提高了易学的思辨性，但其道家式解读

---

① 胡安国：《春秋传序》，《胡氏春秋传》，《四库全书》本，第一百五十一册，第5页。
② 胡宏：《知言·一气》，《胡宏集》，北京：中华书局，1987，第28页。

使《周易》失去了儒学宗旨。唐宋之际，佛老以其心性论引领学术潮流。为了复兴儒学，学者们开始尝试以易学为基础，利用易学中的心性资源构建儒家心性理论。围绕着心性问题，孔颖达、柳宗元有不同的解读，通过对他们易学思想的分析，可以看出易学的转变轨迹及其与宋代新儒学兴起之间的联系。

（一）孔颖达《周易正义》的时代价值

在孔颖达（574—648）编撰的《五经正义》中，以《周易正义》最具时代价值和哲学价值。《周易正义》主要参考了玄学名家王弼和韩康伯的注疏，同时，还对玄学易学思潮进行了总结和升华，《周易正义》在超越玄学的基础上又对新儒学的兴起有很大影响。

1. 治经目的及诠释原则

纵观孔颖达的治经目的，一是排佛；二是尊儒，倡人道，重视易学的经世功能。

唐代，儒释道三教并行，中唐儒者韩愈为维护儒门，曾力倡排佛，而排佛思想早在唐初孔颖达思想中就有体现。在《周易正义序》中他旗帜鲜明地表示，《周易正义》要"以仲尼为宗"，对于辞尚玄虚、浮诞之说则坚决摒弃，对于"涉于释氏"者因不利于孔门教化，也要摈弃，由此可见他的儒学立场。《周易正义序》云：

> 其江南义疏十有余家，皆辞尚虚玄，义多浮诞。原夫易理难穷，虽复"玄之又玄"，至于垂范作则，便是有而教有。若论住内住外之空，就能就所之说，斯乃义涉于释氏，非为教于孔门也。既背其本，又违于"注"。
>
> 今既奉敕删定，考察其事，必以仲尼为宗；义理可诠，先以辅嗣为本；去其华而取其实，欲使信而有征①。

魏晋时期，易学受玄学思想影响深重；南北朝以来，易学中出现了一种佛学化的现象。所谓"江南义疏"指的就是南朝以来的模仿佛教义疏体例而作的义疏类经学，受佛教解经方式影响，其论述方式以问答体为主。孔颖达

---

① 孔颖达：《周易正义·序》，载李学勤主编：《十三经注疏·周易正义》标点本，北京：北京大学出版社，1999。下文简称《周易正义》，版本相同。

为了反对佛学,纠正这种学术偏向,采用了新的解经方式,摒弃了"义疏体例",代之以议论体方式解经。

"易"的功用,孔颖达认为是"垂范作则""垂教"。"垂范作则,便是有而教有",他以"有"来驳斥"空""无",要"去其华取其实"。在《周易正义·卷首》中他明确说:"盖以圣人作易,本以垂教,教之所备,本备于有。"他引《易纬·乾凿度》中孔子之言来具体说明:

> "故易者所以断天地,理人伦,而明王道。是以画八卦,建五气,以立五常之行;象法乾坤,顺阴阳,以正君臣、父子、夫妇之义……于是人民乃治,君亲以尊,臣子以顺,群生和洽,各安其性。"此其作《易》垂教之本意也①。

推"天道"的目的在于明"人道",在于人伦秩序和王道教化。由此可见,孔颖达意欲建立一个别于佛、道的儒学正宗理论体系,来维护国家的礼法秩序和纲常伦理,并从思想上回应日渐兴盛的佛学挑战。从这里我们也可以看出孔颖达强烈的淑世情怀及其经世要求。

经典的价值存在于其对历史的参与过程中。因时代主题的变化,经典诠释就显得格外重要,诠释的方法也是关键所在。

《周易正义》的解经方式,也有新特点。汉魏六朝以来,易学研究中产生了象数和义理两大流派。汉易重视象数而拘泥于象数,魏晋的玄易重视义理,提出要"忘象"。象数派泥于象数,不察人事;义理派关注义理,轻视象数,却容易成为无根之源而流于玄谈。孔颖达认为象数和义理不可偏废,他采取了融通义理、兼取象数的解经方式,解决了两大学派长期以来的矛盾。

孔颖达在《周易本义》序言中明确指出,"义理可诠,先以辅嗣为本",看来他继承了王弼易学的义理学风格。但孔疏卷首又言"易者,象也,物无不可象也",他又大量引用吸取《易纬》《子夏传》以及京房、郑玄等人的说法。在调和"取象说"与"取义说"的同时,孔颖达提出了他的易学阐释原则:"不可一例求之,不可一类取之。"他解释说:

> 圣人名卦,体例不同,或则以物象而为卦名者,若否、泰、剥、颐、鼎之属是也,或以象之所用而为卦名者,即乾、坤之属是也。如此之类多矣。虽取物象,乃以人事而为卦名者,即家人、归妹、谦、履之属是

---

① 孔颖达:《周易正义》"卷首",第7页。

也。所以如此不同者,但物有万象,人有万事,若执一事,不可包万物之象;若限局一象,不可总万有之事。若名有隐显,辞有踳驳,不可一例求之,不可一类取之。故《系辞》云:"上下无常,刚柔相易,不可为典要。"①

物象与人事,即"象"与"义",二者没有固定体例,不能为定准,因为:"物有万象,人有万事,若执一事,不可包万物之象;若限局一象,不可总万有之事。"因此,"不可一例求之,不可一类取之"。"圣人之意,可以取象则取象也,可以取人事则取人事也"②。

同时,关于"象"与"义"的关系,他明确指出:"凡易者象也,以物象而明人事,若《诗》之比喻也。"③ 与王弼所谓"象之所生,生于义"观点相对,他认为是"象以明义","义"存在于"象"中。这就把"物象"和"人事",把"象"和"义"结合起来,使解易体例更加完善而灵活,真正实现了象数派与义理派的大融合。

2.《周易正义》的体用观

孔颖达讲"易",开宗明义,先解释"易理"问题,高屋建瓴,直指本体,这样的高度在唐代初期是少见的。更为可贵的是,他讲"易理"的目的是为了排佛斥玄、建立儒学义理,这种淑世精神也是值得我们赞叹的。与玄、佛崇尚"无""空"相对,孔氏彰显"有",关于"有""无"的关系,他用"体、用"来阐释,强调体之"用",并以"用"为核心,将"用"之意义投向现实的"人事"中,以"入世"的经世精神来对抗佛理的"出世"思想。

孔颖达有一段很精彩的话可以说明这些道理,我们先看他的这段话:

> 盖易之三义,唯在于有,然有从无出,理则包无……是知易理备包有无。而易象唯在于有者。盖以圣人作《易》,本以垂教,教之所备,本备于有。故《系辞》云"形而上者谓之道",道即无也;"形而下者谓之器",器即有也。故以无言之,存乎道体;以有言之,存乎器用;以变化言之,存乎其神;以生成言之,存乎其易;以真言之,存乎其性;以邪言之,存乎其情;以气言之,存乎阴阳;以质言之,存乎爻象;以教言

---

① 孔颖达:《周易正义》卷一,第1页。
② 同上书,坤初六疏,第32页。
③ 同上。

之，存乎精义；以人言之，存乎景行。此等是也。①

孔颖达的《周易正义》虽然以王弼、韩康伯注为参考，但他并不因袭照搬，而是有所超越。如"易之三义"的说法是汉易讨论的内容，郑玄、《易纬》中多有解释，并不见于王弼、韩康伯注中。由此也可见，孔氏志在对玄学思潮进行一次大的总结和调和。

"易之三义，唯在于有"，这句话说明他认为易的义理精神在于"有"而不是"无"。有、无问题是魏晋玄学的重要话题，王弼（226—249）以"贵无论"著称，明确提出"有之所始，以无为本"②，王弼强调的是"无"为本体，"有"为末用，很明显，王弼是贵"无"而贬"有"的。孔颖达则与王弼观点不同，他在推崇"有"的同时，将"有""无"的关系重新加以梳理。他一方面承认"有从无出"，但并不因此置"无"于独尊地位，他接着说"易理备包有无"，"有"和"无"究竟是如何统一于"易理"之中的，他有独到的见解：

> 故《系辞》云"形而上者谓之道"，道即无也；"形而下者谓之器"，器即有也。故以无言之，存乎道体；以有言之，存乎器用。

从上面这段话我们得知，"道"即"无"，"器"即"用"，"无"和"有"的关系就转变为"道体"和"器用"的关系，即"体"和"用"的关系。需要说明的是，"道体"与"器用"的概念是孔颖达率先提出来的，宋儒也因袭这个说法。

在孔氏眼里，"无"为"体"，"有"为"用"，但是体用之间没有本末、上下之别，而是相互依存的，"无"存在于"有"中，因"有"以见"无"，体现了"体用如一"的特点。另一方面，"无"必因"有"，也就是说，"体"必须依"用"而存在。如他说"欲明虚无之理，必因有物之境"③，入"有物之境"，即在"用"中才能见"虚无之理"，"道体"必因"器用"而彰显，这就有"即用见体"的意味。从这个角度看，孔颖达讲有无、体用的目的在于宣扬器用之"有"而不是道体之"无"。难怪他在卷首讲"易"，开篇即突出了"有"："易之三义，唯在于有"，"圣人作《易》，本以垂教，教之所备，本备于有"。他在对《乾》卦辞的解释中，就体现了这个理念，如下：

---

① 孔颖达：《周易正义·易之三易》卷首，第6页。
② 楼宇烈：《王弼集校释》，北京：中华书局，1999，第110页。
③ 孔颖达：《周易正义》卷七，第330页。

> 天者，定体之名，乾者，体用之称。故《说卦》云："乾，健也。"言天之体以健为用，圣人作《易》，本以教人，欲使人法天之用，不法天之体，故名乾不名天也。
>
> 天以健为用者，运行不息，应化无穷，此天之自然之理，故圣人当法此自然之象而施人事，亦当应物成务，云为不已，"终日乾乾"，无时懈倦，所以因天象以教人事。
>
> 于物象言之，则纯阳也，天也。于人事言之，则君也，父也。以其居尊，故在诸卦之首，为《易》理之初。

孔颖达解释说，《周易》首卦名"乾"不名"天"，突出的是"天之用"，即要法天象而施人事，"应物成务"，所谓的"人事"就是君臣父子之道，也就是纲常伦理。他认为这才是"易理之初"。

所以，与王弼的体用观相反，孔氏的体用观重视的"用"，是以"用"为核心的。如他解释孔子的"夫易，何为者也？夫易，开物成务，冒天下之道，如斯而已者也"这句话时，就特别强调"易之功用"，如下：

> "子曰夫易何为"者，言易之功用，其体何为，是问其功用之意。"夫易开物成务，冒天下之道，如斯而已"者，此夫子还自释易之体，用之状言易能开通万物之志，成就天下之务，有覆冒天下之道。斯，此也，易之体用如此而已①。

孔颖达从哲学高度分析体与用、无与有、道与器之间的关系，其理论核心在于肯定"有"，以此"有"来否定或者消除佛老之"无"。因此，孔颖达建构"易理"的理论归宿就落在"万有"的人事政治中，易之功用就是开物成务，成就天下。这种通经致用的态度正是经学精神的体现，也是以儒抗佛、对抗佛教"出世"思想的尝试。宋儒在应对佛教理论挑战的时候，也以"实有"来对抗"虚无"，如张载"气"，程朱的"理"，都是为此而设的。孔颖达在唐初能有此种意识及自觉，显得尤为珍贵，他作为儒学在唐宋过渡期的重要人物，其作用是非常值得肯定的。

3.《周易正义》的心、性、情思想

朱熹的《周易本义》特别关注"道"和"性"的问题，认为《易》是"尽性之事也"，他运用"道德""性情"的概念沟通了"天道"和"人事"。

---

① 孔颖达：《周易正义·系辞》卷七，第337页。

孔颖达讲《易》也非常重视"因天象以教人事",但在"道"与"性"的关系方面阐述得不是很充分,观点也不鲜明。但是,如果细读《周易正义》中孔疏的内容,却仍有一些模糊的轨迹可循。下面我们主要从三个角度来分析孔颖达对一些重要概念的理解。

第一,道、性、命

《周易》中"穷理尽性"一句是宋儒最感兴趣的地方之一,也是他们发挥心性哲学的源头之一。当然,不同时代的人解读的意味也不一样,我们可以对比一下孔疏与朱疏的差别,并从中探寻孔疏的心性义理思想。

《周易·说卦》中:"和顺于道德而理于义,穷理尽性,以至于命。命者,生之极,穷理则尽其极也。"

孔疏曰:

> 蓍数既生,爻卦又立,《易》道周备,无理不尽。圣人用之,上以和协顺成圣人之道德,下以治理断人伦之正义。又能穷极万物深妙之理,究尽生灵所禀之性,物理既穷,生性又尽,至于一期所赋之命,莫不穷其短长,定其吉凶,故曰"和顺于道德而理于义,穷理尽性以至于命"也。……命者,人所禀受,有其定分,从生至终,有长短之极,故曰"命者,生之极"也。此所赋命乃自然之至理,故"穷理则尽其极"也①。

朱熹曰:

> 和顺,从容无所乖逆,统言之也。理,谓随事得其条理,析言之也。穷天下之理,尽人物之性,而合于天道,此圣人作《易》之极功也。②

对比来看,朱熹自然老辣,简简单单的几句话却十分精炼,点出关键所在,即:"穷天下之理,尽人物之性,而合于天道",他从哲学的高度看,归结为一点就是性理合一。孔氏则生疏些,他首先从《易》道之"用"上来说明其功能,"上以和协顺成圣人之道德,下以治理断人伦之正义"。他认为"理"之"用"主要集中在两方面:"道德"和"人伦"。至于"理",他也略有解释,如孔氏解读"穷理尽性"为:"穷极万物深妙之理,究尽生灵所禀之性。"和朱熹没有大的分别,但朱熹用一个"合"字就使得二者上下贯通,孔氏则没有直接谈到"理"和"性"的关联,而是以"命"为归宿。

---

① 孔颖达:《周易正义·说卦》卷九,第383页。
② 朱熹:《周易本义》卷四《说卦传》。

但是有一点值得注意的是，孔氏关于"命""性"二者的概念是贯通的。他说，"命"是人所禀受的，"命乃自然之至理"。孔氏认为"性"也是自然状态，如"乾卦·象辞"疏解所言"性者天生之质，若刚柔迟速之别"，又如，他在《礼记·乐记》正义中认为，"自然所感谓之性"。这里可以看出，"命"和"性"之间是有联系的。一方面，性与命都是一种自然存在，二者之间，性与命有层次和境界的差别，命为生之极，也是性之极，是尽性之后要达到的最高目标，由性至命，是自我提升和改造的方法和途径。

另一方面，孔氏谈性，不谈善恶，而是以"真"为特征，他在讲"易理"时说"以真言之，存乎其性"。以真论性，性就具有形而上的味道，性的含义不仅仅是刚柔迟速之类的后天资质，而是超越其上的生命本性，即性之极，也就是命。从这里看，性与命又是一致的。可见孔氏对性的界定仍旧是模糊的。无论如何，自然、真是性与命的共同特征。

接着，我们再看孔氏所谓的"道"。关于天地之"道"，孔颖达吸取了玄学思想，他以"自然"来解释。如他说"道谓自然而生，故乾得自然而为男，坤得自然而成女。"① "乾坤相合皆无为，自然养物之始也，是自然成物之终也"②。

另外，在对《复卦》的疏解中，他也以"自然无为"之意解释"天地之心"，他说："天地养万物，以静为心，不为而物自为，不生而物自生，寂然不动，乃天地之心也。"③

道家重视"无为""静"，孔疏在讲到其"本"也以此说为依据。关于"复见天地之心"这句话，孔疏解释为：

> 是反本之谓也。"天地以本为心"者，"本"谓静也。言天地寂然不动，是"以本为心"者也④。

孔疏认为"天地之心"本"静"，他进一步解释，"寂然至无是其本矣"。另外，在解释"天下何思何虑？天下同归而殊涂"时，他以认为"心既寂静，何假思虑也"，最后殊途同归，则归于"至真"。他说："言虑虽百种，必归于

---

① 孔颖达：《周易正义·系辞上》卷七，第304页。
② 孔颖达：《周易正义·系辞下》卷七，第305页。
③ 孔颖达：《周易正义》卷四，第132页。
④ 同上。

一致也；涂虽殊异，亦同归于至真也。"①

"道"法"自然"，"道体"本"静"，这些当然是继承玄学思想而来。与玄学家眼中的"道"一样，这里的"道"指的天地之大本，是哲学之本体。

至此，我们豁然发现，孔氏心中，"命""性""道"都是以"至真"的"自然"为特征的。

第二、性、情问题

孔颖达关于性情问题，谈及不多，但其观点却非常典型。《周易》最早将"性情"连用，《周易·文言》曰："利贞者，性情也。"

王弼曰："不为乾元，何能通物之始。不性其情，何能久行其正。是故'始而亨'者，必'乾元'也，'利而正'者，必'性情'也。"

孔颖达云："性者，天生之质而不邪。情者，性之欲也。言不能以性抑情，使其情如性，则不能久行其正。"②

王弼提出"性其情"，即以自然之性来发抒其情，使"情"的流露能够合于自然之性。孔颖达则提出"以性抑情"，孔氏认为"性"是自然之质，是"真""不邪"；而"情"是"欲"，是"邪"，"以真言之，存乎其性；以邪言之，存乎其情"。所以，性情是相对的，必须要抑制欲望之"情"，才能保证"正"。孔颖达的"性真情邪"说，实际上暗含，抑制"邪"情复归"真性"的含义，即"抑情"以"复性"。中唐时期，李翱的《复性书》中就以性、情相对，以"情"为"邪"、"恶"，他说"情者，性之邪也。""情者，妄也，邪也"③，提出要"灭情复性"。虽然二人"复性"的内涵不同，但思维方式却相似。

综合以上，我们发现，在孔氏思想体系内，命、性、道是有紧密联系的，而他的"性真情邪"说，更使他的学说具有"复性"萌芽。

第三、心

谈到"性情"问题，自然不能忽视的就是"心"。朱熹对于心、性、情都有很充分的诠释。孔颖达也谈到"心"，而且，孔氏谈"心"涉及"动""静"问题，甚至有"未发""已发"的分殊，以及"即心穷理"的思想萌芽。

---

① 孔颖达：《周易正义·系辞下》卷八，第358页。
② 孔颖达：《周易正义》卷一，第24页。
③ 李翱：《复性书》(中)

《周易·系辞下》云："子曰：'知几其神乎？君子上交不谄，下交不渎，其知几乎？形而上者况之道。形而下者况之器。于道不冥而有求焉，未离乎谄也。于器不绝而有交焉，未免乎渎也。能无谄、渎，穷理者乎？'"

孔疏中精彩之处在于他对"几"的解释以及"知几穷理"思想。他说：

  几，微也，是已动之微。动谓心动、事动。初动之时，其理未著，唯纤微而已。若其已著之后，则心事显露，不得为几。若未动之前，又寂然顿无，兼亦不得称几也。几是离无入有，在有无之际，故云动之微也。①

孔氏这里指出，"几"是"心动"，是"心动之初"，微而不显的状态。"几"存在于"有无之际"，"未动"和"已动"之间。孔氏从"心"上说"几"，这是他区别于韩康伯注之处，也是他的思想发明。"几"是会通有与无、道与器的关键，而这个关键却表现在"心"的发动处。

在他对这段话解释时，他说"若圣人知几穷理，冥于道，绝于器，故能上交不谄，下交不渎。"他提出一个新的命题，即"知几穷理"，联系他对于"几"的解释，我们发现，他实际上已经有从"心"上下工夫，"即心穷理"的思想萌芽。

综合以上，可以看出，孔颖达的思想体系乃是混合了儒、道而成的，当然也有一些佛教的痕迹，如体用概念本是佛学话语体系。他在对易理的把握上重视其经世功能，"体用观"以"用"为核心，提倡"即用见体"，这些具有明显的儒学色彩。但在最高本体上他以道家的自然、真为内容；在性情问题上不谈善恶，也用"真邪"来判；在修身安命问题上他又提出"以性抑情"，通过"复性"归于"真"。

从孔颖达对时代话题的把握上来看，他是敏锐的，"性与天道"问题、心性问题正是唐代儒家学者需要思考和解决的学术问题，但是他的思路却陷于道家的"复性"，这使他的理论显得不够纯粹。比如在疏"利用安身，以崇德也"时，他说："此亦言人事也。言欲利已之用，先须安静其身，不须役其思虑，可以增崇其德。言'利用安身'，是静也；言'崇德'，是动也。此亦先静而后动，动亦由静而来也。"从这个解释我们也可以看出，他一方面崇尚道家的修身养性思想，静以安身；另一方面又重视儒家的崇德事功，动以建业。

---

① 孔颖达：《周易正义·系辞下》卷八，第362页、363页。

孔颖达以道家思想来弥合儒家心性不足的思路，源自玄学，但他的思想又超越于玄学，他在对玄学思想总结的基础上，力争回归儒学的一种尝试。可惜的是，他没有发掘到儒家自身的心性资源，这一点，中唐学者做的更好些，如韩愈、李翱对孟子思想的发掘，对《大学》《中庸》理论的阐扬，对儒家自身心性资料的整合，对儒家"性与天道"命题的思考，等等，正因为这些，中唐才兴起了一股复兴儒学的思潮，推动着儒学的发展。孔颖达，可谓是玄学与中唐学者之间的过渡，对经学思想的发展具有承前启后的意义。

（二）柳宗元的佛易相融思想

柳宗元作为中唐儒学复兴的代表人物之一，一生以复兴儒学，"延孔子之烛光"，恢复"圣道"为己任。针对儒学不振、佛老昌盛的局面，他自觉回归儒家经典，从儒学自身的思想资源中吸取营养，并结合佛教思路，开辟了一条"统合儒释"的复兴之路。他说："由是真乘法印，与儒典并用，而人知向方。"①

在儒家经典中，《易》学乃是柳宗元思想的源泉之一。柳宗元思想以文学作品为主，缺乏系统的哲学论述，更没有完整的易学理论阐述，但通观其诗文，探究其内在思想理路，可知柳宗元对易学甚为精透，易理精神被他灵活运用，糅合于己道，成为他的取道之源。在他的文集中，据不完全统计，他对《易经》《易传》的引用达九十多次，或是直接引用《周易》的书名、卦名、卦爻辞以及《易传》的内容，或是融汇贯通，表达己意，阐明义理。甚至还专门撰文与刘禹锡讨论《易经》中的九六卦爻问题。通过细心挖掘，可以感受到柳宗元思想的易学底蕴。

1. 重视义理的易学态度

与孔颖达调和象数和义理的取向不同的是，柳宗元对待易学的态度则开放得多。相比之下，柳宗元更加重视义理。在《送易师杨君序》中他指出：

> 世之学易者，率不能穷究师说，本承孔氏，而妄意乎物表，争伉乎理外，务新以为名，纵辩以为高，离其原，振其末，故羲、文、周、孔之奥，诋冒混乱，人罕由而通焉。……日命合邦之学者，论说辩问，贯

---

① 柳宗元：《送文畅上人登五台遂游河朔序》，《柳宗元集》，第 668 页。

穿上下，挥散而咸同，幽昏而大明，言若诞而不乖于圣，理若肆而不失于正，不为他奇而立名氏，姑务达其旨而已①。

柳宗元提倡要"达其旨"，懂得"理"，这些才是"原"，才是孔子学说的奥妙之处。论说方式则可以上下纵横，放诞肆意，挥散自如。可见，他重视的是易学中的"义理"，要求能够摆脱经传束缚，自由解经。对于卦象、占卜等则不以为然。

对于《易经》的占卜之术，他认为是"世之余伎也，道之所无用也"。他在《非国语上·卜》篇中，公然声明：

> 卜者，世之余伎也，道之所无用也。圣人用之，吾未之敢非。然而圣人之用也，盖以驱陋民也。非恒用而征信矣。尔后之昏邪者神之，恒用而征信焉，反以阻大事。要言，卜史之害于道也多，而益于道也少。虽勿用之可也。左氏惑于巫而尤神怪之，乃始迁就附益以成其说，虽勿信之可也②。

在《筮》篇中，柳宗元批评季子占筮乃是"末"，"不及道"。可见，对于易学，柳宗元的基本态度是：反对巫筮占卜，重视义理运用。这种学术精神在当时无疑是一种引领学界的新派学风。

2. 易与性的安顿

对经典内容的选择及运用主要体现了时代的话题，与玄学家对易的超道德形而上诠释相异，柳宗元对易的理解转向于心性的探寻，他利用易学中与心性思想相关的理论来证明他的人生体验。

与佛教丰富精密的心性学说相对，他认为儒家经典本身也有很多心性资源可挖掘，比如《易》《论语》。他说"浮屠诚有不可斥者，往往与《易》《论语》合，诚乐之，其于性情奭然，不与孔子异道"③。这里，柳宗元已经清楚地点明，儒佛相合于"性情"。关于佛教思想与《论语》相似之处有很多人已经做过分析，这里不再说明。那么，佛与易究竟如何在"性情"方面相合？柳宗元又是如何运用易学资源来论证其道呢？

首先，看一下柳宗元在《乘桴说》中对"复卦"的新解。

---

① 柳宗元：《送易师杨君序》，《柳宗元集》，第658页。
② 柳宗元：《非国语上·卜》，《柳宗元集》，第1291页。
③ 柳宗元：《送僧浩初序》，《柳宗元集》，第673页。

> 子曰："道不行，乘桴浮于海，从我者其由与！"子路闻之喜。子曰："由也好勇过我，无所取材。"说曰：海与桴与材，皆喻也。海者，圣人至道之本，所以浩然而游息者也。桴者，所以游息之具也。材者，所以为桴者也。《易》曰："复其见天地之心乎？"则天地之心者，圣人之海也。复者，圣人之桴也。所以复者，桴之材也。孔子自以极生人之道，不得行乎其时，将复守至道而游息焉①。

关于"道不行，乘桴浮于海"，在《论语》中，孔子的原意是如果不能行道，则会乘舟归去，隐退于俗，有着"小舟从此逝，沧海寄余生"的意味，也是一种"达则兼济天下，穷则独善其身"的心态。而柳宗元在解释这段话时，却别出心裁，引用《周易》"复"卦中的"天地之心"来说明。《象传》对"复"卦卦辞解释为：

> 复亨，刚反，动而以顺行，是以出入无疾，朋来无咎。反复其道，七日来复，天行也。利有攸往，刚长也。复，其见天地之心乎！

柳宗元从《周易》中挑出"天地之心"来解释海："天地之心者，圣人之海也"，而"海者，圣人至道之本。"也就是说"天地之心"乃是"圣人至道之本"。佛教中有"性海"的说法，如柳宗元也多次指出"浩入性海"，"性海吾乡也"，性是佛教至道之本。柳宗元认为儒佛相合于"性"，因此，圣人之海也蕴涵了圣人之"性海"的含义。由此可见，在柳宗元的意识中，他有意向心性思想靠拢。他在《乘桴说》最后说明他的这篇文章有重要作用，即可以使人"无闷"，他说"且使遁世者得吾言以为学，其于无闷也，揵焉而已矣。"《易》中《大过·象传》："君子以独立不惧。遁世无闷。"他用此来说明他的思想可以使人在心性方面有所得，懂得如何独处修身，心得以安，他认为自己给苦闷的儒家士子指出了一条光明之路。

他还说："复者，圣人之桴也。所以复者，桴之材也。"孔子说子路除了"勇"外无所取材，那么这里的"材"指的乃是一个人的性格特征，如勇、毅、忠等，而柳宗元由此引申为"所以复者"，即每个人的材质不同，因此性情不同，所以要"复"，"复者，圣人之桴"，实际上这里的"圣人之桴'则暗含着"圣人之性"的意味。也就是每个人要学会涵泳性情，回归本性，最终则"复见天地之心"。

---

① 柳宗元：《乘桴说》，《柳宗元集》，第459页。

复卦——"复见天地之心"所蕴"反本"之说，是儒道释三教会通的契合点。唐代佛教教人复归真源之性，识自本心，道教也要返本复初，儒家原本就重视人的内心修养。柳宗元在佛老思想的影响下，对人的修身之道开始关注，内求诸己，明复性道，这是他思想中的一种自觉，正因为此，他才对复卦如此重视。"复卦初爻曰：初九，不远复，无祗悔，元吉。《象》曰：不远之复，以修身也。"复卦原本与修身是联系在一起的。可见，柳宗元通过运用《周易》复卦的修身观念把孔子道不行而欲退隐的想法转变为要"复守至道"，由独善其身转化为自觉的心性修养。也就是要"反本""复性"。虽然柳宗元没有明确提出"复性"的观念，但其暗含的意思却在，至李翱则旗帜鲜明地提出要"复性"。

在柳宗元之前，王弼、孔颖达曾利用复卦来解释"反本"之说。如王弼解释《周易》复卦——"复其见天地之心"说：

> 天地以本为心者也。……然则天地虽大，富有万物，雷动风行，运化万变，寂然至无是其本矣。故动息地中，乃天地之心见也。若其以为有心，则异类未获俱存矣①。

复卦下震而上坤，震阳动而坤阴静，复卦的卦象预示着阳气"复生"之兆。王弼的解释又进了一步，他认为阳气主生乃天地自然之理，但复卦一阳在五阴之下，意味着动息地中，寂然无为，故当以静以无为本，这个本即是天地之心，故王弼的"复"见"天地之心"，天地之心作为本体的特性是寂静的，因此复卦所蕴涵的是复其寂静之本。在王弼之前，汉儒解释复卦"以为一阳始生，主六日七分，当建子之月，为人君失国而还返之象"，后来"至王弼始轻历数之说，而阐明其性道之学"②。可见，王弼的这种解释为后人发明复卦所蕴之天道人性，一贯同源之理，开辟了道路。至唐代孔颖达疏云：

> 复者谓反本，静为动本，冬至一阳生，是阳动用而阴复于静也，……动复则静，行复则止，事复则无事，动而反复则归静，行而反复则归止，事而反复则归于无事也③。

孔颖达的注疏作为官方版本，这种以静为本的思想也会影响到柳宗元。

---

① 王弼：《周易注·复卦》。
② 《汤用彤全集》第4卷，石家庄：河北人民出版社，2000，第80页。
③ 孔颖达：《周易正义》卷一，第27页。

虽然在《乘桴说》中他没有明确论述，可是纵观柳宗元的诗文，他非常重视"静"。柳宗元认为儒佛性论的共同点在于"本静性善"，因此复本就是复归"静"之本。在《曹溪第六祖赐谥大鉴禅师碑》中他说：

> 吾浮图说后出，推离还源，合所谓生而静者。……其道以无为为有，以空洞为实，以广大不荡为归。其教人，始以性善，终以性善，不假耘锄，本其静矣①。

另外，他也曾明确指出要"归根反初，无虑无思"②，"反初"即指要复性，他用"无思无虑"来说归根反初的状态，也就是复性后的状态，那就是"静"。李翱在《复性书》里，则直截了当地说明"方静之时，知心无思者"，认为无思就是静。并明确指出复性的方法："弗虑弗思，情则不生；情既不生，乃为正思。正思者，无思无虑也。"

3. 易与道的追问

复兴儒学，就要追寻"圣人之道"，可是在唐代社会背景下，何谓"圣人之道"？柳宗元提出了"大中之道"，柳宗元有时也称作中道、中庸、时中、中正、直道、当，明目虽多，涵义相同。他说："立大中，去大惑，舍是而曰圣人之道，吾未之信也。用吾子之说罪我者，虽穷万世，吾无憾焉尔。"③"近世之言理道者众矣，率由大中而出者咸无焉。"④"苟守先圣之道，由大中以出，虽万受摈弃，不更乎其内。"⑤

"五经"是柳宗元的"取道之原"，他说"本之《易》以求其动"，《周易》乃是随"时"变动，《系辞下》说："易之为书也不可远，为道也屡迁，变动不居，周流六虚，上下无常，刚柔相易，不可为典要，唯变所适。"柳宗元从易学之"动"中凝练出如何把握"动"，那就是"大中之道"。"大中"一词最早见于《周易·大有卦》象辞："大有，柔得尊位。大中，而上下应之。"清钱大昕也曾说："《易》三百八十四爻，一言以蔽之，曰'中'而已矣。"⑥究

---

① 柳宗元：《曹溪第六祖赐谥大鉴禅师碑》，《柳宗元集》，第150页。
② 柳宗元：《瓶赋》，《柳宗元集》，第47页。
③ 柳宗元：《时令论下》，《柳宗元集》，第89页。
④ 柳宗元：《与吕道州温论〈非国语〉书》，《柳宗元集》，第822页。
⑤ 柳宗元：《答周君巢饵药久寿书》，《柳宗元集》，第841页。
⑥ 钱大昕：《潜研堂集》，上海：上海古籍出版社，1989，第39页。

竟什么是"大中之道"？很简单，一个字：当。他说，"当也者，大中之道也"①，并提出"设未得其当，虽十易之不为病"②。也就是在变动中寻求一种恰当，一种时中。"当"在《周易》也是一个重要的概念，"当"指的是位当，阳爻居阳位，阴爻居阴位，谓之"当位"，当位则得之正，否则为"失位"，位是否"当"常常决定着卦爻的性质，决定着吉凶祸福的判断。二、五两爻居中间之位，则为得"中"，既得位，又得中，则为"中正"之位，这是《周易》中最推崇的。柳宗元以"当"说"大中"，与易学卦象中正之位有着相似之意。

在《周易》象数体系中，"当位"与"时中"关系密切，二者共同建构了易学体系。同样柳宗元也非常重视"时"。他认为"当"是与"时"相联系的，他说：

> 圣人所贵乎中者，能时其时也③。

> 尝以君子之道，处焉而外愚而内益智，外讷而内益辩，外柔而内益刚；出焉则外内若一，而时动以取其宜当，而生人之性得以安，圣人之道得以光④。

在《周易》里，"时"也是一个很重要的概念，时与位是易道变化的两大因素，共同影响着卦爻之意，卦爻之意总会因"时"而变，《易》曰："六爻相杂，唯其时物也。"王弼《周易略例·明卦适变通爻》认为："夫卦者，时也；爻者，适时之变者也。"随"时"而变，变中求"中"，则是周易的演绎精神。柳宗元以"时""当"来诠释"大中"，要求"时动以取其当"，显然是受了易学的影响。由此可见，柳宗元的大中智慧与易学精神是完全一致的。

另外，《周易·大有卦》中："九二：大车以载，有攸往，无咎。""《象》曰：'大车以载'，积中不败也。"九二爻辞以"大车以载"来比喻其遵循中道的地位。而柳宗元曾作《说车赠杨诲之》，书中以车为喻强调"大中"之道。

他在《说车赠杨诲之》中说："若知是之所以任重而行于世乎？材良而器攻，圆其外而方其中然也。"并强调："吾子其务法焉者乎？"同时希望杨诲之

---

① 柳宗元：《断刑论下》《柳宗元集》，第91页。
② 柳宗元：《桐叶封弟辩》，《柳宗元集》，第105页。
③ 柳宗元：《与杨诲之第二书》，《柳宗元集》，第855页。
④ 柳宗元：《答周君巢饵药久寿书》，《柳宗元集》，第839页。

如车一样能够"守大中以动乎外而不变乎内若轴",后来他又连续写了两篇文章《与杨诲之书》《再与杨诲之第二书》反复强调其车说的寓意:"车之说,其有益乎行于世也","凡吾之致书,为《说车》皆圣道也。"他还以刚柔变化来说明"大中":

> 夫刚柔无恒位,皆宜存乎中,有召焉者在外,则出应之。应之咸宜,谓之时中,然后得名为君子①。

> 吾以为刚柔同体,应变若化,然后能志乎道也②。

刚、柔、位、同体、应、中,这些都是易学常用之语。可见柳宗元的"大中"思想与《周易》有着密切联系。由此也可见他对《易》是非常重视的,《易》作为他糅合儒释的经典资源之一,自觉或不自觉构造着儒家之"道"。虽然柳宗元没有易学的系统论说,可是我们仍能够在他文中发现很多易学的话语体系及精神义理。他之所以说佛理与《易》《论语》合,也说明他深得易理精髓。另一方面,柳宗元对《易》的挖掘与重读中,涉及的话语体系已经包含了其时代最敏感、最流行的话语,那就是"性"与"道",而且,他试图对这两个话题利用儒家资源进行新的阐释,尽管他没有系统的论述,但从其致思方向上,可看出他对儒学复兴路向,那就是利用儒家自身资源的重整回应时代问题的尝试。

《易》作为五经之一,唐代学者们从不同角度进行了不同的诠释。但是,孔颖达的易学仍保留有道家思想,柳宗元又倾向于融合佛学内容。宋初的胡瑗则是以儒家义理解释《周易》的先驱。在解经风格上,胡瑗崇尚义理而尽扫象数,与王弼不同的是,他摒弃了道家内容,完全采用儒家思想来解经。对易学精神的把握上,他与孔颖达相似,都重视易之"用","推天道以明人事",强调易学的现实意义。但在理论构建上,他比王弼更加纯粹,比孔颖达、柳宗元更加精致。

在对易学的心性解读方面,胡瑗比孔颖达有更深入细致的解说。比如,从天道观看,他对"天道"的论述继承了孔《疏》的思想,却剔除了孔《疏》中的道家内容。我们可以比较一下二人对《周易》系辞中"易有太极,是生两仪"的解释,孔《疏》曰:

---

① 柳宗元:《与杨诲之第二书》,《柳宗元集》,第850页。
② 同上书,第851页。

> 太极谓天地未分之前，元气混而为一，即是太初、太一也。故《老子》云："道生一。"即此太极是也。又谓混元既分，即有天地，故曰"太极生两仪"，即《老子》云"一生二"也。不言天地而言两仪者，指其物体，下与四象相对，故曰两仪，谓两体容仪也①。

《口义》曰：

> 大易之道，始于太极。太极者，是天地未判混元未分之时，故曰太极。言太极既分阴阳之气，轻而清者为天，重而浊者为地，是太极既分，遂生天地，谓之两仪②。

孔颖达用"太极元气说"否定了王弼的"虚无说"，但他的解释仍存在道家痕迹。胡瑗继承了他的演化思路，又剔除了道家内容，从而使儒家之"道"彻底摆脱道家思维。他们二人的思想是从王弼的"无本论"向张载的"气本论"过渡的重要环节。

对于"性"解释，胡瑗更是以儒家为本位，并有独特见解。这点比孔氏高明得多。他在解释系辞"成之者性也"时说：

> 性者，天所禀之性也。天地之性，寂然不动，不知其所以然而然者，天地之性也。然而元善之气，受之于人，皆有善性，至明而不昏，至正而不邪，至公而不私。圣人得天地之全性，纯而不杂，刚而不暴。喜则与天下共喜，怒则与天下共怒，以仁爱天下之人，以义宜天下之物，继天下之善性以成就己之性，既成就己之性，又成就万物之性，既成就万物之性，则与天地之性可参矣。是能继天地之善者，人之性也③。

胡瑗不从伦理角度分别善恶，而是从"气禀"方面解释"性"，这就使得"性"的地位由伦理层面第一次飞跃至本体层面。他提出了"天地之性"的概念，"天地之性"为"元善之气"，圣人得"天地之全性"，故而能够成己成物，与天地参。

对比看来，唐代的易学研究仍旧处于探索阶段，他们追求心性的致思方向虽可称赞，但其思想仍旧是不够成熟，或偏于道，或借助佛，未能演绎出儒家自己的风格。以易学为基础，用儒学自身资源尝试构建儒学心性本体思

---

① 阮元校刻：《十三经注疏》（上），北京：中华书局，1980，第 82 页
② 胡瑗：《周易口义·系辞上》，第 498 页。
③ 同上书，第 467 页。

想的，胡瑗是第一人。如果把孔颖达、柳宗元、胡瑗的易学思想联系起来看，我们则更加清晰地看到唐宋之际易学研究的不同路向以及易学从经学向哲学过渡阶段的演变历程。

三、《礼经》的转向与《大学》《中庸》篇的独立

在礼学体系中，《礼》经有三：《周礼》《仪礼》和《礼记》，被通称为"三礼"。"三礼"之名始于东汉，因郑玄为三书作注，又作《三礼目录》一卷，而有"三礼"之说。后世推崇郑玄学说，故"三礼"之名广为流传。"三礼"中，《仪礼》为孔子最早定的礼经，在西汉时地位显赫；《周礼》在东汉独尊一时；《礼记》在三国后至唐才入选为"经"。"三礼"虽都被尊为"礼经"，但内容侧重不同，因后人取舍标准的差异，"三礼"的次序和地位也有差别。特别是郑学礼学改革之后，《周礼》取代了《仪礼》的地位，礼学重心也因此而转移，这对礼学的发展有很大影响。隋唐时期，《礼记》地位上升，其中《大学》和《中庸》两篇开始受到关注。在唐宋学术转折时期，《大学》《中庸》篇逐渐从《礼记》中独立出来，成为支撑理学思想的重要经典资源。"三礼"与礼学思想的变化对理学来说，意义非凡，其中的关联，下面详细解说。

（一）郑玄礼学改革及影响

《仪礼》记载的是西周春秋时期天子、诸侯、卿、大夫、士所习的各种礼节和仪式，包含冠、婚、丧、祭、朝、聘、乡、射之礼。《仪礼》原名为《礼》，孔子删定的"五经"，其中的《礼》就是指《仪礼》；汉武帝置"五经博士"，所定的"礼经"，也是指《仪礼》。《仪礼》是最早的"礼经"，西汉时，地位甚尊。魏晋时期，始有"仪礼"之名，范晔的《后汉书·郑玄传》中就称之为"仪礼"，东晋元帝时荀崧曾奏请置《仪礼》博士。此后，"仪礼"逐渐成为通名。

《周礼》是一部官制大典，记载了西周、春秋至战国时期的三百多个官制条令。《周礼》原名《周官》，汉王莽时列为经。荀悦《汉纪》云："刘歆奏请

《周官》六篇列之于经,为《周礼》。"陆德明《经典释文·叙录》:"王莽时,刘歆为国师,始建立《周官经》,以为《周礼》。"后经马融、郑玄作注,正式定名为《周礼》。郑玄改《周官》为"周礼",并以《周礼》为三礼之首,郑玄以"《周礼》为本,《仪礼》为末",对儒家礼学进行了改造,自此,孔学之礼转变为郑学之礼。

郑玄的礼学改革,意义深远。郑玄的礼学改革主要指郑玄改《周官》之名为《周礼》,定为"三礼"之首,从而缔造了以"《周礼》为本,《仪礼》为末"的"三礼"学体系。郑玄的三礼学在魏晋至隋唐期间大行于世,以至于孔颖达在《礼记正义》中有"礼是郑学"的说法。郑玄崇《周礼》,后人崇郑玄,因而郑玄礼学在后人的推波助澜下竟被视为礼学正宗,其礼学精神亦对后世有很大影响。

《仪礼》为古礼经,《仪礼》的内容以冠、婚、丧、祭、射、乡、朝、聘之礼为主。《礼记·昏义》中详细介绍到:"夫礼,始于冠,本于昏,重于丧、祭,尊于朝、聘,和于射、乡,此礼之大体也。"这"八礼"作为"礼之大体",实质上涵盖了人一生的重要场合、重要事件。如冠昏、丧祭是个人、家族的重要礼仪;乡射乃是乡里、宾友之间的社会公共礼仪;朝聘为诸侯、天子之间的国家礼仪,可以说:"天下之人尽于此矣,天下之事尽于此矣。"① 孔子正是以这些内容来教育弟子,通过这些礼仪的学习和实践使人的视听、言行、动作合于规矩,发而有节;同时也使人在礼仪操练过程中懂得亲疏、贵贱、尊卑、上下之别。特别是在重大仪式典礼之中,通过这些礼节的反复演习和实践,使人通过"礼"明白其精神内涵。因此,学"礼"重在履行,所谓"礼者,履也",就是要使"礼"履行于个人的日常生活中,故有"君子勤礼,小人勤力"② 之说。

可见,这"八礼"与常人的日常生活息息相关,因而也成为君子、士人的进退标准和行为操守,所以《仪礼》又被称为《士礼》。西汉时期,《仪礼》作为"五经"之一而受宠。但是,汉代社会对于《仪礼》的内容并不满足,因为《仪礼》侧重于士礼,对于现实政治急需的"天子礼",却有缺漏。王应

---

① 邵懿辰:《礼经通论》,载王先谦编:《清经解读编》第五册,上海:上海书店,1988,第585页。

② 《左传·成公十三年》。

麟《汉书·艺文志考证》引刘歆说，今文《礼经》"有乡礼二、士礼七、大夫礼二、诸侯礼四、诸公礼一，而天子之礼无一传者"。刘歆的《移让太常博士书》说：

> 往者缀学之士不思废绝之阙，苟因陋就寡，分文析字，烦言碎辞，学者罢老且不能究其一艺。信口说而背传记，是末师而非往古，至于国家将有大事，若立辟雍、封禅、巡狩之仪，则幽冥而莫知其原。

"辟雍、封禅、巡狩"加上"明堂""郊祀"五者被时人认为是"天子礼"，但《仪礼》中没有记载，当国家需要这些典礼仪式时，群儒无言以对。比如汉武帝筹划举行封禅大典，群儒因为"不知天子礼"而"不能辩明封禅事"，武帝于是"尽罢诸儒弗用"。由此例子可知，与日常生活相关的士礼相比，汉代社会更需要的是社会政治制度方面的礼法建设，因此自刘歆至郑玄，开始推崇《周礼》。《周礼》内容庞博，包涵官制、兵制、刑制等一整套社会政治制度，郑玄称《周礼》是"周公遗典"，"周公致太平之迹"，并以《周礼》取代《仪礼》，置于三礼之首。

与孔子的礼学相比，郑玄以《周礼》取代了《仪礼》的地位，从而引起了礼学意义的变化。《仪礼》主要以礼节和仪式为主，重视的是礼仪的实践操作，通过在现实生活中的履行实践来实现礼的精神，具有实践性、社会性特征。而《周礼》以官制政典为主，涉及政府组织机构及政治制度等方面内容，具有理论性、政治性特征。郑玄的改革导致礼学重心开始转移，即：礼学由原来的践履行为变成了政治制度之学，由原来的生活体验学问变成了纯粹的政治理论建设。

从政治理论建设方面看，郑玄的改革颇具效果；但关乎社会风俗人情，礼又失去了其应有的功能。自郑玄礼学兴盛之后，《仪礼》被冷落，礼仪被当作是细枝末节而常常被人忽视，特别是脱离了日常生活这个源头活水，礼仪就变成一种徒具形式的理论框架，不能约束人性、调节人情。魏晋时期，玄学崇尚形而上之理，对于形而下之礼仪更是不屑一顾，玄学名士"越礼"任情，礼法更是颓废。两晋南北朝时期，学者精于礼学理论研究，著作颇多，但对于日常礼仪却很少遵守。

早在孔子之时，礼兼具政治和哲学两种任务：一方面以维系纲常人伦；另一方面又可以安身节情，导化人心。皮锡瑞对于礼的功能有一段精彩的论述，他说：

> 人函天地阴阳之气，有喜怒哀乐之情，天禀其性而不能节也，圣人能为之节而不能绝也，故象天地而制礼乐，所以通神明，立人伦，正情性，节万事者也……是故圣人之道，一礼而已矣①。

皮氏认为，礼与人的生活万事息息相关，礼可以"通神明，立人伦，正情性，节万事"。礼即践履，必须通过日常生活的一些仪式来实现，这些动作、行为、践履本身包涵不同的功能——既可以正性情、安身立命；也可以立人伦、维系政治秩序。可见，政治和哲学功能尽在一礼中体现。所以说，"圣人之道，一礼而已"，因此在孔子那里，这种简单的一揖一拜的动作具有无限深意。皮氏说：

> 古之圣人制为礼仪，先以洒扫应对进退之节，非故以此为束缚天下之具，盖使人循循于规矩，习惯而成自然，嚣陵放肆之气，潜消于不觉。凡所以涵养其德，范围其才者，皆在乎此②。

通过礼仪活动，如洒扫应对之节，逐渐消磨人的放肆之气，涵养心性道德，使人遇事从容，心性平和。这就达到调节性情、安身立命的目的。

又如，在日常生活的礼节践履过程中，通过礼来节制人情，使人对于人伦秩序的把握无过无不及，防止"亲而不尊"或"尊而不亲"的现象发生，从而使人伦秩序达到和谐中庸，实现了礼的政治目的。他说：

> 自元士以至于庶人，少而习焉，长而安焉，礼之外别无所谓学也，夫性具于生初，而情则缘性而有者也，性本至中，而情则不能无过不及之偏，非礼以节之，则何以复其性焉，父子当亲也，君臣当义也，夫妇当别也，长幼当序也，朋友当信也，五者根于性者，所谓人伦也，而其所以亲之义之别之序之信之，则必由于情以达焉者也，非礼以节之，则过者或溢于情，不及者或漠焉遇之③。

关于这些，"后世不明此旨，以为细微末节可以不拘，其贤者失所遵循，或启妨贵凌长之渐，不肖者无所检束，遂成犯上作乱之风。其先由小节之不修，其后乃至大闲之逾越，为人心世道之大害"④。

---

① 皮锡瑞：《经学通论三·三礼》，第11页。
② 同上书，第13页。
③ 同上书，第12页。
④ 同上书，第13页。

所以说，礼可以复性节情、序于人伦、移风易俗、教化人心。郑玄礼学偏重于政治制度之学，自郑玄后，礼的政治功能加强了，但礼的社会调节功能却渐被削弱。特别是对于"正性情"方面，礼已经无法约束"情"。所谓"礼乐之说，管乎人情矣"，礼法不存，人情就无以所羁。礼与情的紧张成为汉末至唐以来不能化解的一个现实问题。没有了礼的节制，情该如何收放？这个问题成为儒学必须面对的关键问题。而佛、道以心性修养见长，对于人的安身立命问题有很好的回答，因而士子们皆归佛老。至隋唐时期，礼与社会生活已经脱节，情的问题更加凸显。这种局面，从根源看，与郑玄的礼学改革不无关系。唐宋之际，安身立命成为新的学术话题，郑玄礼学特别是他推崇的《周礼》因重视政治制度而被忽视。在理学兴起之时，"三礼"中的《礼记》地位上升，特别是其中的《大学》《中庸》篇开始受到关注，并逐渐从《礼记》中独立出来。

（二）《礼记》地位的提升和分化

《礼记》，是依附《仪礼》所作的"记"，是孔门弟子讨论礼制、通论礼意、解释仪礼的文字作品。西汉时，戴德与其侄戴圣曾为《礼记》作传。郑玄以戴圣的《小戴礼记》为本作注，自郑玄作注之后，《礼记》开始受到关注。三国魏时，《礼记》被列于学官。据《三国志》卷十三《魏书·锺繇华歆王朗传》：

> 初，肃善贾、马之学，而不好郑氏，采会同异，为《尚书》《诗》《论语》"三礼"《左氏》解，及撰定父朗所作《易传》，皆列于学官①。

而且，魏时还设有《礼记》博士，据记载贵乡公曹髦于甘露元年（256）夏四月幸太学，问学于诸儒，曾有《礼记》博士马照应对②。可见，魏时，虽然《礼记》还没有被称为"经"，但已经与"经"地位相当。南北朝时期，《礼记》备受重视，研究《礼记》的作品数量众多，其地位甚至超过《仪礼》。至唐代，孔颖达修撰《五经正义》，他在"三礼"中独选《礼记》作《礼记正义》，《礼记正义》被列入科举考试定本。唐代开成年间（836—840），《礼记》入选"九经"，被官方正式确定为"经"。

---

① 陈寿：《三国志》第二册，北京：中华书局，1998，第419页。
② 陈寿：《三国志》第一册，第135—138页。

在"三礼"中,《仪礼》重视礼节和仪式;《周礼》侧重政治制度;而《礼记》则偏向义理。《礼记》是对礼仪节文的义理发明,这些义理精神实际上与圣人之道是相通的。因此,皮锡瑞曾经说《礼记》中的义理精神乃是古今通行,他说:

> 治《礼经》者,虽重礼之节文,而义理亦不可少。圣人所定之礼,非有《记》者发明其义,则精意闳旨,未必人人能解。且节文时有变通,而义理古今不易,十七篇虽圣人所定,后世不尽可行。得其义而通之,酌古准今,期不失乎礼意,则古礼犹可以稍复①。

另外,清焦循明确标榜《礼记》,称它是"万世之书",他说:

> 以余论之,《周官》《仪礼》,一代之书也。《礼记》,万世之书也。必先明乎《礼记》,而后可学《周官》《仪礼》。《记》之言曰:'礼以时为大。'此一言也,以蔽千万世制礼之法可矣②。

《礼记》自三国时期地位开始上升,至唐代列入"经",《礼记》之所以受到重视,其中一个原因就是《礼记》自身的义理性特征。魏晋南北朝以来,经学研究方法开始由考据训诂转向义理探寻,至唐代已经有自由研经、追求义理的现象,如啖助等人的"新《春秋》学"注重"春秋大义",韩愈、李翱注释《论语》强调"以心通",柳宗元也主张研经要把握"孔氏大趣"。同样,礼学方面,孔颖达选择"三礼"中的《礼记》作《礼记正义》。《礼记》内容以精义为重,孔颖达对《礼记》的重视,体现了礼学研究的义理化趋向。

《礼记》虽重精义,但内容驳杂,缺乏完整的思想体系。《礼记正义》篇首提到:"或录旧礼之义,或录变礼所由,或兼记体履,或杂序得失,故编而录之,以为《记》也。"③因此,唐代学者在解读经典的同时,又挑出其中合于时代话题,并对自己理论构建有用的内容,重新诠释。《大学》与《中庸》两篇就被韩愈、李翱挖掘出来,成为他们理论体系的经典资源。

(三)唐代学者对《大学》《中庸》篇的挖掘与诠释

《大学》《中庸》两篇原属于《礼记》中论"礼"的文章。唐代,学者们

---

① 皮锡瑞:《经学通论三·三礼》,第70页。
② 焦循:《礼记补疏序》,《清经解续编》,南京:凤凰出版社,2005,第8778页。
③ 孔颖达:《礼记正义》,《十三经注疏》,北京:中华书局,1980,第1226页。

开始从"德""仁""心""性"等心性论方面对《大学》《中庸》两篇进行解读，从而使它们脱离了礼学体系，成为儒家的心性资源和经典依据。权德舆在明经科考试时曾出策问云："《大学》有明明德之道，《中庸》有尽性之术，阙里宏教，微言在兹。"《大学》《中庸》两篇能从《礼记》众多文章中脱颖而出，全赖韩愈、李翱的阐扬之功。清人全祖望在《李习之论》中说："自秦汉以来《大学》《中庸》杂入《礼记》之中，千有余年，无人得其藩篱。而首见及之者，韩、李也。""退之作《原道》实阐正心诚意之旨，以推本于《大学》。而习之论《复性》则专以羽翼《中庸》。"①

1. 《大学》篇的思想转向及发掘过程

《大学》本为《礼记》中的一篇，唐代之前从未受到重视。西汉刘向的《别录》里将《礼记》各篇进行了分类，《大学》属于"通论"，东汉郑玄在《三礼目录》中也说："名曰《大学》者，以其记博学可以为政也。此于《别录》属通论。"蒋伯潜解释"通论类"说，"此类通论礼意"②，清代学者汪中也认为《大学》"为儒家之绪言，记礼者之通论"，总之，《大学》作为《礼记》中的一篇，早期应该是属于礼学框架内的，阐述"礼意"或与"礼"相关的文章。

东汉时期，郑玄对《大学》的理解偏于"为政"目的。如他对大学之道"明明德、亲民、止于至善"，三者的解释侧重德性的自律，强调外在伦理道德的规范和约束，而不是内在的心性修养。如他解释"明德"为"己之光明之德"，"明明德"则是"身有明德而更章显之"，即要彰显自己的德性。"止于至善"，他注释为"在止处于至善之行"③，其中"止"他解释为"犹自处也"，这句话的意思就是要求自己处于任何场所都必须保持至善的道德行为，因此，"为人君止于仁，为人臣止于敬，为人子止于孝，为人父止于慈，与国人交止于信"④。这些都是与礼义有关的德行。对于"知其所止"，郑玄解释说"人亦当择礼义乐土而自止处也"。这些说明了《大学》与礼的关系，《大学》的宗旨在于"论礼"。今人蒋伯潜先生也认为《大学》原作者的目的"就在于

---

① 全祖望：《鲒琦亭集外编》卷三十七，见朱祖禹编：《全祖望集汇校集注》，上海：上海古籍出版社，第1510—1512页。
② 蒋伯潜、蒋祖怡：《经与经学》，台北：世界书局，1941，第79页。
③ 孔颖达：《礼记正义》，《十三经注疏》，北京：中华书局，1980，第1592页。
④ 《礼记·大学》。

论述自天子以至庶人如何明德知礼，修己治人，最后使整个社会达到礼治的状态"。《大学》的本旨"是从个体修身的角度，泛论礼的功用、价值和目标"[①]。可见，汉代《大学》处于礼学研究范围，属于政治性的文章，与宋代理学家所言的理气心性等问题是不相干的。

唐代，孔颖达对《大学》精神有了新的领会。与郑玄侧重"为政"目的不同，孔颖达则强调"明德"，他直接把"明德"看成"大学之道"的精髓，他说："此经大学之道，在于明明德，在于亲民，在止于至善，积德而行，则近于道也。"[②] 不仅如此，孔颖达还提出"明德"要从"诚意"开始，强调从内心探讨成德之要。他说："此大学之篇，论学成之事，能治其国，章明其德于天下；却本明德所由，先从诚意为始。"孔颖达注意到"诚意"问题，意识到内在心理与情感的重要性，但他没有进一步挖掘。不过，这个微妙的转变已经为《大学》意义的心性转换埋下了伏笔。

唐代真正开始重视《大学》，并首先推出《大学》的是韩愈。唐中期，韩愈对《大学》的解读已经从"礼"转向"仁"。"礼"强调的制度规范和道德实践，而"仁"重视内心信念和道德理想。《大学》研究从礼学立场向仁学角度转换，一方面是礼学自身发展的结果，另一方面也是时代选择的结果。唐代心性问题成为学者们高度关注的话题，《大学》中有"修身""诚意""格物致知"等与个人道德建设及心性修养相关的理论，这也是学者们从心性方面解读《大学》的原因之一。

韩愈之所以特别推崇《大学》，是以《大学》中的"正心"思想来与佛教的"治心"理论相对抗。《大学》中关于"正心"的内容很多，如：

> 古之欲明明德于天下者，先治其国。欲治其国者先齐其家。欲齐其家者，先修其身。欲修其身者，先正其心。欲正其心者，先诚其意。欲诚其意者，先致其知。致知在格物。
>
> 物格而后知至，知至而后意诚。意诚而后心正。心正而后身修。身修而后家齐。家齐而后国治。国治而后天下平。
>
> 所谓修身在正其心者，身有所忿懥，则不得其正；有所恐惧，则不得其正；有所好乐，则不得其正；有所忧患，则不得其正。

---

① 蒋伯潜：《四书读本》，上海：启明书店，1941，第1页。
② 孔颖达：《礼记正义》，第1594页。

韩愈把《大学》从礼学思想体系中剥离出来，重新加以阐释，作为他辟佛、立道的思想支柱。他在《原道》中引用《大学》中的"正心"思想来阐释自己关于"道"的理论，他说：

> 《传》曰："古之欲明明德于天下者，先治其国；欲治其国者，先齐其家；欲齐其家者，先修其身；欲修其身者，先正其心；欲正其心者，先诚其意。"然则古之所谓正心而诚意者，将以有为也。今也欲治其心，而外天下国家，灭其天常，子焉而不父其父，臣焉而不君其君，民焉而不事其事①。

韩愈认为佛教的"治心"是"外天下国家，灭其天常"，为的是舍身出世；而儒家的治心则是通过"正心诚意"达到"治国平天下"的目的。对儒家来说，"治心"就是"正心"，作为道德之本的"仁义礼智根于心"，因此，"正心"即是落实"仁义"的内涵。韩愈由"仁义"来阐释《大学》精神，同时以《大学》理论作为他道论的思想资源。在此基础上，韩愈对"道"提出了新的定义：

> 博爱之谓仁，行而宜之之谓义，由是而之焉之谓道，足乎己无待于外之谓德②。

在韩愈的思想体系中，《大学》一篇成为他整个理论的重要支撑点。韩愈是第一个从"仁"的角度来阐释《大学》，并以《大学》来进行理论构建的儒家学者。陈寅恪先生曾说："退之首先发现小戴《礼记》中的《大学》一篇，阐明其说，抽象心性与具体之政治社会组织可以融会无碍，即尽量谈心说性，兼能济世安民，虽相反而实相成，天竺为体，华夏为用，退之于此已奠定后来宋代新儒学之基础。"③

除韩愈外，李翱对《大学》也非常推崇，他利用《大学》内容来证明其"复性"思想。宋代真德秀在《大学衍义序》中说："独唐韩愈、李翱尝举其说见于《原道》《复性》之篇，而立朝论议曾弗之及。"在李翱的《复性书》中，他对"格物致知"思想作了新的发挥。《大学》中有八条目："格物、致

---

① 韩愈：《原道》，载屈守元主编：《韩愈全集校注》，成都：四川大学出版社，1996，第2662页。
② 同上。
③ 陈寅恪：《金明丛稿初编》，北京：三联书店，2001，第322页。

知、意诚、心正、身修、家齐、国治、天下平。"格物、致知是其中两个步骤，它们是"修身"之道的重要内容，也是达到平天下目的的起点和最初承担者。关于"致知格物"，郑玄解释为"知，为知善恶凶吉之所终始也。""格，来也。物，犹事也。其知于善深，则来善物；其知于恶深，则来恶物"①，"致知格物"在郑玄眼里，是与善恶伦理道德相关的，他的目的在于让人保持善的德性。由上可知，郑玄重视的是其外在的道德规范。

李翱对"格物致知"问题从心性修养角度作了新的解读，他说：

> 曰："敢问致知在格物，何谓也？"曰："物者，万物也。格者，来也，至也。物至之时，其心昭昭然，明辨焉，而不应于物者，是致知也，是知之至也。知至故意诚，意诚故心正，心正故身修，身修而家齐，家齐而国理，国理而天下平，此所以能参天地者也。"②

关于"格物"，郑玄与李翱的解释基本一致，都是要应对外在的万事万物。不同的是他们对"致知"的解释，郑玄解释"知"为"知善恶凶吉之所终始"，而"致知"就是明了善恶根源，做好道德修养。李翱解释"致知"却从"心"上下工夫，他解释"致知"说："物至之时，其心昭昭然，明辨焉，而不应于物者，是致知也。"联系《复性书》上下文可知，李翱在运用"格物致知"观念时，主要是为了说明其"尽心复性"的"诚明"思想，原文如下：

> 曰："不睹不闻，是非人也，视听昭昭而不起于见闻者，斯可矣。无不知也，无弗为也。其心寂然，光照天地，是诚之明也。《大学》曰：'致知在格物。'《易》曰：'易无思也，无为也，寂然不动，感而遂通天下之故。非天下之至神，其孰能与于此？'"③

由此可知，李翱认为"格物致知"是指当与外物相接触时，并不是对外物作一番考察和认识，而是内向于心，使心"不应于物"，并通过"复性"使心保持"动静皆离"的不动心境界，这就是"知之至"，也就是"诚"的境界。

《大学》原本是明德、修礼、为政、治人的学问，但通过李翱对"格物致

---

① 孔颖达：《礼记正义》，第1592页。
② 李翱：《复性书》（中），见郝润华校点，胡大浚审定：《李翱集》，兰州：甘肃人民出版社，1992。
③ 同上。

知"的解释，转变成了"尽心复性"的心性修养理论，这个转变实际上是儒学从"外王"向"内圣"的转变。自李翱开启这种心性解读方式后，宋代理学家也沿用此种思路，如二程从"收其心""反躬"角度解释"格物致知"，他说：

> 格犹穷也，物犹理也，犹曰穷其理而已也。穷其理，然后足以致之，不穷则不能致也。格物者适道之始，欲思格物，则固已近道矣。是何也？以收其心而不放也①。

> 君子之学，将以反躬而已矣。反躬在致知，致知在格物②。

"格物致知"转化为内在修养理论后逐渐成为宋代理学家穷理尽性的关键环节而备受理学家的关注。

由上可知，对于《大学》篇，孔颖达重视"德"，韩愈转为重视"心"，李翱则直接利用《大学》来证明其"复性"思想。这样以来，《大学》在唐代转而成为儒家的心性资源，其宗旨与唐之前已经截然不同。

《大学》经韩愈、李翱的倡导，地位逐渐提高，宋代学者进一步从心性角度来阐释《大学》理论，《大学》一书逐渐成为理学的思想资源。至后来二程称赞"《大学》，孔氏之遗书而初学入德之门也"③。朱熹在《大学章句》也说"于今可见古人为学次第者，独赖此篇之存，而论、孟次之，学者必由是而学焉，则庶乎其不差矣"，认为《大学》是为学之首，并把《大学》与《论语》《孟子》《中庸》并列尊为《四书》，《大学》从而获得经典的地位。

2.《中庸》篇的发掘及思想转向

《中庸》原为《礼记》第三十一篇，与《大学》一样属于"通论"内容。《中庸》在早期也是论礼之书，强调的是人们在礼的践履过程中要保持不偏不倚，恪守中道，人们的言行举止都能够达于人情，发而中节。礼有调节性情的功能，而性情的发用应该有一个适当的节度，如何把握，怎样调节，《中庸》里面有很多相关论述。正如清代《续修四库全书总目》所说：

> 盖《中庸》为言礼之书。礼以中为本。以和为用。故郑目录云：《中庸》者以其记中和之为用。自朱子分为章句，专明性命，于是舍礼言道。

---

① 二程：《二程遗书》卷二十五。
② 同上。
③ 朱熹：《大学章句》。

离礼言诚，与郑氏说经之旨，遂多不合。

与《大学》重视"心"相反，《中庸》中多言"性"。如：

> 天命之谓性，率性之谓道，修道之谓教。

> 自诚明，谓之性。自明诚，谓之教。诚则明矣，明则诚矣。

> 唯天下至诚，为能尽其性；能尽其性，则能尽人之性；能尽人之性，则能尽物之性；能尽物之性，则可以赞天地之化育；可以赞天地之化育，则可以与天地参矣。

> 成己，仁也；成物，知也；性之德也，合外内之道也，故时措之宜也。

因此，虽然《中庸》篇列于《礼记》，属于论"礼"的作品，却包含很多"性命"内容，正因为如此，《中庸》备受唐、宋学者的关注。当然，也正是因为它多言性命，也有学者怀疑它与礼学无关。如唐代颜师古曾有过这样的质疑。《四库全书》纂辑者对宋石《中庸辑略》一书所作提要如下：

> 《汉书·艺文志》有《中庸传》二篇，颜师古注曰：今《礼记》有《中庸》一篇，亦非本《礼经》。盖子思之作。是书本以阐天人之奥，汉儒以无所附丽，编之《礼记》，实于《礼记》无所属，故刘向谓之通论，师古以为非《礼经》也。

颜师古认为《中庸》论述的是人天之奥，观其论旨，与《礼记》并没有所属关系，因此是杂入《礼记》中非论礼作品。

也许是《中庸》这种论礼主旨不明，又畅谈性命的特征，两汉时期，此篇一直被忽视。但是，在魏晋南北朝时期，《中庸》因与佛、道心性思想有相合之处，而开始受到关注，并被人从《礼记》中单独抽出，进行注释、疏解。余英时先生所说："《中庸》最早受到重视，是出于佛教徒的'格义'或玄学家'清谈'的需要。"[①]

如魏晋时期刘邵《人物志》以品鉴人物的才情为主，他从"性情"方面解读"中庸"之德，称之为"兼德而至"，其云："是故兼德而至，谓之中庸。"[②] 他具体解释了"中庸之德"，他说：

---

① 余英时：《朱熹的历史世界》，北京：生活·读书·新知三联书店，2004，第85页、86页。

② 刘邵：《人物志·九征第一》。

> 夫中庸之德，其质无名，故咸而不碱，淡而不䣩，质而不缦，文而不缋，能威能怀，能辨能讷，变化无方，以达为节，是以抗者过之，而拘者不逮①。

《中庸》与佛教的"中道"思想有相似之处，南北朝时期，因佛教"格义"需要，《中庸》作为沟通儒佛的桥梁，受到重视。如《隋书·经籍志》中记载有南朝宋人戴颙作《礼记中庸传》二卷，《梁书·武帝本纪》记载南朝梁武帝亲自作《中庸讲疏》一卷，其臣张绾、朱异、贺琛敷衍其义共修《私记制旨中庸义》五卷。另外，《梁书·朱异贺琛列传》中记载："时城西又开士林馆以延学士，异与左丞贺琛递日述高祖《礼记中庸义》，皇太子又召异于玄圃讲《易》。"可见当时还曾经在士林馆讲授过《中庸》。这些著作都已亡佚，我们不能窥其论旨，但是，戴颙、梁武帝都是佞佛之人，估计他们的注解应该具有佛教色彩，以《中庸》附会佛教思想为多。

唐代，《中庸》篇才真正受到重视并得以彰显，如韩愈、李翱、柳宗元、刘禹锡对《中庸》都非常赞赏。唐代学者们对《中庸》的研究有了新的思路，他们不关注《中庸》与礼之间的关系，直接把《中庸》当做"性命"之书，从心性角度重新阐释，同时运用其心性资源构建儒家的心性理论。

韩愈不仅大力阐扬《大学》，他对《中庸》也很重视。从韩愈的《省试颜子不贰过论》中，我们可以看出，他对《中庸》也开始加以研究。文中他说：

> 夫圣人抱诚明之正性，根中庸之至德，苟发诸中形诸外者，不由思虑，莫匪规矩，不善之心无自入焉，可择之行无自加焉，故惟圣人无过。所谓过者，非谓发于行、彰于言，人皆谓之过而后为过也。生于其心则为过矣，故颜子之过此类也。不贰者，盖能止之于始萌，绝之于未形，不贰之于言行也。《中庸》曰："自诚明谓之性，自明诚谓之教。""自诚明"者，不勉而中，不思而得，从容中道，圣人也，无过者也。"自明诚"者，择善而固执之者也。不勉则不中，不思则不得，不贰过者也。故夫子之言曰："回之为人也，择乎中庸，得一善则拳拳服膺而不失之矣。"又曰："颜氏之子，其殆庶矣乎！"言犹未至也。而孟子亦云："颜子具圣人之体而微者。"皆谓不能无生于其心，而亦不暴之于外，考之于

---

① 刘劭：《人物志·体别第二》。

圣人之道，差为过耳①。

这篇文章为贞元十年（794）应博学宏词科所作，是韩愈早年的作品。文章通篇以《中庸》曰："自诚明谓之性，自明诚谓之教"为立论主轴，说明颜子"不贰过"的原因是他能够自觉进行心性修炼，通过"自明诚"成为贤人。这也说明了韩愈对《中庸》心性修养理论的重视。这一论述，其实已为后来学者进一步从心性的角度论述《中庸》树立了典范，其重要性是不可忽视的。

唐代对《中庸》意义的阐扬，表现最为突出的是李翱，李翱非常推崇《中庸》，认为它是儒家的"性命之源"，是传道之唯一载体，他还列出了《中庸》的秘传过程：

> 子思，仲尼之孙，得其祖之道，述《中庸》四十七篇，以传于孟轲。……轲之门人，达者公孙丑、万章之徒，盖传之矣。遭秦灭书，《中庸》之不焚者，一篇存焉。于是此道废缺，其教授者，惟节文、章句、威仪、击剑之术相师焉，性命之源，则吾弗能知其所传矣②。

李翱以传授《中庸》的"性命之道"为己任，作《复性书》，以继绝学，他说：

> 性命之书虽存，学者莫能明，是故皆入老庄、列、老、释。不知者谓夫子之徒不足以穷性命之道，信之者皆是也。有问于我，我以吾之所知而传焉，遂书于书，以开诚明之源，而缺绝废弃不扬之道，几可以传赞时，命曰《复性书》，以理其心，以传乎其人。于戏！夫子复生，不废吾言矣③。

在《复性书》中，他利用《中庸》中"天命之谓性，率性之谓道，修道之谓教"以及"诚明"的概念来阐释宣说"复性"思想。如，他对"天命之谓性"，新解为：

> 人生而静，天之性也。性者，天之命也④。

由此，他对性、情的概念作了发挥，提出了性善情恶观念，他说：

> 性者天之命也，圣人得之而不惑者也；情者性之动也，百姓溺之而

---

① 韩愈：《省试颜子不贰过论》，《韩愈全集校注》，第1161页。
② 李翱：《复性书》（上），见郝润华校点，胡大浚审定：《李翱集》，兰州：甘肃人民出版社，1992。
③ 同上。
④ 李翱：《复性书》（中）。

不能知其本者也①。

另外，他贯通诚、明观念，用反本复性来解释"率性之谓道，修道之谓教"，如下：

"'率性之谓道'，何谓也？"曰："率，循也，循其源而反其性者，道也。道也者，至诚也。至诚者，天之道也。诚者定也，不动也。"

"'修道之谓教'，何谓也？"故曰："诚之者，人之道也。诚之者，择善而固执之者也。修是道而归其本者明也。教也者，则可以教天下矣……"②

李翱重新解释了"诚"的含义，李翱使"诚"与"性"连，从"性"的角度来规定"诚"，性本静，复性要达到寂然不动的"定"的境界，因此他说："诚者，定也，不动也。""知本无有思，动静皆离，寂然不动者，是至诚也。"③李翱对"诚"的新解对宋代理学家有很大影响，如周敦颐、二程、朱熹强调的"诚圣"都由此演变而来。

李翱是第一个尝试用《中庸》思想构建儒家心性理论的学者。欧阳修认为"予始读翱《复性书》三篇，曰：此《中庸》之义疏尔"④，清人全祖望也说"习之论'复性'，则专以羽翼《中庸》"⑤。曾有人问李翱，他注解的《中庸》和前人不同，这是为什么？李翱说"彼以事解者也，我以心通者也"⑥。李翱的这种"以心通"的注经方式以及从心性角度来解《中庸》的思维模式为《中庸》的研究开辟了一条新路，也为后来《中庸》成为理学家的经典"四书"奠定了基础。

除此之外，唐代，柳宗元对"中庸"也非常重视，他说："吾自得友君子，而后知中庸之门户阶室，渐然砥砺，几乎道真。"⑦《中庸》曰"中也者，天下之大本也"，他因此提出了"大中之道"，或称"中道"，他认为孔子之道就是"大中之道"，但后人不明，他在《与吕道州温论〈非国语〉书》中曾感

---

① 李翱：《复性书》（上）。
② 李翱：《复性书》（中）。
③ 同上。
④ 欧阳修：《读李翱文》，《欧阳文忠公文集》卷二十三。
⑤ 全祖望：《李习之论》，《鲒埼亭集》外编卷三十七。
⑥ 李翱：《复性书》（中）。
⑦ 柳宗元：《与吕道州温论〈非国语〉书》，《柳宗元集》，第822页。

慨道:"近世之言理道者众矣,率由大中而出者咸无焉。"

刘禹锡对《中庸》也是极为推崇,在他的《赠别君素上人》中他曾言道:"囊予习《礼》之《中庸》,致'不勉而中,不思而得',惧然知圣人之德学,以至于无学。然而斯言也,犹示行者以室庐之奥尔,求其经术,而布武未得也。"

可见,唐代《中庸》已经从《礼记》中脱颖而出,成为学者们追捧的时髦经典。至宋代,作为言性命之理的儒家著作,《中庸》被看做"孔门传授心法",因而受到前所未有的重视。北宋的晁迥、胡瑗、司马光、苏轼、二程、张载等人都对《中庸》非常重视,他们利用《中庸》的思想资源来构建其理学心性体系。南宋朱熹对《中庸》以极高的评价,他说《中庸》一书:"提挈纲维,开示蕴奥,历选前圣之书,未有若是之明且尽者也。"[1] 他重新校定《中庸》章句并作注释,把《中庸》列入"四书",从而奠定了《中庸》的经学地位。至此,《中庸》从《礼记》中的一篇普通文章一跃而成为单独的经典,在经学史上占有一席之地。

综上可知,唐代学者的功绩在于他们把《大学》《中庸》篇从《礼记》中发掘、彰显出来,并尝试从心性角度进行阐释,使得《大学》《中庸》成为儒家的心性理论资源,尤其是他们关于"性命"问题的思考为儒学的研究开辟了新的思路,宋儒在此基础上进一步完善,从而有了理学的产生。总之,唐代学者对《大学》《中庸》篇从论"礼"到论"性"的意义转换,开启了经典研究的新方向和理论构建的新话题,这些都为理学的兴起奠定了基础。由于历史条件和个人能力限制,唐代学者对儒家资源的整合、利用和构建能力仍旧不足,因此没能提出比较完善的心性理论体系,但他们的研究方向和思路被宋人继承。总体说来,唐代学者的这种对经典的选择、运用和转化能力是值得我们肯定的。

---

[1] 朱熹:《中庸章句序》。

第七章　新经典的确立及"四书"的雏形

在理学系统中,"五经"中被整体继承的经典不多,大多情况下,学者们会挑选其中与心性内容相关的章节、片段进行诠释和发挥,从《礼记》中脱离出来的《大学》《中庸》两篇就因此而得到宋儒的完全认可。除了《大学》《中庸》这两篇外,《论语》《孟子》这两部书也脱颖而出,为学者们热捧。曾经被认为是"传"的《论语》在唐代升为"经"。而一直从属于"子"类的《孟子》也开始升格,自韩愈高调地尊崇孟子后,儒生们"尊孟"的呼声持续不断,甚至形成了一股"尊孟"潮流,这种潮流被学者称为"孟子升格运动",直到宋代,《孟子》一书也成功升为"经"。下面来分析《论语》《孟子》这两部书能够受到重视并升为"经"的原因和过程。

一、《论语》的经典化过程

在儒家早期著作中,《论语》一书与孔子的关系最为密切。无论是尊孔还是研究孔学,《论语》的作用都甚为关键。当然,除此之外,《论语》这本书自身的文本特征及义理特征,也是它成为经典的原因。

(一)《论语》文本特征

《论语》作为儒家最基本的原始经典,记载着孔子的言行和思想。《汉书·艺文志·诸子略》中说:

> 《论语》者,孔子应答弟子、时人及弟子相与言而接闻于夫子之语也。当时弟子各有所记,夫子既卒,门人相与辑而论纂,故谓之《论

语》。

根据班固的解释,《论语》一书就是经过编纂的语录。但"论"字为什么读平声不读去声,这种音义不符的情况,又引起了后人的疑惑。其中皇侃(488—545)对于"论语"之名有新的解说:

> 名书之法,必据体以立称,犹如以孝为体者,则谓之《孝经》,以庄敬为体者,则谓之《礼记》。然此书之体,适会多途,皆夫子平生应机作教,事无常准,或与时君抗厉,或共弟子抑扬,或自显示物,或混迹齐凡,问同答异,言近意深,《诗》《书》互错综,典诰相纷纭,义既不定于一方,名故难求乎诸类,因题《论语》两字,以为此书之名也①。

皇侃提出"名书之法,必据体以立称",他举例说《孝经》以孝为体,《礼记》以庄敬为体,而《论语》之体不一,孔子"应机作教","随感而起","义既不定于一方,名故难求乎诸类",因此以《论语》作为书名。

相比之下,皇侃之说更加深刻些。无论如何,我们可以看出《论语》一书有非常特别的写作方式及体例特征。总结来看,有两点:

其一,《论语》属于应机作答的语录体,书中没有系统的思想论述,只有情景式的问答,比如弟子问"仁",孔子就随机点化,因不同的场景、不同的弟子有不同的答案:"仁者爱人,智者知人","己欲立而立人,己欲达而达人","己所不欲,勿施于人",等等。

这种方式,避免了因严密的体系而封闭思想的现象。我们知道,文本和思想之间有一种难以言说的关系,特别是涉及道义问题,再精致的表述、再细密的逻辑也无法准确把握。如儒家说"言不尽意",道家说"大道无言",佛教说"但有言说,皆无实意",都表明了这个问题。《论语》一书不作论述,只举事实和例子,其中的深意让弟子自己捉摸,这种开放性就给后人以很大的解释空间,这也使得《论语》一书能够经久不衰,义理常新。

其二,《论语》一书内容广博,涉及面很宽,涵盖了政治、道德、伦理、历史等多方面。同时又义旨深远,引人无限思考。这种特征使《论语》一书区别于那种具体的专门著作,而成为蕴涵各种思考"人"的问题的"百科全书"。这种超越性为后人的解读和思考提供了非常广阔的天地,同时也给后人提供了更多的视角和解说方式。

---

① 皇侃:《皇侃论语义疏序》。

皇侃在解释"论"音取"伦"、字取"论"的原因时说：

> 今字作论者，明此书之出，不专一人，妙通深远，非论不畅，而音作伦者，明此书义含妙理，经纶今古，自首臻末，轮环不穷，依字则证事立文，取音则据理为义，义文两立，理事双该，圆通之教，如或应示，故蔡公为此书为圆通之喻。云物有大而不普，小而兼通者，譬如巨镜百寻，所照必偏，明珠一寸，鉴包六合，以蔡公斯喻，故言论语小而圆通，有如明珠，诸典大而偏用，譬如巨镜①。

"物有大而不普，小而兼通者"，如"巨镜"和"明珠"，"巨镜百寻，所照必偏，明珠一寸，鉴包六合"，《论语》一书犹如"明珠"，兼容并包，妙通深远，可谓圆通之教。

朱子也有非常形象的总结，他说："夫子教人，零零星星，说来说去，合来合去，合成一个大物事。""孔门教人甚宽，今日理会些子，明日又理会些子，久则自贯通。如耕荒田，今日耕些子，明日又耕些子，久则自周匝。虽有不到处，亦不出这理。"②

这些特征是《论语》由"传"升为"经"的原因之一。

（二）《论语》地位的变化

《论语》是孔子弟子记录的"夫子语录"，是孔子在授徒过程中随机点化的思想结晶。孔子一生以"六艺"授徒，"五经"是他思想的来源。因此，《论语》一书浓缩了孔子对"五经"的理解。如东汉名儒赵岐在《孟子章句》的《题词》中谓："《论语》者，五经之錧鎋，六艺之喉衿。"唐人薛放也说："《论语》者，六经之菁华。"③ 清人陈澧在《东塾读书记》也说："经学之要，皆在《论语》之中。"由此原因，《论语》成为儒家经典的代表之作。

总体来看，《论语》一书在汉代开始流行；魏晋南北朝时期，在儒道会通中，《论语》成为玄学家推崇的儒家经典备受关注，出现了大量注释《论语》的著作；隋唐时期，《论语》受关注程度有所下降；直到宋时，《论语》又重

---

① 皇侃：《皇侃论语义疏序》。
② 黎靖德编，王星贤点校：《朱子语类》第二册，北京：中华书局，1986，第429页。
③ 《旧唐书·儒林传》。

新被发掘出来，地位一跃而上，被选为"四书"之一。

汉代，《论语》一书仍属于诸子百家之说，被看做"传"。在《史记》《汉书》等著作中常以"传"名来引称。如《史记·封禅书》："传曰：'三年不为礼，礼必废；三年不为乐，乐必坏。'（阳货）"《史记·李将军列传》："传曰：'其身正不令而行，其身不正，虽令不从。'（子路）"《汉书·宣帝纪》："传曰：'孝弟也者，其为仁之本与？'（学而）"《汉书·东方朔传》："传曰：'时然后言，人不厌其言。'（宪问）"

从地位上来说，《论语》为"传"，明显不如"经"尊贵。但从其流行情况及被接受状况来看，却又不逊于"经"。特别是东汉时期，其地位实际上已经与"经"相当。

汉武帝时，"罢黜百家，独尊儒术"，立"五经博士"，并于学官，《论语》与《孝经》《尔雅》并列为小学书，成为学子必读的儒学普及性教材。在当时，《论语》一书成为上至皇室下至平民广为诵习的基本典籍。《论语》成为诸子之中最卓著者，甚至有"传莫大于《论语》"① 的说法。王国维《汉魏博士考》中说："汉时但有受《论语》《孝经》、小学而不受一经者，无受一经而不受《论语》《孝经》者。"他还说："然则汉时《论语》《孝经》之传，实广于五经，不以博士之废置为兴衰也。"②

随着《论语》的普及和广泛流传，其重要性也相继而升。至东汉，已经有称《论语》为"经"的现象。汉宣帝石渠奏议，"论定五经"，《鲁论》中记载韦玄成曾"受诏与太子太傅萧望之及《五经》诸儒杂论同异于石渠阁"，"石渠论"中有《论语》"议奏"十八篇在内。《论语》虽不在"五经"之内，却有与"五经"共同被议的资格。另外，汉灵帝时，熹平四年（175），曾召诸儒订正经籍文字，刻熹平石经。据史籍记载，"石经"中就有《论语》。经王国维考证，熹平石经的内容，包括《诗》《书》《礼》《易》《春秋》五经，并《公羊》《论语》二传。这里可以看出《论语》一书地位的变迁。不仅如此，东汉还出现了"六经"之名，即通行的"五经"加上《论语》。甚至有"七经"之说，如《后汉书·张纯传》中"乃案七经谶，明堂图"下李贤注："七经，谓《诗》《书》《礼》《乐》《易》《春秋》《论语》。"《后汉书·赵典传》

---

① 《汉书·扬雄传》卷五十七下。
② 王国维：《汉魏博士考》，《观堂集林》卷四，北京：中华书局，1959，第182页。

注引谢承书称："典，学孔子七经。"是五经之外，加以《论语》《孝经》。

《论语》在东汉虽然名义上可以与"五经"并列，从某种程度上来说，也受到统治者的默许。但其"经"的地位并没有被官方正式确定。"六经""七经"之说只是民间流传的说法，虽不能作为《论语》为"经"的依据，但也反映了当时《论语》由"传"向"经"过渡的状态，总体来说，《论语》在汉代的地位还是逐渐上升的。

魏晋南北朝时期，《论语》研究盛行。据统计，当时研究《论语》的著作有八十四部之多。学者们大多以"三玄"解《论语》，为《论语》的义理发展注入了新鲜活力。其中对后世影响比较大的有三国魏何晏等人编著的《论语集解》与梁皇侃编纂的《论语义疏》。

唐代，儒学受到统治者的青睐，《论语》一书也非常受重视。唐代的君臣大都精读《论语》，并经常引用《论语》书中的内容作为议政论事的根据。同时，《论语》也是唐代学子的必修课程，如杜甫《最能行》诗中有"小儿学问止《论语》，大儿结束随商旅"的句子，可见《论语》一书是唐代流行最广、最基本的教材。除此之外，唐代科举考试中，《论语》在明经科中也占有一席之地。《新唐书·选举志上》记载，弘文馆、崇文馆的考试规定："试一大经、一小经；或二中经；或《史记》、前后《汉书》《三国志》各一；或时务策五道。经史皆试策十道，经通六，史及时务策通三。皆帖《孝经》《论语》，共十条，通六为第。"另外，《文苑英华》收录了权德舆写的三篇明经策问，《论语》都位列其中。

唐代有"十二经"，《论语》就被列选其中。唐文宗开成二年（837），用楷书刻《易》《书》《诗》、"三礼"、《春秋》"三传"、《孝经》《论语》《尔雅》十二经于长安太学，是为"开成石经"。此次刻经，标志着《论语》正式被确立为"经"。

宋代，《论语》更加受到尊崇，无论是科举考试、民间习诵，还是学术研究都呈现蓬勃之势。宋代的开国宰相赵普曾说出"半部《论语》治天下"的名言。据《宋史·艺文志》《宋史·艺文志补》和朱彝尊《经义考》，研究《论语》的著作共计有二百五十余部，比以前所有时代研究数量的总和多出了一倍多。南宋时期，朱熹作《论语集注》，《论语》被选为"四书"之中，成为理学的基本经典。

二、《孟子》的发掘与提升

唐以前,《孟子》一直被归为"子"部,如《汉书·艺文志》《隋书·经籍志》《旧唐书·经籍志》《新唐书·艺文志》直到《崇文总目》《郡斋读书志》等,都将《孟子》列入"子"部。

汉时,《孟子》由"子"升为"传"。西汉时期,孝文帝设立传记博士,《孟子》被列其中。赵岐在《孟子题辞》中曾提到此事:"孝文皇帝欲广游学之路,《论语》《孝经》《孟子》《尔雅》皆置博士。"之后,史籍中也多以"传"称之,如《汉书·景十三王传》云:"河间献王德……所得书皆古文先秦旧书,《周官》《尚书》《礼》《礼记》《孟子》《老子》之属,皆经传说记。"① 王充在《论衡·对作》中也指出:"杨墨之学不乱传义,则《孟子》之传不造。"②

首次入选为"经",自宋代王安石的熙宁变法始。但孟子其人及书地位的提升则肇始于唐代,特别是经韩愈的推崇,一呼百应,经皮日休、孙复、石介、范仲淹、欧阳修、王安石、张载、二程等人的极力倡导,"尊孟"现象遂成为一种思潮蓬勃发展。这种"尊孟"思潮,学界称之为"孟子升格运动",这个"运动"实际上是与儒学的复兴和理学的兴起紧密相连的。伴随着孟子地位的提升,《孟子》一书也由"子"转变为"经",入选"四书",成为理学的基本典籍。

(一) 汉唐时期的孟子地位

《孟子》的经典化过程是伴随着孟子地位的提高而产生的。历史上,孟子与荀子作为儒学的两大学派,曾并尊于世。清代学者梁玉绳曾说:"孔墨同称,始于战国;孟荀齐号,起自汉儒。"③ 刘向在《孙卿书录》中就说:"唯孟

---

① 《汉书》卷五十三。
② 杨忠宝:《论衡校笺》卷二十九,河北教育出版社,1999,第910页。
③ 梁玉绳:《史记志疑》,丛书集成初编本,第159册,北京:中华书局,1985,第1413页。

轲、孙卿为能尊仲尼。"孟、荀虽然并尊,但二人学术旨趣大相径庭,因此,在时代选择中,自汉以来至唐初,孟子地位一直逊于荀子。

孟子在世时,其思想就不被认可,如孟子的弟子公孙丑认为其道如"登天",他说:"道则高矣美矣,宜若登天然,似不可及也。"① 当时的统治者亦视《孟子》思想"迂远而阔于事情"②,不切实际,难以实践。

汉代,尊荀者人数颇多,如陆贾、贾谊、董仲舒、王充、王符、仲长统、荀悦等人继承的都是荀子学说体系。荀子后学曾对荀子大加赞誉,认为他的思想甚至超过了孔子,称之为圣人、帝王,如:"今之学者,得孙卿之遗言余教,足以为天下法式、表仪。所存者神,所遇者化。观其善行,孔子弗过。世不详察,云非圣人……呜呼! 贤哉! 宜为帝王。"③ 一代大儒董仲舒也曾"作书美孙卿"④。徐幹还指出当时有"讥孟轲""美荀卿"的现象,他说"有讥孟轲不度其量,拟圣行道,传食诸侯;深美颜渊、荀卿之行。"

另外,学者们在二人并提的时候,特意置荀子于孟子前面,虽然孟子生得比荀子早,这种现象实际上暗含着尊荀抑孟之意。徐幹(170—217)在《中论》序中说:"予以荀卿子、孟轲怀亚圣之才,著一家之法,继明圣人之业。"徐幹虽然二人并称,但他把荀子排在孟子前面,自汉至唐,这种现象非常常见。如魏晋时期,王沉给傅玄写信说:"足下所著书,言富理济,经纶政体,存重儒教,足以塞杨、墨之流遁,齐孙、孟于往代。每开卷未尝不叹息也。"⑤ 孙指的是孙卿荀子;南北朝时期的颜之推也说:"自子游、子夏、荀况、孟轲、枚乘、贾谊、苏武、张衡、左思之俦,有盛名而免过者……"⑥ 这里荀况直接被放置孟子之前。唐代的李华所说:"愚以为讲求致理,始于学习经史,左氏、国语、尔雅、荀、孟等家,辅佐五经者也。"⑦ 独孤及也说:"《荀》《孟》朴而少文,屈、宋华而无根。"⑧ 柳冕更是"文而知道,二者兼

---

① 《孟子·尽心上》。
② 《史记·孟子荀卿列传》。
③ 《荀子校释·尧问篇》。
④ 《全汉文·孙卿书录》,见《荀子校释》附录一。
⑤ 《晋书·傅玄传》。
⑥ 《颜氏家训·文章》。
⑦ 李华:《质文论》,《全唐文》卷三百一十七。
⑧ 梁肃:《常州刺史独孤及集后序》,《全唐文》卷五百一十八。

难，兼之者大君子之事，上之尧、舜、周、孔也，次之游、夏、荀、孟也，下之贾生、董仲舒也"①。

相比之下，孟子地位确实不如荀子，但也不乏有欣赏他的人。唐之前，比较推崇孟子的如西汉的扬雄、东汉的赵岐。扬雄（前53—18）认为孟子与孔子思想"不异"，这是对孟子极大的褒奖，暗含孔孟并举之意，他在《法言·君子》中说：

> 或问："孟子知言之要，知德之奥？"曰："非苟知之，亦允蹈之。"或曰："子小诸子，孟子非诸子乎？"曰："诸子者，以其知异于孔子也。孟子异乎？不异。"

赵岐（108—201）作《孟子注》，并以孟子继承尧、舜、汤、文、周、孔之业而称赞孟子功德，称孟子为"亚圣"。如他说：

> 孟子闵悼尧、舜、汤、文、周、孔之业将遂湮微，正涂壅底，仁义荒怠，佞伪驰骋，红紫乱朱，于是则慕仲尼周流忧世，遂以儒道游于诸侯，思济斯民。……著书七篇……包罗天地，揆叙万类，仁义道德，性命祸福，粲然靡所不载。帝王公侯遵之，则可以致隆平，颂清庙；卿、大夫、士蹈之，则可以尊君父，立忠信；守志厉操者仪之，则可以崇高节，抗浮云。有风人之托物，《二雅》之正言，可谓直而不倨，曲而不屈，命世亚圣之大才者也②。

甚至，东汉时期，有不少学者注释《孟子》，当时的注孟之书有程曾的《孟子章句》、高诱的《正孟子章句》、郑玄的《孟子注》、刘熙的《孟子注》、赵岐的《孟子注》等。但他们大都遵循汉代经学家的治学模式和思维，注重考据和训诂，缺乏义理研究，因此对孟子思想的发展意义不大。

汉代推崇孟子的人与推崇荀子的人相比，势单力薄，不成气候。魏晋南北朝时期，儒学不举，孟子和荀子也备受冷落，二人地位各有千秋，但孟子却始终不显。这种局面，至唐代，特别是中唐时期，开始转变。

（二）孟子地位的提升

唐代，对孟子地位提升有重要影响的人物有三个：杨绾、韩愈、皮日休。

---

① 柳冕：《答徐州张尚书论文武书》，《全唐文》卷五百二十七。
② 赵岐：《孟子题辞》，见焦循：《孟子正义》，北京：中华书局1988，第10—13页。

清代赵翼在其《陔余丛考》卷四《尊孟子》中说："宋人之尊孟子,其发端于杨绾、韩愈,其说畅于(皮)日休也。"

唐代宗宝应二年(763),礼部侍郎杨绾上疏建议把《孟子》增为"明经"科目,与《论语》《孝经》并列。他在《上贡举条目疏》中说:

> 《论语》《孝经》,圣人深旨,《孟子》儒门之达者,望兼习此三者为一经,其试如上。先取在家有孝义廉耻谦恭之行,好学不倦,精通经义,并堪对策者,县令徵于乡里,送名於州①。

杨绾的上疏虽未被批准,但这个行为本身就具有重要意义,标志着《孟子》一书在唐代开始受到学者关注,杨绾上疏成为"孟子升格运动"的前奏。

对孟子地位提升起关键作用的人物是韩愈。韩愈作为"中唐儒学复兴"思潮的代表人物之一,正式拉开了"孟子升格运动"的序幕。韩愈之所以选中孟子,一方面是他认为自己与孟子面对共同的历史任务,孟子排杨墨,尊儒道;韩愈排佛老,兴儒学。如孟子说:"我欲正人心,息邪说,距诐行,放淫词,以承三圣者。"② 这种思想正好可以成为韩愈辟异端的一面旗帜。韩愈深感自己肩负着与孟子同样的任务,作为儒学的护道者,他认为自己任重道远、责无旁贷。如在《与孟尚书书》中,他解释了"尊孟"的原因:

> 孟子云:"今天下不之杨则之墨,杨墨交乱,而圣贤之道不明,则三纲沦而九法斁,礼乐崩而夷狄横,几何其不为禽兽也!"故曰:"能言距杨墨者,皆圣人之徒也。"扬子云云:"古者杨墨塞路,孟子辞而辟之,廓如也。"夫杨墨行,正道废,且将数百年,以至于秦,卒灭先王之法,烧除其经,坑杀学士,天下遂大乱。及秦灭,汉兴且百年,尚未知修明先王之道;其后始除挟书之律,稍求亡书,招学士,经虽少得,尚皆残缺,十亡二三。故学士多老死,新者不见全经,不能尽知先王之事,各以所见为守,分离乖隔,不合不公,二帝三王群圣人之道,于是大坏。后之学者,无所寻逐,以至于今泯泯也,其祸出于杨墨肆行而莫之禁故也。孟子虽贤圣,不得位,空言无施,虽切何补?然赖其言,而今学者尚知宗孔氏,崇仁义,贵王贱霸而已。其大经大法,皆亡灭而不救,坏烂而不收,所谓存十一于千百,安在其能廓如也?然向无孟氏,则皆服

---

① 《全唐文》卷三百三十一。
② 《孟子·滕文公下》。

左衽而言侏离矣。故愈尝推尊孟氏，以为功不在禹下者，为此也。

另一方面，韩愈认为，孔子之后，"独孟轲氏之传得其宗"，孟子思想最为醇正，为儒门正宗，因此，"求观圣人之道，必自孟子始"。他在《送王秀才序》中说：

> 孟轲师子思，子思之学，盖出曾子，自孔子没，群弟子莫不有书，独孟轲氏之传得其宗，故吾少而乐观焉。太原王埙，示予所为文，好举孟子之所道者，与之言，信悦孟子，而屡赞其文辞。夫沿河而下，苟不止，虽有疾迟，必至于海。如不得其道也，虽疾不止，终莫幸而至焉。故学者必慎其所道。道于杨、墨、老、庄、佛之学，而欲之圣人之道，犹航断港绝潢，以望至于海也。故求观圣人之道，必自孟子始。今埙之所由，既几于知道，如又得其船与楫，知沿而不止，鸣呼，其可量也哉！

韩愈在《读荀》中说：

> 始吾读孟轲书，然后知孔子之道尊，圣人之道易行，王易王，霸易霸也。以为孔子之徒没，尊圣人者，孟氏而已。……圣人之道，不传于世。周之衰，好事者各以其说干时君，纷纷藉藉相乱，六经与百家之说错杂，然老师大儒犹在，火于秦，黄、老于汉，其存而醇者，孟轲氏而止耳①。

因此，在他的"道统"中，直接将孟子列入其中，位于孔子之后，认定孟子是孔子之后的最后传人。他在《原道》中说：

> 尧以是传之舜，舜以是传之禹，禹以是传之汤，汤以是传之文、武、周公，文、武、周公传之孔子，孔子传之孟轲。轲之死，不得其传焉。

韩愈的"道统"确立了"孟子"儒门传人的正宗地位。自韩愈选定孟子之后，孟子受到了理学家的一致认可，在二程、朱熹、陆九渊等人的"道统"体系中，都以孟子为孔子的唯一传人。

韩愈的弟子李翱对孟子也非常推崇。李翱以传"性命之道"为线索，在《复性书》中重新列出了儒家的"道统"：

> 圣人以之传之于颜子，颜子得之，拳拳不失，不远而复，'其心三月不违仁'……子思，仲尼之孙，得其祖之道，述《中庸》四十七篇，以传于孟轲……轲之门人，达者公孙丑、万章之徒，盖传之矣。遭秦灭书，

---

① 韩愈：《读荀》，《韩愈全集校注》，四川大学出版社，1996，第2717页。

《中庸》之不焚者，一篇存焉，于是此道废缺。其教授者，唯节（行）文（章）章句、威仪击剑之术相师焉，性命之源，则吾弗能知其所传矣。

李翱认为，孔子、颜子、子思、孟子此一系为儒家正统。他在孔孟之间又加入颜子、子思，目的是为了证明儒学传人中思想的连贯性和正统性。这就更加肯定了孟子一派的学术真脉。

晚唐时期，皮日休又上书朝廷，建议把《孟子》一书选入科举考试的书目中，在《请孟子为学科书》中说：

> 臣闻圣人之道，不过乎经。经之降者，不过乎史。史之降者，不过乎子。子之不异乎道者，孟子也。舍是子者，必戾乎经史。又率於子者，则圣人之盗也。夫孟子之文，粲若经传。天惜其道，不烬于秦。自汉氏得其书，常置博士以专其学。故其文继乎六艺，光乎百氏，真圣人之微旨也。若然者，何其道奕于前，而其书没于后。得非道拘乎正，文极乎奥，有好邪者悼正而不举，嗜浅者鄙奥而无称耶？盖仲尼爱文王嗜昌歜以取味，後之人将爱仲尼者，其嗜在孟子矣。呜呼！古之士以汤武为逆取者，其不读孟子乎？以杨墨为达智者，其不读孟子乎？由是观之，孟子之功利于人，亦不轻矣。今有司除茂才明经外，其次有熟庄周列子书者，亦登于科。其诱善也虽深，而悬科也未正。夫庄列之文，荒唐之文也。读之可以为方外之士，习之可以为鸿荒之民。安有能汲汲以救时补教为志哉？伏请命有司去庄列之书，以孟子为主。有能精通其义者，其科选视明经。苟若是也，不谢汉之博士矣。既遂之，如儒道不行，圣化无补，则可刑其言者。

皮日休称赞《孟子》"继乎六艺，光乎百氏，真圣人之微旨也"，孟子之功卓著，因此他要求在"明经"科中去除庄列之类的书，加入《孟子》一书。他的请求没有得到统治者的应允，但是，继韩愈之后，皮日休将尊孟之风推向了另一个高度。

整体来说，唐代，孟子地位的提升，韩愈功劳最大。两宋以前的官私文献中，一般都是"周孔"或"孔颜"并称，鲜有"孔孟"并提的。从唐代立国到安史之乱之前，孟子地位仍旧处于不著不察状态。国子学祭祀之中，唐太宗时增加从左丘明到范宁二十二位儒者从祀孔庙，都没有提到孟子。唐玄宗对儒学的重视也只是限于孔门弟子，如封颜渊为"亚圣"，封"孔门十哲"和"七十子"为侯伯，根本没有顾及到孟子。孟子作为诸子之一，却被韩愈突然提升为道统正传之人,用尊"孔孟"取代尊"孔颜",这在当时可谓大音希声,单单拈出孟子,并定孟子为孔学正传,我们不能不佩服韩愈的独具慧眼。可以说,韩愈之后至两宋,孟子升格现象主要是受了韩愈的影响。南宋学者陈振孙早已指出这一点,他在《直斋书录解题》中将《孟子》列入经部,并在"经部"语孟类序言中论曰:"自韩文公称'孔子传之孟轲,轲死不得其传',天下学者咸曰'孔孟'。《孟子》之书,固非荀、扬以降所可同日语也。"

宋代,特别是庆历以后,孟子升格运动形成了一次高潮,至宋神宗熙宁四年(1071),《孟子》被官方正式列为科举必考的经书之一①。其后,朱熹合《大学》《中庸》《论语》《孟子》,作《四书章句集注》,以《孟子》等"四书"取代"五经",《孟子》作为经书的地位进一步得到了稳固。与"道统说"中孟子地位之上升相适应,孟子在庙学制中无缘配享的情况也逐渐得到改观。据韩愈元和十五年《处州孔子庙碑》卷七所记,当时处州刺史李繁作孔子庙,孟子、荀子皆图之壁。至宋代,原本以颜回从祀孔子的庙学制度逐渐被以孟子从祀所取代。神宗元丰七年(1084),孟子正式得以配享孔庙②。

(三) 尊孟现象的原因分析

孟子地位的提高不是个别学者的学术偏向所使,而是时代选择以及孟子自身学说的特点两方面合力的结果。孟子在唐代被推出,与唐代的社会文化背景有很大关系。韩愈之所以选中孟子作为孔子的传人,是因为韩、孟具有相似的历史使命,即要"卫道":息邪说、辟异端、续道统。另一方面,孟子思想中有迎合时代需要的地方,孟子思想重视"仁",有很多心性资源,这些正是唐代学者借以抗击佛老的理论基础。关于孟子地位提升的原因,学者们讨论甚多,这里主要集中讨论孟子自身理论方面的特点。

第一,从儒学自身发展来看,儒学学术面临着一个困境,即儒学的礼法制度已经不能维系人心,儒学在现实生活中失去有效性,因此这是学术转向的需要。这个问题实际上始自孟、荀思想的分殊。

孔子之后,儒分为八,战国中后期演变为两支,孟子和荀子,荀子在汉代地位十分显要,被经学家所推崇。孟子地位一直不显。荀子重"礼",因

---

① 《续资治通鉴长编》卷二百二十。
② 《续资治通鉴长编》卷三百四十五。

此，注重礼制，以礼为本，成为汉代以后儒学的正统观念，《左传》有言"礼之可以为国也久矣，与天地并"①。礼以强调尊卑、贵贱、上下之别，满足着汉以来世家大族的要求，正如赵翼《廿二史札记》卷二十所说"六朝人最重三《礼》之学，唐初犹然"。六朝重礼的传统延续到唐代，唐代的世家大族虽然有衰落的趋势，但仍旧抱守礼法，以"礼法清检"傲世自居。如肖颖士、李华、独孤及、柳冕等儒者都非常重视"礼"的功能。唐代礼学的主要功能有两个方面，"唐人之究心三礼，考古义以断时政，务为有用之学，而非徒以炫博也"，②一是考古义的训诂名物之学，这主要用于朝廷的礼事；另一个是断时政，这就是典章制度方面的学问，涉及政权组织形式以及法律制度等问题。实际上，唐代的"礼"仍是形式大于内容，发挥的功能甚微。啖助、赵匡等"新《春秋》学"学者为了"革礼之薄"，曾提出过"原情制礼""以性情为用"的观点，重视诚、忠、仁等方面对礼的充实。

礼的繁琐、虚伪遭到学者们的一致攻击，甚至因此而反对"礼"。韩愈在《读仪礼》中说："余尝苦《仪礼》难读，又其行于今者盖寡。沿袭不同，复之无由，考于今，诚无所用之。"韩愈直接指出礼"无所用"。与韩愈并肩作战的柳宗元对周礼的攻击十分激烈，《六逆论》就是一篇典型的例子，《左传·鲁隐公三年》有一段讲"六逆"的文字，"贱妨贵，少陵长，远间亲，新间旧，小加大，淫破义"是六种逆乱现象，柳宗元进行反驳认为"少陵长，小加大，淫破义"这三者确是逆乱，而"贱妨贵，远间亲，新间旧"则不是逆乱，不仅不是逆乱，还是"理之本"。

正是在这样的思想背景下，韩愈高喊"尊孟"的口号，倡导"仁"。韩愈对孟子大加赞扬，对荀子却不屑一顾，他在《读荀》中说："及得荀氏书，于是又知有荀氏者也。考其辞，时若不粹；要其归，与孔子异者鲜矣。"他认为孟子是醇儒，而对荀子则多有微词，他说孟子"醇乎醇者也，荀与扬，大醇而小疵"③。荀子重礼，孟子偏言仁义，韩愈之所以认定孟子就是对孟子"仁"的学说的选择，如韩愈的《原道》开篇就讲"仁义道德"，以"仁义"为纲。在他所列的道统中，也以孟子接续孔子。柳宗元也大讲"仁义"，如他在《四

---

① 《春秋左传集解》，上海：上海人民出版社，1977，第1547页。
② 赵翼：《廿二史札记》卷二十。
③ 韩愈：《读荀》，《韩愈全集校注》，成都：四川大学出版社，第2717页。

维论》中说："圣人之所以立天下，曰仁义。仁主恩，义立断。恩者亲之，断者宜之，而理道毕矣。"① 柳宗元还提倡越过周礼而直接提出要恢复"尧舜之道"，因为孟子"言必称尧舜"②，可见柳宗元对孟子也是尊崇的，因此柳宗元也大讲性善、讲天爵、讲仁义。

第二，从当时的文化背景看，儒学面临着佛老思想的巨大冲击，佛老思想以心性思想见长。因此，要想从理论上排击佛老，就必须构建儒家自身的心性哲学，而孟子思想中有许多心性资源，这是孟子被高度认可的一个重要原因。

孟子思想中的心性资源，如"四端"说、仁义理智、性善论、天爵人爵、先立其大、养浩然之气、不动心等等。关于这点，二程也说，"孟子有功于圣门不可言，如仲尼只说一个仁字，孟子开口便说仁义；仲尼只说一个志，孟子便说许多养气出来。只此二字，其功甚多"③。另外，孟子以丰富的内容和高超的思辨能力阐发了心性（天）合一的思想。孟子以心言性，提出人性善的思想，把成德成圣的根基彻底扎于人心，指明了成圣的路径。同时，他打通心、性、天的关系，提出要尽心、知性、知天："尽其心者，知其性也，知其性，则知天矣。存其心，养其性，所以事天也。夭寿不贰，修身以俟之，所以立命也。"④ 孟子的心性体系中心、性、天一贯而上，为人上达天命，完成内在超越的天人合一准备了基础。孟子的心性合一思想是对孔子"性与天道"理论的发展。因此，孟子的思想成为唐以后学者借以吸收改造以反对佛教的一个重要思想来源。如韩愈的"原性"理论、李翱的"复性"思想都接受了孟子的人性由"仁、义、礼、智构成的理论，并承认孟子对"仁、义、礼、智"四德为善的证明及界定，承认孟子的性善说，并以此理论为自己理论的起点。同样，宋儒谈心性也以孟子思想为起点，不过与韩愈、李翱相比，他们对孟子思想的研究更加深化、更加纯熟。

由上可知，孟子思想更加符合唐宋时期的学术取向，因此，尊孟现象也是理所使然了。

---

① 柳宗元：《四维论》，《柳宗元集》，第77页。
② 《孟子·滕文公上》。
③ 程颢、程颐：《二程集》，北京：中华书局，1981，第221页。
④ 《孟子·尽心上》。

三、经典取舍标准及"四书"的雏形

经典取舍标准不是自封的,而是依据学术中心及时代话题产生的。"五经"的产生是以孔子的义理标准进行裁定而设置的。但随着社会变迁,"五经"的社会功能已经减退。至唐代,"五经"体系虽得到了官方的尊崇,但经学与社会的关系已经变得相当疏离,"五经"中旧有的思想已经丧失了应对社会新思潮的能力。特别是在这个时期,佛老思想肆虐,心性哲学盛行,佛老以其心性修养理论吸引了大批士子。因此,从文化冲突的角度说,如何应对佛老的挑战,从理论上超越佛老,是当时儒家知识分子的一个心愿。儒家经典中虽然不乏心性资源却没有完整的心性哲学体系,因此如何建立儒家的心性哲学体系成为当时儒者们必须面对的学术任务。另一方面,从儒家自身理论发展看,儒家中一向强调以外在的礼法制度来保障人的伦理道德秩序,但是自东汉末开始这种外在力量已经逐渐失效。如何从内在心性中为伦理道德寻找一个支撑点和理论依据,成为儒家一直亟待解决的关键问题。总之,无论是从儒释道三家的学术发展看,还是着眼于儒家自身,心性问题已经成为唐以来的学术话语重心。同时,心性问题也成为儒家对经典进行选择和取舍的标准。

在新的学术标准下,由于儒家学者对儒家经典的审视、挖掘、择取和整合,儒家的"五经"体系在唐代开始出现分化和更新现象。为了迎合新的学术热点,《春秋》《周易》的社会功能开始转变,学术主旨也在转型。《春秋》学的研究已经从重视政治问题转向内在的精神和心理问题,"情""性""心"等范畴已经开始被引入到《春秋》学的思想诠释中。《周易》研究也开始从象数学转向义理学,对于"道"和"性"的问题,学者们展开了多方面探索。而《礼记》则开始分化,其中讲述心性思想比较多的《大学》《中庸》篇开始彰显出来,成为新兴的时髦经典。《乐记》中关于"人生而静"的一段论述被单独挑出,作为学者论证人性思想的根据。

依照心性论的标准,"五经"中没有一部完整的经典适合新的学术要求,学者们只能从中挑选部分章节或者片段来进行资源重整。即使是这样,学者们从这些部分章节中仍旧挖掘到非常有利用价值的心性资料。如《礼记》中的《大学》《中庸》两篇文章结构严谨，义理突出，虽然他们附属于礼学体系下，但却被韩愈、李翱轻易地转化为心性学资料并加以推崇。自此之后，这两篇文章越来越受到重视，最终从《礼记》中脱离，单独成篇，并入选"四书"体系，成为理学的经典。由此可知，"四书"体系是从"五经"体系中蜕变而来的。

当然仅仅从"五经"中攫取心性资源仍然是不够的。文本开放、有诠释空间，并直接源自孔子思想的《论语》受到学者们的关注。《论语》中的"性与天道"问题一直是儒门中的悬疑，"性与天道"作为孔子讨论心性哲学的证据，更加有力地证明了儒学心性体系的自有特征。这也大大激发了唐宋学者建构心性理论的热情和兴趣。因此，《论语》一书在唐代升为经典，宋代也被列为"四书"之一。

另外，儒家中对心性问题阐述比较多的是《孟子》。《孟子》书中有大量的心性资源，如性善说、尽心知性说、存心养性说、良知本心说、求放心等观点，这些为理学构建心性体系提供了大量的话题和足够的学术空间。因此，《孟子》由"子"升为"经"，并入选"四书"也是理所当然的。

旧经典体系的转化和新经典的出现，说明一种新的学术思潮在形成，这个过程正是儒学复兴的前奏。一直以来，我们总是忽视唐代学术在儒学复兴过程中的作用，实际上，唐代才是理学兴起的开端。从经典体系的变化过程来看，唐代学术界已经开始利用新经典重建儒学新体系，如韩愈、李翱已经利用《大学》《中庸》篇中的心性资源来论证他们心中的"道"。《论语》《孟子》也已经从众多儒家著作中脱颖而出，成为学者们引用阐述的资料。由此可见，自唐代开始，五经体系已经开始向新的经典体系转化。对于唐代的经典体系，日本学者武内义雄曾提出了一个"政教经典系统"，他说以"新《春秋》学的兴起为开端，逐步建立起了一个以《易》《学》《庸》和《春秋》为代表的'政教经典系统'"[①]。武内义雄的经典系统是以"政教"功能为宗旨的，与我们本文所讨论的心性哲学体系有所出入。但是，他的这个经典系统体现了旧经典体系向新经典体系转化的轨迹，另外也说明《大学》《中庸》在当时已经取得了相当高的学术地位。

---

① 参见〔日〕武内义雄：《宋学的由来及其特殊性》，载《东洋思想》，岩波书店，1934。

实际上，唐宋之际，虽然没有正式出现"四书"之名称，但却已经存在"四书"的雏形。在现实社会中，《大学》《中庸》《论语》《孟子》这些新兴的经典已经取得人们的尊崇和认同，学者们已经开始利用这些经典中的心性资源进行思想整合，用于构建自己的理论体系。虽然从哲学角度看，他们的理论仍旧不够严密和完整，但从经典的选择和利用方面，他们是敏锐的。从经典的规模和范围看，宋代理学家们基本上都沿用了唐代人的选择。正因为如此，从经典体系的转变看，"四书"的雏形在唐代已经形成。

第八章　经学的哲学导向：超越经典，追寻儒"道"

研究经典、诠释经典、树立经典等一系列活动的目标不仅仅在于经典本身，更要超越经典，寻求文本之后的精神义理，追寻儒家之"道"。这个过程也是经学哲学化的过程。哲学是经学的精神导向，因此，从哲学的角度考察经学更有利于把握经学的内在理路。

唐代，学者们为了复兴儒学，纷纷开始建立儒家之"道"，以与佛教之"理"相抗衡。佛教自汉代传入中国后，与中华本土文化相融相摄，融汇交流，佛教之"理"成为沟通两种文化的桥梁。汤用彤曾从"教"和"理"两方面来分析佛教学术，并指出"理"为会通儒释道三教之关键。他说：

> 佛法之广被中华，约有二端，一曰教，二曰理。或偏教，或偏理。言教则生死事大，笃信为上，最重净行、皈依……而教则偏于保守，宗门排斥异学，至言夫理，则在六朝通于玄学，说体则虚无之旨可涉入老庄，说用则儒在济俗，佛在治心，二者亦同归而殊途。南朝人士偏于谈理，故常见三教调和之说。内外之争，常只在理之长短。辩论虽激烈，然未尝如北人信教极笃，因教争相毁灭也①。

魏晋南北朝以来，佛教教派林立，高僧辈出，因而佛之"理"也异执纷论，为了消除疑虑，梳理宗续，因而产生了所谓的"判教"。判教，是"教相判释"的略称，《法华玄义》中说："教者，圣人被下之言也；相者，分别同异也。"判教的目的在于对佛教中的各家学说进行批判、会通，建立一个完整、统一的教理体系。如华严宗法藏所说："遂各依教开宗务存通会。使坚疑

---

① 汤用彤：《汉魏晋南北朝佛教史》，上海：上海书店，1991，第418页、419页。

硕滞，冰释朗然，圣说差异，其宜各契耳。"① 隋唐时期是佛教思想的繁荣期，也是判教思想的成熟期。特别是智𫖮（538—597）的教相判释，成为佛教思想史上的里程碑事件。王仲尧在《隋唐佛教判教思想研究》中指出智𫖮的判教意义有三：第一，首次建立起一个完整的思想结构。第二，首次建立起宗派教理体系建构的思想基础。第三，首次建立起中国佛教的价值本体②。这就意味着，经过智𫖮的梳理、整合，佛教首次成为一个具有特定价值标准的、具有完整思想结构的佛理体系。佛"理"也以更加清晰、完备的面貌呈现出来。因此，邓国光指出，"判教之所以为大事，是佛教在'理'的层位上建立了自身的广大义理体系"③。因此，智𫖮的判教，标志着"佛理"的成立。

据王仲尧的研究，智𫖮建立的佛教义理系统完全用的是中土的话语系统和思维方式。"中国文化精神"是智𫖮判教的标准：其一是百虑一致、殊途同归的会通思维；其二是对心性理论的重视④。佛教心性论体系原本就是在吸取儒家心性资源和儒学心性思维模式的基础上建立起来的。而"佛理"的博大精深和整体体系的出现则深刻地刺激了儒家学者，同时对儒家学术形成了一个更大的挑战。"儒理"若想与"佛理"抗衡，需要一个更加完善的高层次义理体系。

关于这一点，以复兴儒学为使命的唐代学者已经有所自觉，孔颖达、啖助、柳宗元、韩愈、李翱等人，纷纷借助儒家经典尝试性地构建儒家之"道"，在儒学中产生了一个求"道"的历程。在对儒道的把握过程中，他们引经据典、积极创新，或者结合儒道、或者回归原典、或者统合儒释，以不同的思路进行了各种探索。尽管他们的理论并不成熟，但在不断摸索的过程中，他们对探索儒家之"道"的目标越来越明确、越来越清晰。从孔颖达模糊的"理"至李翱的"复性"之"道"，唐代儒者在儒释道之间不断地徘徊、摸索、创新，最终将"道"落实于"心性"，为理学的产生奠定了重要基础。

---

① 《华严教义章》卷一。
② 王仲尧：《隋唐佛教判教思想研究》，成都：巴蜀书社，2000，第58页。
③ 邓国光：《经学义理》，上海：上海古籍出版社，2011，第323页。
④ 王仲尧：《隋唐佛教判教思想研究》，第10—17页。

一、孔颖达：以"体用观"为核心的经学之"理"

"佛理"体系的完善对儒家来说是一种莫大的刺激，同时也激起了儒家学者的强烈道义感和使命感。唐初，孔颖达针对佛"理"，开始倡导儒家经学之"理"。如他在《周易正义》中曾有"易理"的提法："《易》理备包有无。"① 另外在《礼记正义》中，也有"礼者，理也"② 的说法；《毛诗正义》有"诗理"，如"诗理之先，同夫开辟"③。除此之外，孔颖达还以"理"总括万物之法则，如他在对《系辞》中："易简而天下之理得矣，天下之理得，而成位乎其中矣。"注疏时说："此则赞明圣人能行天地易简之化，则天下万事之理，并得其宜矣。""正义曰：若能行说易简静，任物自生，则物得其性矣。""圣人极易简之善，则能通天下之理，故能成立卦象于天地之中，言并天地也。"④ 根据孔颖达的注疏，可以看出，孔疏这里的"理"指的是万事万物的总法则，易简而得天下之理，同时物得其性，各得其宜，可见这里的"理"也指"物性"，万物的本性。佛教中以"佛性"释"理"，而孔颖达这里以"物性"来讲"理"，说明孔氏的理注重的是世俗法则，强调天下之大用，以与佛教的出世之理相区别。孔氏即"性"言"理"的思路对于儒学的复兴来说有很大的意义。

经学中"理"的出现当然不是一个偶然现象。邓国光曾总结道："然《易》《礼》《诗》三经之'理'，已经足以体现经学的'理'。孔颖达于此三经，开宗明义，彰显'理'的概念，在经学是创举，然置于思想史的背景下观察，则可照见其重夺'话语权'的拼劲。孔颖达不屑和稀泥，建立经学的

---

① 孔颖达：《周易正义卷首·论〈易〉之三名》，《十三经注疏》，北京：北京大学出版社，2000，第6页。
② 孔颖达：《礼记正义·序》，《十三经注疏》，北京：北京大学出版社，2000，第5页。
③ 孔颖达：《毛诗正义·序》，《十三经注疏》，第3页。
④ 孔颖达：《周易正义·系辞上》，《十三经注疏》，第306页。

'理',是重树儒道尊严的高明策略。"①

同时,邓国光认为孔颖达所倡导的经学之"理"已经略成系统,他说"《五经正义》存在一套以体用为核心的义理系统,互相贯通,整套体用义立足主体的心,揭示终极关怀的本体。"② 可见体用观是他义理体系的核心。孔颖达的体用观是以"有"为核心,彰显的是"用",即儒学的经世功能,他试图以此与佛教的出世、空无思想相抗衡。

"体用"观念是魏晋南北朝时期玄学、佛学共同关注的话题。汤用彤说:"魏晋以迄南北朝,中华学术异说繁兴,争论杂出,其表面上虽然复杂,但其所争论不离体用观念。"③ 王弼首先建立了以"无"为体的体用模式,佛教学者对体用关系更是运用得游刃有余,如汤用彤评价僧肇思想说,"肇公之学说,一言以蔽之曰即体即用"④,释僧卫在《十住经含注序第二》中明确说"体用为万法"。玄学、佛学都重视以"体用"观念来阐释义理,但是体用观以"有无"为主体,属于宇宙本体论的讨论模式。而孔颖达在因袭王弼思维方式的前提下,试图对儒家思想作哲理层次的提高,因此他的"理"属于魏晋南北朝时期话语体系的延续。隋唐时期,学术话题已经转变,佛教的学术中心已经从般若学转向佛性说,心性论成为学术核心话题。且从思辨能力和话语主导权来说,佛教仍旧处于领先地位。前面我们在分析孔颖达对《周易正义》的诠释时提到过,他虽然已经开始关注性、情、心等范畴的话题,但是却又陷入道家窠臼。所以孔颖达的"理"的层次明显滞后于佛学之"理",不抵佛理也是必然的。

孔颖达的《五经正义》本来就以总结、整合儒家思想为主要目的,当然从义理体系上他也试图对玄学以来的儒家思想进行一次系统化的理论总结,虽然他对学术重心的把握有点滞后,但是其努力是有目共睹的。正是如此,邓国光称赞他说:"《五经正义》一套完整的体用观是唐初经学自树其'理'的努力,'体用'的问题是检视两家思想角力的至佳视角,至于此套'理'能否抗衡佛理,那是另一回事。起码其时的儒者不曾敛翼丧志,敢于重整自身

---

① 邓国光:《经学义理》,上海:上海古籍出版社,2011,第 323 页。
② 同上书,第 358 页。
③ 汤用彤:《汉魏晋南北朝佛教史》,上海:上海书店,1991,第 333 页。
④ 同上。

以面对强而有力的挑战。"①

二、啖助：超越"周礼"回归"尧舜之道"

《春秋》自汉代以来一直是儒家的重要经典。唐代，啖助等人希望继续通过阐释《春秋》，开出儒家新的义理，通过微言大义的方式，提出了"理"的范畴："《春秋》之文，简易如天地焉。其理著明，如日月焉。"②"理"也成为他的注经原则，他说：

> 予所注经传，若旧注理通，则依而书之；小有不安，则随文改易；若理不尽者，则演而通之；理不通者，则全削而别注；其未详者，则据旧说而已③。

赵匡也以"理"为取舍标准，他指出：

> 至于义指乖越，理例不合，浮辞流遁，事迹近诬及无经之传，悉所不录。

陆淳也曾说：

> 非传《春秋》之旨，理自不得录耳。

这个"理"与"《春秋》之道"是相合的，同时与"圣人之道"也是相合的，那么所谓的"圣人之道"究竟指什么？

在唐代儒学复古运动兴起之前，唐代学者对"道"有一个普遍的共识，即"道"是一个比"礼"更高的概念。总体来说，"道"属于尧舜时代，"礼"属于三代，"刑"则属于三代以下的季世。比较而言，"道"是最高的理想④。《策林》五十四中"刑礼道迭相为用"论述三者曰：

> 圣王之致理也，以刑纠人恶，故人知劝惧；以礼导人情，故人知耻格；以道率人性，故人反淳和。
>
> 衰乱之代，则弛礼而张刑；平定之时，则省刑而弘礼；清净之日，

---

① 邓国光：《经学义理》，第 326 页。
② 陆淳：《春秋宗指议第一》，《春秋集传纂例》卷一。
③ 《啖氏集注义例第四》。
④ 朱刚：《唐宋四大家的道论与文学》，北京：东方出版社，1997，第 12 页、13 页。

则杀礼而任道。

当时的知识分子将"道"和"礼"的时代进行了分别,《策林》十五"忠敬质文损益"中云:"五帝以道化,三王以礼教"。尧舜及之前的时代都是"道"流行的时代。有学者研究,在当时社会上,尤其在庶族知识分子阶层中形成了与士族的谨守周礼决然不同的另一种风尚,即:高谈尧舜,术兼王霸。高谈尧舜者想用尧舜的名义来压过士族礼学家们的周公①。

当时知识界已经普遍意识到要回归"尧舜之道",啖助则通过对《春秋》的诠释为"尧舜之道"找到了经典支持和理论依据。他说:

《春秋》者,救时之弊,革礼之薄。何以明之?前志曰:夏政忠,忠之弊野,殷人承之以敬;敬之弊鬼,周人承之以文;文之弊僿。救僿莫若以忠,复当从夏政。……唐虞淳化,难行于季末,夏之忠道,当变而致焉。是故《春秋》以权辅正,以诚断礼,正以忠道,原情为本。不拘浮名,不尚狷介,从宜救乱,因时黜陟。或贵非礼勿动,或贵贞而不谅,进退抑扬,去华居实②。

上章我们在分析《春秋》经典的转化时曾经指出,自东汉郑玄礼学改革之后,《周礼》成为礼学之首,《周礼》重视宗法和等级秩序,礼制细密严格。礼学的政治功能加强,而社会实践功能衰退,礼与情之间的紧张关系加剧。六朝隋唐以来,繁琐、严格的礼法逐渐变成了"虚名"。因此,啖助强调要"原情为本","革礼之薄","去华居实"。为了解决社会日益激化的政治伦理矛盾,他们将矛头指向了"周礼",提出要超越"周礼",回归"尧舜之道"。尧舜时代风俗淳厚,人们情感真挚,与这种恪守礼教、等级森严的"周礼"是相对的。如杜甫在《奉赠韦丞丈二十二韵》中说"致君尧舜上,再使风俗淳"。可见,唐虞之风是当时知识分子心中的理想。啖助希望"以夏为本",向上追溯,回归尧舜,他说:"唐虞淳化,难行于季末,夏之忠道,当变而致焉。"可见,"尧舜时代"是他所追求的。

在啖助看来,尧舜之道和"周礼"之间是相对的。如他强调"不全守周典礼",批评杜预以"周礼"为褒贬根据。他说:

公羊亦言:"乐道尧舜之道,以俟后圣"。是知《春秋》参用二帝三

---

① 朱刚:《唐宋四大家的道论与文学》,第26页、27页。
② 陆淳:《春秋宗指议》,《春秋集传纂例卷一》。

王之法，以夏为本，不全守周典礼，必然矣。据杜氏所论褒贬之指，唯据周礼。若然，则周德虽衰，礼经未泯，化人足矣，何必复作《春秋》乎？且游、夏之徒，皆造堂室，其于典礼，固当洽闻，述作之际，何其不能赞一辞也？又云周公之志，仲尼从而明之，则夫子曷云知我者亦《春秋》，罪我者亦《春秋》乎？斯则杜氏之言陋于是矣①。

他在对"周礼"批判的同时，借用公羊家的话指出"尧舜之道"是他心中理想的"道"。另外他还引述孔子"虞夏之道，寡怨于民，殷周之道，不胜其弊"及"后代虽有作者，虞帝不可及已"等说法来表明心意。陆淳曾记述了其师啖助的一段话，更加明确地说明了啖助崇尚"尧舜之道"，批评三代以"家天下"的等级秩序为主的周礼模式，如下：

> 淳闻于师曰：国君死社稷，先王之制也，纪侯进不能死难，退不能事齐，失为邦之道矣，《春秋》不罪，其意何也？曰：天生民而树之君，所以司牧之，故尧禅舜，舜禅禹，非贤非德莫敢居之。若捐躯以守位，残民以守国，斯皆三代以降家天下之意也。故《语》曰："惟天为大，惟尧则之。""《韶》尽美矣，又尽善矣；《武》尽美矣，未尽善也。""禹，吾无间然矣。"达斯语者，其知春秋之旨乎？②

受啖助影响，其弟子陆淳也崇尚"唐虞之风"，他说：

> 其有与我同志，思见唐虞之风者，宜乎齐心极虑于此。得端本清源之意，而后周流乎二百四十二年褒贬之义，使其道贯于灵府，其理浃于事物，则知比屋可封，重译而至，其犹指诸掌尔！宣尼曰："如有用我者，期月而已可矣。"岂虚言哉！③

柳宗元曾作《答元饶州论〈春秋〉书》，讲他读陆淳书的收获，说："于'纪侯大去其国'，见圣人之道与尧舜合，不惟文王、周公之志，独取其法尔。"柳宗元在给陆淳写的墓表《唐故给事中皇太子侍读陆文通先生墓表》中也说："其道以生人为主，以尧舜为的。"这些都说明啖助、陆淳所崇尚的"道"即"尧舜之道"。

严格来看，啖助只是有寻"道"这种自觉意识，还没有能力构建一个思

---

① 陆淳：《春秋宗指议》卷一。
② 陆淳：《春秋集传微旨》卷上。
③ 同上。

想体系。啖助的这种寻"道"模式立足于儒家经学内部,以"复古"为名力求革新,对时人有很大的启发意义。另外,啖助对"性情""心"等命题的重视,与唐代"心性"论的学术重心是相合的,说明他对学术话题的把握也是敏感的。但是他囿于儒家内部的自我变革,未能意识到佛教冲击带来的思想变更以及哲学心性体系的构建问题,因此他的理论体系相对来说是狭隘或者片面的。

三、柳宗元:儒释相融的"大中之道"

柳宗元对于"道"的理解,一方面继承了啖助、陆淳等《春秋》学派的观点,对"尧舜之道"表示赞同和向往。他认为"圣人之道与尧舜合",并多次宣称自己"唯以中正信义为志,以兴尧舜、孔子之道,利安元元为务"①,"好求尧舜孔子之志,唯恐不得"②。从柳宗元的文字中我们发现他对孔子是十分尊敬的,以尧舜、孔子并称,他甚至认为孔子之道是超越尧舜的,他称赞孔子说:"夫子之道闳肆尊显,二帝三王其无以侔大也。"③ 这表明了他尊孔兴儒的决心。另一方面,在经典依据上,他借助《论语》《中庸》《易传》,而不是《春秋》来阐发义理。从他采用的经典可以发现,他对心性问题比较关注。在心性思想方面他还吸收佛教观点,援佛入儒,来建构他所谓的"道"。

为了表示自己的"道"与圣人之道是一脉相承的正统嫡传,柳宗元提出其"道"学渊源:"吾之所云者,其道自尧、舜、禹、汤、文王、武王、周公、孔子皆由之。"④ 关于这个"道",他命名为"大中之道",有时也称"中道""中正"等。他说:

> 立大中,去大惑,舍是而曰圣人之道,吾未之信也。用吾子之说罪我者,虽穷万世,吾无憾焉尔⑤。

---

① 柳宗元:《寄许京兆孟容书》,《柳宗元集》,北京:中华书局,1979,第779页。
② 柳宗元:《送娄图南秀才游淮南将入道序》,《柳宗元集》,第655页。
③ 柳宗元:《道州文宣王庙碑》,《柳宗元集》,第120页。
④ 柳宗元:《与杨诲之第二书》,《柳宗元集》,第849页。
⑤ 柳宗元:《时令论下》,《柳宗元集》,第88页。

近世之言理道者众矣，率由大中而出者咸无焉。……吾自得友君子，而后知中庸之门户阶室，渐然砥砺，几乎道真①。

汉代以来，天人感应思想流行，推天引神的风气泛滥，唐代天命论仍旧流行，连韩愈也信守这种观念，认为"贤不肖，存乎己；贵与贱，祝与福，存乎天"②，这就将人的贫富贵贱归之于天命。柳宗元对天命思想非常反感，针对主宰之天、意志之天，柳宗元专门写了一篇《天说》来反对这种神学思想。他提出"元气"说，认为天地之间"惟元气存"③，天是自然之天、物质之天，恢复了天的客观存在本质，消解了天的神秘性。与此同时，柳宗元在《非〈国语〉》中驳斥一切怪异淫诬之说。他认为这种神学思想掩盖了儒家之道的本质，他说：

何独仲舒尔，自司马相如、刘向、扬雄、班彪、彪子固，皆沿袭嗤嗤，推古瑞物以配受命，其言类淫巫馨史，诳乱后代，不足以知圣人立极之本，显至德、扬大功，甚失厥趣④。

他认为符瑞之说，完全是一种蛊惑人心、背离儒学的淫词巫术，他指出："是故受命不于天，于其人；休符不于祥，于其仁。"⑤ 圣人立极之本就是仁义，正是这个"人而仁"的"仁义之道"成为人主于天地之间的最根本的保障，所以："圣人之道，不穷异以为神，不引天以为高，利于人，备于事，如斯而已矣。"⑥ 而当时之世却少有知"道"者，他说："其言本儒术，则迂回茫洋而不知其适；其或切于事，则苛峭刻覈，不能从容，卒泥乎大道。甚者好怪而妄言，推天引神，以为灵奇，恍惚若化而终不可逐。故道不明于天下，而学者之知至少也。"⑦ 针对这种情况，柳宗元在对"天命"之道进行批判的同时，把"道"引向与"天"相对应的"人"道，也就是以"仁义"为核心的"圣人之道"。

---

① 柳宗元：《与吕道州温论〈非国语〉书》，《柳宗元集》，第822页。
② 韩愈：《与卫中行书》，载屈守元、常思春主编：《韩愈全集校注》，成都：四川大学出版社，1996，第1431页。
③ 柳宗元：《天对》，《柳宗元集》，第364页。
④ 柳宗元：《贞符》，《柳宗元集》，第29页。
⑤ 同上。
⑥ 柳宗元：《时令论上》，《柳宗元集》，第84页。
⑦ 柳宗元：《与吕道州温论〈非国语〉书》，《柳宗元集》，第822页。

柳宗元的"大中之道"是以"五常"为基本内容的。他说：

> 圣人之为教，立中道以示于后。曰仁、曰义、曰礼、曰智、曰信，谓之五常，言可以常行者也①。

> 圣人之所以立天下，曰仁义。仁主恩，义立断。恩者亲之，断者宜之，而理道毕矣。蹈之斯为道，得之斯为德，履之斯为礼，诚之斯为信，皆由其所之而异名②。

仁义之道是孟子力倡的，与荀子的重礼思想相对。这也表示中唐以后"道"的内容已经由"礼"转向了"仁"。柳宗元以"仁义"为其"道"的核心，当然与孟子地位的提高是分不开的。实际上，重仁义、谈孟子、谈心性、寻道已经成为当时的一种新的学术思潮，柳宗元、韩愈等人就是典型代表。

柳宗元在以儒家"仁义"为基础的前提下，又赋予其"道"一个精神原则，这就是"大中"。"大中"一词最早见于《周易·大有卦》彖辞："大有，柔得尊位。大中，而上下应之。"③ 《论语》中也有"允执其中"④ 的思想。《中庸》曰："中也者，天下之大本也。"柳宗元综合儒家经典思想，提出了"大中"思想，对于"大中"的含义，柳宗元着重从经权之变方面说明：

> 果以为仁必知经，智必知权，是又未尽于经权之道也。何也？经也者，常也；权也者，达经者也。皆仁智之事也。离之，滋惑矣。经非权则泥，权非经则悖。是二者，强名也。曰当，斯尽之矣。当也者，大中之道也。离而为名者，大中之器用也。知经而不知权，不知经者也；知权而不知经，不知权者也。偏知而谓之智，不智者也；偏守而谓之仁，不仁者也。知经者，不以异物害吾道；知权者，不以常人佛吾虑。合之于一而不疑者，信于道而已者也。且古之所以言天者，盖以愚蚩蚩者耳，非为聪明睿智者设也。或者之未达，不思之甚也⑤。

从这段话可以看出，柳宗元认为儒家思想是"仁智"结合的："经也者，常也；权也者，达经者也。皆仁智之事也。"仁义礼智信作为五常，是经，但

---

① 柳宗元：《时令论下》，《柳宗元集》，第88页。
② 柳宗元：《四维论》，《柳宗元集》，第77页。
③ 此处参考孙昌武的考证，见孙昌武：《柳宗元传论》，北京：人民文学出版社，1982，第91页。
④ 《论语·尧曰》。
⑤ 柳宗元：《断刑论下》，《柳宗元集》，第89页。

不能执经不变，顽固不化，当然也不能没有原则，偏知不谓智，偏守不是仁，他说："偏知而谓之智，不智者也；偏守而谓之仁，不仁者也。"只有把握的恰到好处，适当，时中，中正才行："当也者，大中之道也。"柳宗元点出大中之道的关键在于"当"，如在其《桐叶封弟辩》中，他说："吾意周公辅成王，宜以道，从容优乐，要归之大中而已。"①认为周公以"天子不可戏"为由而坚持封弟是不当的举措，这种做法拘泥于经而不知权变，不懂得因时制宜，他还提出"设未得其当，虽十易之不为病"②，如果未能把握得当，即使多次更变也不为过，由此可见，在柳宗元眼里，仁义礼智信五常作为根本，需要一种智慧去恰当、时中地把握，这才是大中之道。

柳宗元强调"大中"主要是从把握道的智慧方面说的。而佛教的"中道"智慧对柳宗元也有很大影响。他认为佛教思想和儒家的大中智慧是契合的。柳宗元说："佛道愈远，异端竞起，唯天台大师为得其说，和尚绍承本统，以顺中道，凡受教者不失其宗。"③在《南岳云峰和尚碑》中也说："师之道，尊严有耀，恭天子之治，维大中以告，后学是效。"④在《送巽上人赴中丞叔父召序》中，郑中书见上人说"于中道吾得以益达"⑤，上人以"师友命之"，柳宗元举这个例子说明体悟到"中道"才算是得佛法。柳宗元在出入佛法之后，认识到儒佛之通在于"大中"思想，之所以选定"大中"，这是因为他看到了儒释共有的"大中"智慧。他为诗说："趣中即空假，名相与谁期？"⑥

在他眼中，佛学的"中道观"是大乘空宗的"破邪留正"，佛教就是转惑见智、舍暗趋明之道，他说：

> 因悟夫佛之道，可以转惑见为真智，即群迷为正觉，舍大暗为光明。夫性岂异物耶？孰能为余凿大昏之墉，辟灵照之户，广应物之轩者，吾将与为徒⑦。

柳宗元这里发问："夫性岂异物耶？"性难道是别物吗？房屋可以由暗昧

---

① 柳宗元：《桐叶封弟辩》，《柳宗元集》，第105页。
② 同上。
③ 柳宗元：《岳州圣安寺无姓和尚碑》，《柳宗元集》，第155页。
④ 柳宗元：《南岳云峰和尚碑》，《柳宗元集》，第163页。
⑤ 柳宗元：《送巽上人赴中丞叔父召序》，《柳宗元集》，第671页。
⑥ 柳宗元：《巽公院五咏·曲讲堂》，《柳宗元集》，第1235页。
⑦ 柳宗元：《永州龙兴寺西轩记》，《柳宗元集》，第751页。

转为光亮,佛之教也可以由昏庸转为觉照,可是这开启者又是在哪里呢?柳宗元虽然没有言明,但实际上不离他的"大中"智慧,他说:"是故圣人为大经以存其直道,将以遗后世之君臣,必言其中正而去其奇衺。"① 儒佛二者在这一点上是相通的,章士钊曾指出:"大中者,为子厚说教之关目语,儒释相通,斯为奥秘。"② 因此,他提出"大中"目的是为在心性论和修养活动中树立一个最恰当明白的标准,以此作为去除惑见而回归圣道的依归。

四、韩愈:由"治心"引发的"道"

在儒学历史上,韩愈是首次使用"道"来概括儒家的学说体系。从"道"的来源来说,"道"究竟是道家概念还是儒家概念,一直以来无法说清。方东树在《汉学商兑》中列举了儒家典籍中的许多"道"字,来证明"道"的儒家资源。如孔子说"志于道,据于德,依于仁,游于艺","朝闻道,夕死可矣";《周易·系辞传》"形而上者谓之道","一阴一阳之谓道";孟子"仁也者,人也。合而言之,道也";荀子"夫道者,所以变化遂成万物也"③,等等。但从上面例子中我们可以看出,在先秦儒家,虽然也常有"道"字出现,但"道"并不是作为儒学整个体系的最高抽象存在,而韩愈之"道"在儒学史上具有开创性质。

韩愈提出儒家之"道"是为了抗衡佛教之"理"。佛教以"治心"见长,韩愈认为儒家之"道"对于人心性命也大有利益,因此为了从理论上"辟佛",他针锋相对地提出了"正心"思想,并试图建立儒家之"道"。

在《送高闲上人序》中,韩愈说:"今闲师浮屠氏,一死生,解外胶。是其为心,必泊然无所起;其于世,必淡然无所嗜。"④ 从这里可以看出韩愈对佛教的心性修养是有所体会的。与佛教"治心"相对,他提出了他自己的"正心"说,他从《大学》里找到资源来支持自己的理论:

---

① 柳宗元:《时令论下》,《柳宗元集》,第 88 页。
② 章士钊:《柳文指要》卷七,上海:文汇出版社,2000,第 201 页。
③ 《荀子·哀公》。
④ 韩愈:《送高闲上人序》,载屈守元、常思春主编:《韩愈全集校注》,成都:四川大学出版社,1996,第 2770 页。

《传》曰："古之欲明明德于天下者，先治其国；欲治其国者，先齐其家；欲齐其家者，先修其身；欲修其身者，先正其心；欲正其心者，先诚其意"。然则古之所谓正心而诚意者，将以有为也。今也欲治其心，而外天下国家，灭其天常，子焉而不父其父，臣焉而不君其君，民焉而不事其事①。

从目的上看，他的"治心"理论是与佛老根本不同的。韩愈认为佛教的"治心"是"外天下国家，灭其天常"，为的是舍身出世；而儒家的"治心"则是通过"正心诚意"达到"治国平天下"的目的，也就是说"治心"必须在治国家天下之中。对儒家来说，"治心"就是"正心"，"正"就是要使心端正到与君臣父子、天下国家相联系的仁义道德上，即"心"是"实心"，"意"是实意，而不是空心虚意。"仁义礼智根于心"，因此，"正心"即是落实"仁义"的内涵，"正心"的过程就是"尽性"的过程，是彰显、扩充仁义道德成就个人道德品格的过程。韩愈以"仁义"充实"道"，把"道"切切实实地移植在人伦日用之间，使"道"成为与社会现实相联的实实在在的道，是"仁内"与"义外"的结合，这与佛教的"空"形成鲜明的对比。可见，佛家安身于解脱，立命于成佛；儒家则安身于尽性，立命于功业。因此，对儒家来说，治心和治国是紧密相连的，是内外兼顾的"内圣外王"之道。他说：

施之于天下，万物得其宜；措之于其躬，体安而气平②。

是故以之为己，则顺而祥；以之为人，则爱而公；以之为心，则和而平；以之为天下国家无所处而不当③。

得其道，不敢独善其身，而必以兼济天下也，孜孜矻矻，死而后已④。

韩愈以"正心"理论为始点，引发出由"内圣"至"外王"的儒家之"道"，这个"道"韩愈总结为"仁义之道"。因此，韩愈对"道"提出了新的定义：

博爱之谓仁，行而宜之之谓义，由是而之焉之谓道，足乎己无待于

---

① 韩愈：《原道》，载屈守元、常思春主编：《韩愈全集校注》，第2662页。
② 韩愈：《送浮屠文畅师序》，载屈守元、常思春主编：《韩愈全集校注》，第1582页。
③ 韩愈：《原道》，载屈守元、常思春主编：《韩愈全集校注》，第2662页。
④ 韩愈：《争臣论》，载屈守元、常思春主编：《韩愈全集校注》，第1167页。

外之谓德。仁与义为定名，道与德为虚位，故道有君子小人，而德有凶有吉①。

为了表示他所谓的"道"是圣人一脉相传的，他还建立了"道统"，在《原道》中他明确指出：

> 斯道也，何道也？曰：斯吾所谓道也，非向所谓老与佛之道也。尧以是传之舜，舜以是传之禹，禹以是传之汤，汤以是传之文、武、周公，文、武、周公传之孔子。孔子传之孟轲，轲之死不得其传焉。荀与扬也，择焉而不精，语焉而不详。由周公而上，上而为君，故其事行；由周公而下，下而为臣，故其说长。

韩愈一方面确定了儒家之"道"的本质，即"仁义之道"，保证了道的正统性与正确性；另一方面又排列出传道的"道统"，保证了道的连续性。

韩愈论"道"以"治心"为出发点，以"仁义"为内容，"仁义"涉及"性"的问题，他试图对性、道问题进行融会贯通，韩愈以"性"论"道"，开辟了唐代儒家哲学的新境界。韩愈原道的思路沿用孟子"尽心、知性、知天"的纵贯方法，试图打通心、性、道之间的关系。但他的思想仍旧不够成熟，对"性"与"道"之间的关系缺乏进一步研究。而他的学生李翱则弥补了他的不足。

五、李翱："复性"之道

韩愈提出了儒家的最高范畴"道"，同时开辟了以"性"论"道"的方向，但他对"道"与"性"的关系缺乏精密的义理论证。李翱以《中庸》为经典依据，吸取佛学思维方法，提出了"复性"的观念，对儒家的"性与天道"问题进行了新的论证，提高了儒家"道"的层次，丰富了"道"的内涵。

李翱认为，儒家一脉相传的"道"就是"性命之道"。但是，人们在谈到"性命"问题时，"皆入于庄、列、老、释"②，认为儒家之徒"不足以穷性命

---

① 韩愈：《原道》，载屈守元、常思春主编：《韩愈全集校注》，第2662页。
② 李翱：《复性书》（上）。

之道"①。他追溯孔子思想，指出儒家也有"性命之道"，只是人们不懂而已。他说：

> 盖门人只知仲尼之文章，而尠克知仲尼之"性与天道"合也，非子贡之深蕴，其知天人之性乎？②

李翱从孔子那里找到"性与天道"的根据，认为这是儒家的"性命之源"，可见"性命之道"是儒家本来就有的，只是"性命之书虽存，而学者莫能明"③。因此，他以传"性命之道"为线索，重新列出了儒家的"道统"：

> 圣人以之传之于颜子，颜子得之，拳拳不失，不远而复，"其心三月不违仁"……子思，仲尼之孙，得其祖之道，述《中庸》四十七篇，以传于孟轲……轲之门人，达者公孙丑、万章之徒，盖传之矣。遭秦灭书，《中庸》之不焚者，一篇存焉，于是此道废缺。其教授者，唯节文章句、威仪击剑之术相师焉，性命之源，则吾弗能知其所传矣④。

李翱指出，孔子、颜子、子思、孟子此一系为儒家正统，李翱特别强调《中庸》一书是传道之书，因为这本书承载着"性命之道"的精神传统。关于"性与天道"，李翱有新的理解，他说，"性与天道"的奥秘在于"性"，"性命之源"在于"天"，天人相合于"性"。他追溯历史，借用孟子思想来说明：

> 天命之谓性，易者，理性之书也，先儒失其传，惟孟轲得仲尼之蕴，故《尽心》章云：尽其心所以知性，知性所以知天，此天命极至之说，诸子罕造其微⑤。

既然"性"乃儒学相传的精蕴所在，李翱直接从"性"上下工夫，提出"复性"理论，以"复性"的方法实现"性"与"道"的统一。因此，他作《复性书》"以开诚明之源，而缺决废弃不扬之道"。

---

① 李翱：《复性书》（上）。
② 韩愈、李翱注：《论语笔解·公冶长第五》，北京：中华书局，1991，第7页。
③ 李翱：《复性书》（上）。
④ 同上。
⑤ 韩愈、李翱注：《论语笔解·为政第二》，第2页。

六、唐代儒家之"道"的发展轨迹

原"道"的过程实际上是"经"与"道"演化的过程，其中有两个关键：经典体系的重组；问题视角的转变。这是一个问题的两个侧面，经典体系的组合必须有新的思路；理论的构建又必须依托经典。因此，可以说是："经"中有"道"，"道"中有"经"。这也是经学与哲学的关系说明。

"经"是"道"的思想资源，唐代，学者对经典的选择有了新的兴趣点，如《礼记》中的《大学》《中庸》两篇，还有《论语》《孟子》等这些与心性内容相关的著作被挖掘出来并被大肆彰显，这些著作成为学者们构建"道"的理论资源。从这些新经典资料的选择看，与早前的"五经"体系是完全不同的，这就说明当时正在酝酿一种新的学术理论。而且，唐代的治学方法也由以前的"训诂考据"为主逐渐转向"义理"为主，学术风气的变化对儒学的发展和更新也有催化作用。这些都为儒学的复兴准备了条件，自唐代开始，儒学的复兴运动拉开了帷幕，儒家之"道"开始形成。

通过对唐代经学的研究发现，为了与佛理抗衡，学者们已经有总结儒家之"道"或"理"的自觉。其中孔颖达提出了以"体用"概念为核心的"理"。与佛老重视空、虚之"体"相反，他强调"用"，以此突出儒家之理的经世致用特征。孔颖达的"理"是从儒家立场出发对玄学以来所谓的"道"的一次批判性总结。以啖助等人为代表的"新《春秋》学"对"道"的追求绕开了玄学以来的体用、有无范畴，而是致力于儒家自身理论建设，提出超越"周礼"，回归以仁义为特征的"尧舜之道"。柳宗元把"新《春秋》学"所追求的"尧舜之道"更推进一步，他在融合儒释思想的基础上，提出了"大中之道"。与此同时，韩愈非常高调地明确提出了儒家之"道"的概念，这是儒学史上第一次以"道"来总括儒学学说。由此可见，唐代儒家之"道"与佛家之"理"正式形成了理论对衡。

关于儒家之"道"，学者们关注的学术视角也在不断变化，如孔颖达经学思想以"体用"观为核心内容，却不乏对"心""情""性"内容的讨论；啖助的"尧舜之道"也已经开始重视"情"的作用；柳宗元的"大中之道"强调大中智慧的同时，其理论指向了"性"；韩愈则从"治心"的角度开始论述

"道"；而李翱则在韩愈的基础上，直接提出了"复性"之道。从上可知，唐代学者对于"道"的研究重心纷纷转向了"心""情""性"等与心性问题相关的内容，特别是李翱直接提出了"复性"思想，对儒家的"性与天道"问题作了直接回应，他的"复性"论开辟了儒家论道的新思维和新方式，对宋代的新儒学理论有很大的影响。根据对唐代"道"论发展轨迹的分析，我们发现，学者们对儒家之"道"的研究由关注"情"转向提升"性"。而"道"与"性"的关系问题开始成为唐代儒学研究的核心问题，这个问题也成为开启新儒学的钥匙，促进了儒学的新生。

第九章　"性"与"道"：性本体意识的萌发

从唐代学者对"道"的不同追寻中，可以看出，他们有一个共同的关注点与学术倾向，那就是心性问题，在对心性问题的探讨中，最终又指向了"性"。而此时，"性"的内涵和性质与唐以前相比又有了新的不同，"性"由最初的与"情"相关而转为与"道"相连，其中的转换过程及建构过程，下面将进行详细分析。

一、儒家心性论重心的转变：从外王到内圣

早期儒家的心性理论主要偏于社会政治目的，对于个体的心性修养和自我精神归依，却有所忽视。至唐代，佛老以心性功夫见长，儒门中出现了"收拾不住"的惨淡局面。反观早期儒学中的心性思想，发现儒学心性理论中有一个致命的薄弱环节，那就是儒家以礼治情的思路导致情与礼的紧张，而最终面临情无所归的状态，正因为如此，儒学才"收拾不住"。唐代儒学的心性理论重心开始调整，那就是由"礼"转向"性"，由外王转向内圣，儒学的心性理论也由此开始了新的篇章。

（一）人情者，圣王之田也

当谈到心性问题的时候，不能回避的一个问题就是"情"。但早期儒家对"情"的关注主要源于其政治目的，如《礼记·礼运》曰："人情者，圣王之田也。"实际上，"治人情"不仅属于政治秩序中的重要问题，同时也关系到个人的心理状态和精神面貌。因此，要想处理好"人情"的问题，首先必须

明白古人是如何理解"情"的。

在中国古代,"情"是一个综合性的概念,含义非常丰富。总结来说,先秦典籍中"情"字本身的用法大概有三种:一种是作"情实"之义,指事物之实情,如先秦传世文献《尚书》《诗经》《左传》《国语》《论语》《孟子》等书中,言"情"文字较少,且一般均用为"情实""诚实"之义①。另一种作"真性情"解,如郭店楚简里面的"情"更多地倾向于其"真情"这个含义。但更常见的用法是将"情"看作具体的生理情感与情欲,如《礼记》提出"七情":喜、怒、哀、惧、爱、恶、欲,荀子常常以"情欲"释"情"。

汉代,儒家学者对"情"的界定已经基本取得了一致的看法,比较流行的观点即从"情感"和"欲望"方面论"情"。在此基础上,他们的关注点更多地集中于"情"来源于哪里?如何进行定位?关于"情"的起源,汉代主要有两种观点:一派认为情是先天具有;另一派认为情为后天所生。前一种观点主要以董仲舒和王充为代表,董仲舒以阴阳论情性,他说:"身之有性情也,若天之有阴阳也。"② 董仲舒以天之阴阳论人之性情,实际上给予性情以与天相等的地位,阴阳不可废,人之性情也不可缺。王充在阴阳之上又进一步找到一个新的源头,即:以气禀论情性。他说:"人禀元气于天,各受寿夭之命……用气为性,性成命定。"③"夫人情性,同生于阴阳,其生于阴阳,有渥有泊。玉生于石,有纯有驳,情性于阴阳,安能纯善?"④ 人的性情是禀气而成的,因此情的生成是一种自然现象,是与生俱来的,这就意味着他承认人都有的生理需求及物质欲望,所以,人们追求声色、富贵、权势这些都是人之"常情"。

另一派主要以刘向、荀悦等人为代表,他们认为情为后天所生,"感物而动"。如刘向说:"性生而然者也,在于身而不发。情接于物而然者也,出形于外。形外则谓之阳,不发者则谓之阴。"⑤ "情"生于"性"。"性"存于"内",发而见于"外"则为"情",性情之间有了内外之别,但二者关系密切,性情相应,性不独善,情不独恶。荀悦说:"是言情者,应感而动者也。

---

① 参见李天虹:《〈性自命出〉研究》,武汉:湖北教育出版社,2003,第33页。
② 《春秋繁露·深察明号》。
③ 《论衡·无形》。
④ 同上。
⑤ 《论衡·本性》引。

昆虫草木,皆有性焉,不尽善也;天地圣人,皆称情焉,不主恶也。"① 情是因接触外物而引发的,性动而产生情,所以情恶乃由性起,性情是一致的,他说:"好恶者,性之取舍也。实见于外。故谓之情尔,必本乎性矣。……情恶,非情之罪也。"② 所以情不独恶,性情相应。

虽然这两派学者对"情"的起源问题存在分歧,对情的性质定位也不相同。但相同的是,他们对于"情"都持一种中性的态度,他们不是简单的对情进行肯定或否定,而是给"情"一个合法的、合理的地位,肯定其存在的必然性,然后通过后天的调节来使情的发抒、表达更加理性和恰当。实际上,"情感""欲望"本身就是人自身存在的一部分,不存在善恶是非的问题,只有是否"发而中节"的问题。比如我们不能简单地判断"吃是好是坏""哭是对是错",因此,对于"情",他们的看法也是非常理性和中正的。在这两派学者心中,情都不是作为"恶"的承担者而出现的,也不是"恶"的根源。"情"只是一种自然的存在,其性质取决于决定它的因素,如阴阳、气、性,正是在阴阳、气、性等范畴的庇护下,"情"还能够有一席之地可以栖存。人们对情的态度也没有那么苛求和残酷。尽管这两派学者对情的产生根源有分歧,但是他们调节"情"的手段却是一致的,那就是"礼"。汉代人讲究"发乎情,而止乎礼义",以礼防情、以礼安情、以礼节情,以礼养情,以礼化情,通过礼乐教化来引导、节制"情"是他们共同的办法。

所谓"礼乐之说,管乎人情矣"③,《礼记·礼运》解释到:

> 何谓人情?喜怒哀惧爱恶欲,七者弗学而能。……故圣人之所以治人七情,修十义,讲信修睦,尚辞让,去争夺,舍礼何以治之?饮食男女,人之大欲存焉;死亡贫苦,人之大恶存焉。故欲恶者,心之大端也。人藏其心,不可测度也。美恶皆在其心,不见其色也,欲一以穷之,舍礼何以哉?④

> 故圣人修义之柄,礼之序,以治人情。故人情者,圣王之田也。修礼以耕之,陈义以种之⑤。

---

① 《申鉴·杂言下》。
② 同上。
③ 《礼记·乐记》。
④ 《礼记正义》。
⑤ 《礼记·礼运》。

"治人情"者,"礼"也。"人情"是圣王治理天下的基础,就如"田地"一样,必须通过"礼义"来进行耕种。关于"礼"和"情"的关系问题,汉人提出了很多观点。如董仲舒提出应以"礼"安"情":

> 夫礼,体情而防乱者也,民之情,不能制其欲,使之度礼,目视止色,耳听止声,口食正味,身行正道,非夺之情也,所以安其情也①。

王充认为"情性"是人治之本,要以"礼乐"来节制:

> 情性者,人治之本,礼乐所由生也。故原情性之极,礼为之防,乐为之节。性有卑谦辞让,故制礼以适其宜;情有好恶喜怒哀乐,故作乐以通其敬。礼所以制,乐所为作者,情与性也②。

他还要求人们严格遵守礼义规范,约束自己,以礼防情,以义割欲,他说:"君子则以礼防情,以义割欲,故得循道。"③

刘向注重以礼、乐来调和人们的性情,以达到治国安民之目的:

> 人之善恶非性也,感于物而后动,是故先王慎所以感之,故礼以定其意,乐以和其性,政以一其行,刑以防其奸;礼乐刑政,其极一也,所以同民心而立治道也④。

荀悦则倡导以礼化情,他说:"君子以情用,小人以刑用"⑤,"故礼教荣辱以加君子,化其情也,桎梏鞭朴以加小人,治其刑也"⑥。

综上所述,汉人对"情"的调节主要是依靠外在的礼仪制度和伦理规范来进行教化和引导,这样,人们内心中丰富的情感和强烈的欲望只能被外在的规范暂时压制下去或束缚起来,并未能从内心中真正被调伏。而且汉代对"情"的约束主要是为了治国安民的社会政治目的,并非个人的安身立命和心性修养。因此,礼与情之间若不能达到平衡和和谐,就容易造成二者关系的偏离,或者是以礼压情,或者是情越于礼。在尊经崇礼的汉代,礼法的力量自然是大于情,结果社会常常出现一些苛求于礼而违背人情的现象,从而造成了情与礼之间关系的紧张,汉末,这种流弊已经显现。

---

① 《春秋繁露·天道施》。
② 《论衡·本性》。
③ 《论衡·答佞》。
④ 《说苑》卷十九《修文》。
⑤ 《申鉴·政体》。
⑥ 同上。

（二）情与礼的紧张

魏晋时期，礼变得越来越教条、空洞，而流于空虚和形式化，从而不能再成为约束"情"之手段，因此社会上出现了一次"名教与自然"的大讨论。名教与自然关系的讨论反映了礼与情之间的紧张。

"名教"，汉魏时期又指礼教，如君臣父子，忠孝节义等人伦秩序及道德规范。《后汉纪》卷十六袁宏云："夫君臣父子，名教之本也。故尊卑永固，而不逾名教。"《宋书·郑鲜之传》曰："名教大极，忠孝而已。"明代袁中道曾分析名教来由，他说：

> 名者，所以教中人也。何也？人者，情欲之聚也，任其情欲，则悖礼蔑义，靡所不为。圣人知夫不待教而善者，上智也。待刑而惩者，下愚也。其在中人之性，情欲之念虽重，而好名之念尤重，故借名以教之，以为如此，则犯清议，如彼，则得美名。使之有所惧焉而不敢焉，有所慕焉而不得不为①。

袁中道的评论非常中肯，名教之设原本是为了防止人们情欲泛滥，故借名以教之。"礼所以制情佚"，《后汉书》曾有这样一则故事：

> 戴良字叔鸾。良少诞节。母卒，兄伯鸾居庐啜粥，非礼不行。良独食肉饮酒，哀至乃哭。而二人俱有毁容。或问良曰："子之居丧，礼乎？"良曰："然。礼所以制情佚也。情苟不佚，何礼之论？夫食旨不甘，故致毁容之实；若味不存口，食之可也。"论者不能夺②。

戴良的解释让人无法反驳，但实际上，仔细分析，礼所治的"情"主要指的是过度的"情欲"和"感性情绪"，而所谓合于自然之"真情"是不能以"礼"来压抑的，而是应该让人积极释放的，因此，魏晋时期，士风已经从"循礼"转向了"从情"，竹林玄学家们更是直接以"情"抗"礼"，要"越名教而任自然"，从而产生了"越礼任情"的新思潮。

其中阮籍在《大人先生传》中以一种非常蔑视的口吻抨击了那些虚伪的礼法之士，形象地把他们比喻为"裈中虱子"，只顾维护礼法制度，而陷入名利之途，他说：

---

① 袁中道：《名教鬼神》，《珂雪斋集》卷二十。
② 《后汉书·逸民传·戴良》。

> 且汝独不见夫虱之处于裈中,逃乎深缝,匿乎坏絮,自以为吉宅也。行不敢离缝际,动不敢出裈裆,自以为得绳墨也。饥则啮人,自以为无穷食也。然炎丘火流,焦邑灭都,群虱死于裈中而不能出。汝君子之处区内,亦何异夫虱之处裈中乎?

阮籍认为这些士君子循规蹈矩、墨守陈规,"唯法是修,为礼是克",拘泥于虚伪的礼法,而"莫识其真,弗达其情"。他把社会中一切危乱、乖离现象的根源都归结于"礼",他得出结论:"汝君子之礼法,诚天下残贼、乱危、死亡之术耳!"可见,在阮籍心中,"礼"严重地束缚了"情"。

嵇康也非常夸张地对儒家礼义进行贬斥讨伐,他"以六经为芜秽,以仁义为臭腐,睹文籍则目瞧,修揖让则变伛,袭章服则转筋,谭礼典则齿龋"。①他还提出了"越名教而任自然",以"情"抗"礼"。王弼仍旧以"自然"之"性"来正"情",而嵇康则已经把"情"等同于"自然",从"情"就是从"自然"。人之情欲因合乎"自然"而被赋予极大的合法性地位。他说:

> 夫口之于甘苦,身之于痛痒,感物而动,应事而作,不须学而后能,不待借而后有。此必然之理,吾所不易也②。

身口的感受是人的情欲表现,而这些都是十分合理的自然现象,因此,"从欲则得自然"。相反,从"礼"则是违背人性,摧残身心。他说:

> 六经以抑引为主,人性以从欲为欢。抑引则违其愿,从欲则得自然。然则自然之得,不由抑引之六经;全性之本,不须犯情之礼律③。

嵇康进一步提出要"越礼任情","心无所矜,而情无所系,体清神正,而是非允当。忠感明天子,而信笃乎万民;寄胸怀于八荒,垂坦荡以永日"④。既然"情"即自然,那么这种自然之情就是与道相宜的,因此可以直心而行、触情而动,要"任情""显情"而不要"匿情"。

在情与礼的紧张状况中,魏晋以来实际批判的是礼的颓废落伍及不合时宜,致使情与礼不能相融,而名实脱节。为了颠覆这种虚伪礼节及规范制度的约束,玄学家们采用放达任情的态度进行矫正。这种方法的直接流弊就是

---

① 嵇康:《难自然好学论》。
② 同上。
③ 同上。
④ 嵇康:《释私论》。

导致元康名士任诞之风的盛行,"魏末阮籍,嗜酒荒放,露头散发,裸袒箕踞。其后贵游子弟阮瞻、王澄、谢鲲、胡毋辅之之徒,皆祖述于籍,谓得大道之本。故去巾帻,脱衣服,露丑恶,同禽兽。甚者名之为通,次者名之为达也"①。废礼的结果最终又导致情无所系,"情礼俱亏",造成"时俗放荡""风教凌迟"的社会现象。

为了应对玄学虚无带来的流弊,裴頠提出"崇有论",郭象提出"名教即自然",试图从理论上弥补二者之间的割裂状况。我们知道情与礼的冲突源自现实与理论的脱节,就如余英时先生所说:"如何解决实际生活中情与礼的冲突并不是一个单纯的理论问题。在理论上肯定了情是一个社会价值之后,随之而来的问题则是'称情直往'能不能成为一种社会存在。……情礼冲突的真正解决不能单靠玄学家的清谈,还要靠礼学家的革新。"②

以礼制情,以礼节情,既然不能被玄学家们认同,那么礼学的革新就必须以情为基础,承认情的社会价值,于是,玄学家们提出了"缘情制礼"的思路。礼作为社会规范,既要保证顺人之情,同时也要有调和性情的功能,这才是礼与情的和谐统一。

经过玄学疾风骤雨般的洗礼,礼学在理论上开始进行革新。至南北朝时期,研习礼学之人颇众,礼学理论极为发达。但是现实践履层面,却是一番"礼崩乐坏"的惨象。先秦两汉时期,人们重视礼学的修习及其践履,通过一些姿势、动作在仪式的操演中使人感受到内在的情感。而礼学自郑玄以来,重心开始转变,如王葆玹在讨论"经学史上礼学与哲学对立的格局时"所说:"当郑玄将《周礼》提升为三《礼》之首的时候,他实际上作了一项意义极大的变革,即把传统的礼学的重点转向了政治制度之学。"③ 同时,玄学家重视清谈,重视形而上之理,礼仪等被认为是形而下层面而不被重视。由此,礼学的实践层面就这样被逐渐丢弃了!那么,这样的结果,更加加剧了情与礼的紧张,情在两汉时期可以借由礼来加以调节、约束,而当礼丧失了其现实践履功能,演变为一种外在的政治制度之后,礼对情的调节功能就彻底失效了!在这种情况下,礼既然不能调节人情,但是人情发动之时又必须有一个

---

① 《世说新语·德行》。
② 余英时:《士与中国文化》,第426页。
③ 王葆玹:《今古文经学新论》(增订版),北京:中国社会科学出版社,2004。

合理的限度，所谓欲不可纵、志不可满、乐不可极，因此就必须找到另一个渠道来调和"情"本身具有的矛盾。而这就是儒家的"心性之学"转向"内圣"目的的缘由之一。

（三）情与性关系的变化

在儒家思想中，情与性关系也是非常微妙的。先秦时期，儒家学说中，"情"的含义由原始的"情实义"逐渐被放在人上，落于心中，从而有了真情、情感、情欲等义。情作为从人性中分化、产生之物，与性之间并没有截然分开。虽然出现性、情两字的区别，但实际上，性情之间的差别是微乎其微的，甚至在某些时候常作为一个整体词语，被联用作"情性"或"性情"。徐复观先生曾指出："在先秦，情与性，是同质而常常可以互用的两个名词。在当时一般的说法，性与情，好像一株树生长的部位。根的地方是性，由根伸长上去的枝干是情；部位不同，而本质则一。所以先秦诸子谈到性与情时，都是同质的东西。人性论的成立，本来即含有点形上的意义。"①

比如荀子经常出现"情性"并用现象，《庄子·马蹄》中有"性情不离，安用礼乐"。甚至在汉代，这种现象仍在继续，如《礼记·乐记》："是故先王本之情性，稽之度数，制之礼义，合生气之和……"就以"情性"联用。《春秋繁露·深察明号》："天地之所生，谓之性情。性情相与为一瞑。情亦性也。谓性已善，奈其情何？故圣人莫谓性善，累其名也。身之有性情也，若天之有阴阳也。言人之质而无其情，犹言天之阳而无其阴也。"《论衡·本性》："情性者，人治之本，礼乐所由生也。故原情性之极，礼为之防，乐为之节。性有卑谦辞让，故制礼以适其宜；情有好恶喜怒哀乐，故作乐以通其敬。礼所以制，乐所为作者，情与性也。"刘向提出，"性情相应，性不独善，情不独恶"的说法，明代黄省曾解释说："向之意，以性善者情亦善，情恶者性必恶，故曰性情相应。"魏晋名士倡导"称情而直往"，重视情的自然流露及本性之真，情与性原本是一贯而下的，性情之间并没有矛盾，二者之间的融合度甚至更高。魏晋学士反对的是礼法、名教这些外在的制度束缚。性情关系并没有成为他们的突出问题。

---

① 徐复观：《中国人性论史》，上海：华东师范大学出版社，2005，第141页。

总结唐代之前，性情关系并没有严格分离，二者之间相即相离，没有截然分开。性情之间的关系并不算紧张，学者们或者把性情并提、合称，或者认为情产生于性，性为情的根源。虽然董仲舒等人也看到性情之间的差异，但他们对情的态度也很宽容，常常给予情以一定的合理性地位，他们只是强调情不可纵，并没有强调情为恶。刘向等人更认为是性情相应，情不独恶。可见，性与情二者之间并没有严格的高下、善恶之分，甚至是地位相当。

唐代，佛老盛行，佛老的心性思想犹胜。性情问题成为时人讨论的主要话题。对于性情关系，儒家学者中如韩愈、李翱提出不同的观点。

佛教主张灭情见性，道教主张无情无欲、排斥仁义，韩愈为了维护儒学，反对佛道思想，针锋相对地提出性情相应和因情以见性的性情统一说。对于性情关系，他继承儒家的性情观念，并进行了新的阐释，他在《原性》中说：

> 性也者，与生俱生也；情也者，接于物而生也。性之品有三，而其所以为性者五；情之品有三，而其所以为情者七。
>
> 情之品有上、中、下三，其所以为情者七：曰喜、曰怒、曰哀、曰惧、曰爱、曰恶、曰欲。上焉者之于七也，动而处其中；中焉者之于七也，有所甚，有所亡，然而求合其中者也；下焉者之于七也，亡与甚，直情而行者也。情之于性视其品①。

性是与生俱来的，情是后天接物而生的。情的内容有：喜、怒、哀、惧、爱、恶、欲，与性三品相对应，情也分三品。上品之情是七者发而中节，不偏不激；中品之情则有过有不及，不能处其中；下品之情则是纵情恣意、无所节制。情三品是与性三品相对应的，上品之性发为上品之情；中品之性发为中品之情；下品之性发为下品之情。

在儒学性情关系的发展中，韩愈首次明确地把性情统一起来，提出性决定情。韩愈从维护儒家伦理的根本任务出发，指出性与情的内在关联，可以通过个人的修养达到"动而得其中"。性对情的决定作用，则属韩愈的发明创造。近代学者马其昶说："老佛皆欲灭情以见性，公首论性情即交互发明，见

---

① 屈守元、常思春主编：《韩愈全集校注》，成都：四川大学出版社，1996，第2686页、2687页。

二者之不可离。"① 清人何焯说"性善则情善，情善则性善。"② 这说明在韩愈这里，性与情是统一的，而性情统一论的提出正是针对佛老的灭情见性提出的。佛教当时宣传"无情""灭情"，使人背离人伦、并违反人性，这种思想对道德伦理是一种巨大的冲击，韩愈则认为善恶的根源在人性，而表现善恶的特征是情，性是由情表现出来的，而只有因情才能见性。这与佛教灭人情见佛性的思想是针锋相对的。所以，韩愈性情统一论的提出是他辟佛的成就之一。

李翱的观点与韩愈截然不同，他提出了性善情恶、灭情复性的观点，使性情关系由统一走向分裂和对立，情的性质正式被定位为"恶"。

李翱以静、善这些概念来规定性，与此相对，他把情定义为：动、邪。他说："情者，性之动也，百姓溺之而不能知其本者也。"③ "情者，性之邪也。"④ 性以静、善为特征，圣人得之就不会"惑"，而"人之所以惑其性者；情也。喜、怒、哀、惧、爱、恶、欲七者，皆情之所为也"⑤。也就是说，凡人和圣人的差别只在于"惑"与"觉"，觉则明，凡人正因为情的存在而遮蔽其性，不能成圣，因此，只有灭情复性才能恢复本性的清明成为圣人。

李翱提出要灭情复性，但性情关系却是他解释不清的地方，原因是李翱对"情"的来源问题没有搞清楚。统观《复性书》可知，李翱对情的来源有两点说明：第一是情由性生，第二是情无所因。

先看第一点：情由性生。他说：

> 性与情不相无也。虽然，无性则情无所生矣。是情由性而生，情不自情，因性而情，性不自性，由情以明。性者，天之命也，圣人得之而不惑者也；情者，性之动也，百姓溺之而不能知其本者也⑥。

这段话说明性情是不能分割的，情由性生，情由情明，二者共存。性情之间的关系是本末体用的关系，性是根本，情是性之发动，是性的表现，没

---

① 马其昶，马茂远整理：《韩昌黎文集校注·原性》注引，上海：上海古籍出版社，1986，第21页。
② 同上。
③ 李翱：《复性书》（上）。
④ 李翱：《复性书》（中）。
⑤ 李翱：《复性书》（上）。
⑥ 同上。

有情，性则无以明，可见性情是不能各自独立的，是相互作用的。性乃是天赋的，每个人都具备的、普遍流行的、纯善的，既然性与情是不相无的，据此推理，每个人都同时具有情。既然情也是本来具有的，因此情是不能完全被消灭掉的。

同时性与情又是相对立的，他说：

> 人之所以为圣人者，性也；人之所以惑其性者，情也。喜、怒、哀、惧、爱、恶、欲七者，皆情之所为也。情既昏，性斯匿矣。非性之过也，七者循环而交来，故性不能充也①。

> 情之所昏，交相攻伐，未始有穷，故虽终身而不自睹其性焉②。

正因为情昏性匿，性不能充，所以"情之动弗息，而不能复其性而烛天地，为不极之明"③。因此，必须复性以明。那么，对于情，一方面它的存在是天然的，与性具有的；另一方面，它又匿性，若要复性，该如何解决这种矛盾呢？

我们可以根据复性之后的圣人如何处理情的问题入手来看这一点。李翱指出"情有善有不善，而性无不善"，但是什么样的情是善的？什么样的情是恶的？李翱没有加以说明。既然情有善的部分，这就为"圣人有情"理论找到了一个根据。

在李翱这里，圣人并不是天生的，而是通过复性由凡成圣的。我们知道复性的目的是成圣，那么圣人是否有情？李翱说：

> 圣人者，岂其无情邪？圣人者，寂然不动，不往而到，不言而神，不耀而光，制作参乎天地，变化合乎阴阳；虽有情也，未尝有情也④。

圣人也是有情的，但圣人之情和凡人之情是相区别的，圣人之情是善的，是不会遮蔽本性的。因为圣人已经复性，圣人之性是"寂然不动，广大清明，照乎天地，感而遂通天下之故，行止语默无不处于极也"⑤。既然圣人已经参透天地万物的本性，就能够以寂然不动的本心观照天地、感通万物。圣人是以性观物，因此能够做到不被物扰心，虽有情而未尝有情。而凡人百姓因为

---

① 李翱：《复性书》（上）。
② 同上。
③ 同上。
④ 同上。
⑤ 同上。

不能认识到宇宙万物的至理本性，仍旧停留在以物感心的层次上，所以执着于普通的喜怒哀乐，所以容易溺于情，而被情惑因此不能复性，所以这种情就是恶的。再看一下《复性书》中所言：

> 问曰："尧舜岂有不情邪？"曰："圣人至诚而已矣。尧舜之举十六相，非喜也；流共工，放驩兜殛鲧，窜三苗，非怒也，中于节而已矣。其所以皆中节者，设教于天下故也。《易》曰：知变化之道者，其知神之所为乎？《中庸》曰：喜、怒、哀、乐之未发谓之中，发而皆中节谓之和，中也者，天下之大本也；和也者，天下之达道也。致中和，天地位焉，万物育焉。"

可见，李翱认为，圣人非喜非怒，动作都出于至诚，都是"中节"的。发而中节就是和。和，天下之达道。所以圣人之情是符合于道的，与道相一致的，所以是善的。圣人有情理论证明了性情之间并不是相悖的。

但"情由性生"造成了一系列理论上的矛盾：第一，"情不自情，因性而情"，性乃是纯善的，本天命而来的，而纯善的性如何生出恶？第二，"性不自性，由情以明"，恶情所体现的内在的性还会是善性吗？因此，李翱又提出另一种解释：情是邪、是妄，情无所因。他说：

> 情者，妄也，邪也；邪与妄则无所因矣。妄情灭息，本性清明，周流六虚，所以谓之能复其性也①。

情都是邪、妄，是恶的，而这些恶的东西是没有天生的本性根据的，情之恶与性并无因果关系，因此无所因，这些情感物欲既然是没有存在根据的，而且是恶的，能惑性，所以就必须全部清除，妄情灭息，本性清明才能复性。他比喻道：

> 水之浑也，其流不清；火之烟也，其光不明；非水火清明之过。沙不浑，流斯清矣；烟不郁，光斯明矣；情不作，性斯充矣②。

水本性是清的，因为泥沙而变得混浊，火原本是明亮的，因为有烟的作用而不能明。善性被七情所遮蔽，就如清流被泥沙所搅浑，明光被烟雾所笼罩一样，因此，要把情感欲望统统给排除在外，完全消灭情欲才能复性。

既然已经消灭情欲，那么复性之后的圣人还有情否？李翱回答："圣人既

---

① 李翱：《复性书》（中）。
② 李翱：《复性书》（上）。

复其性矣，知情之为邪，邪既为明所觉矣，觉则无邪，邪何由生也？"① 圣人既然已经成为圣人，就已经达到了本性清明的觉悟状态，所以就不会产生邪情。因此，圣人是无情的。也就是说要想成圣就必须消灭情，性情是不两立的关系。

李翱的性情论是由刚开始提出的性情统一到最终却走向了性善情恶、性情相对的路向。李翱认识到人的情是不能被消灭的，还应该给它找一个合理的位置，因此，他对圣人之情解释为"虽有情，未尝有情也"，说明圣人之情合乎中节而不影响性。但在李翱这里恶的情欲与本善的性是没有办法统一的，这个问题只有到张载提出"天命之性"与"气质之性"的性二元论，才为情之恶找到了一个来源，同时也坚持了性善论以及性情统一论。李翱因为深受道家、佛家的影响，在思想上有一种综合三家的趋势，但是他并未能完全融合，因此他的性情关系出现了逻辑混乱的特征。

也许是李翱无法解决性情统一问题，最后他还是转向了性善情恶的性情对立思路。这显然也受到了佛教思想的影响。唐代佛教宗派中天台、华严、禅宗都倡众生悉有佛性，佛教性情论各派虽有差异，但都以性为成佛的根据，性是超越感情欲望的真实本体境界。都以"性"为净，性是人的真实本质，是"实际"；以"情"为染，情是人烦恼根源，是"虚妄"，因此都主张从情欲中解脱出来，实现绝对"清静"之性。天台宗提出"性恶说"是为了其"贪欲即道"的理论做依据，而最终成佛的佛性仍是清静无染的，因此主张即妄而真，体证本源。华严宗认为性本体是"清静圆明之体"，情欲是"染净之心"，也主张"灭情"。禅宗慧能认为："人性本净，为妄念故，盖覆真如。"②主张离妄念即无念，才能"明心见性"。李翱也指出情是邪、妄，儒家传统对性只有善恶分别，邪妄都是佛家用语，可见李翱受到佛教影响，把情定为恶，并要全部息灭才能复性。

李翱在性情关系上的转变值得我们深思。李翱的这种转变虽说受到了佛教思维的影响但另一方面也反映了儒家自身心性理论的不足和理论缺陷。在唐以前的儒家思想中，性情统一说作为主流学说被普遍认可，性情之间相互依存，性是情的根据，情因性而存有，二者关系密切不可分割。韩愈在复兴

---

① 李翱：《复性书》（中）。
② 《坛经·妙行品》。

儒家心性理论的同时依然高举性情统一说的大旗以与佛教的性情相对观点对抗，但敏锐的李翱却发现了性情统一说中的逻辑矛盾，那就是性善与情恶之间的统一问题，即纯粹之善如何生出情之恶？作为恶的情如何体现内在性之善？由于性情统一理论使他遇到困境，因此他重新对性情关系进行界定，从而确立了性善情恶、性情相对的新观点。李翱的理论难题实际上也是儒家心性思想的理论难题，李翱的性善情恶说虽然偏于极端，但他却指出了一条防止情之"恶"，复归性之"善"的心性修养方法。宋代学者虽然也批评李翱"灭情"思想太过，但对其复性思路却备加肯定，如朱子曾评价说："李翱复性则是，云'灭情以复性'，则非。情如何可灭？"① 情不可灭但也需要遏制，因此，宋儒虽然不认同李翱的"灭情复性"观点，但却走着相似的"抑情复性"之路，宋儒在严防情欲的同时，甚至提出了"灭人欲，存天理"的观念。由此可见，自李翱开始关注情之"恶"因素之后，如何防止情之"恶"已经成为儒家心性修养理论中的一个重要问题。儒家早期的以"礼"防"情"的思路既然已经丧失了有效性，因此关注心性问题，通过心性修养来安身立命、成就道德则成为一个新方法。那么，从理论上如何完善儒家的心性思想，如何建立一套如佛教心性体系般精致、严密的形而上理论，这些是儒学复兴中面临的一个新课题，性情关系的重新梳理以及性的性质、地位的定位都是必须面对和解决的，而儒家的心性本体理论也由此开始逐步建立和完善。

二、性地位的提升及性本体意识的萌发

"性"该如何定位？下面我们将对性范畴作一番详细梳理，逐步说明儒家思想中"性"的地位如何转变，如何提升，如何从伦理层面上升到本体层面，并成为唐代以后儒学的理论核心的。

（一）性的伦理判断：道德理性之善与自然欲望之恶

孔子论性非常模糊，《论语》中只有两处提及：一是"性相近也，习相远

---

① 黎靖德编：《朱子语类》卷五十二，北京：中华书局，1986，第1381页。

也"①；二是"夫子之文章，可得而闻也。夫子之言性与天道，不可得而闻也"②。这两处言"性"都没有具体的描述和规定，孔子虽然大谈"仁"，但仁是仁，性是性，二者还没有明确被联系在一起。

在早期儒家学者中，孟子通过对告子等性说的反驳，对"性"的内涵有了新的界定和提升，他虽然看到人本身具有自然欲望，但他从"人之所以为人""人禽之别"的高度，提出了超越"自然欲望"的人性论，即从德性的角度论"性"，以"仁义礼智"论"性"，从而阐明了"性善"说。这是当时儒家性论的一大跃进。以"道德理性"来讨论人性，这就使人的精神价值得到升华，从而确立了道德对人的终极意义。与此有别，荀子明确提出了"性恶说"，荀子依照"约定俗成"的观念，注重固有习俗，强调性的自然生理特征，在坚持"性伪之分"的前提下，倡导"化性起伪"，促使先天本性与后天人为走向统一。因此，荀子的"性"以自然本性为主。

孟子和荀子以善恶言性，性论内容虽大相径庭，但殊途同归，最终指向却是一致的，都以"善"为目标；不同的是他们言性的出发点，以及他们对性的内涵的诠释。实际上，"性"的含义大概可分为两类：一类指"道德理性"；另一类是指"自然本性"。孟子论性讨论的是其"道德理性"方面，孟子以性与仁义礼智相连，倡导道德之完美和扩充；荀子则侧重于其"自然本性"方面，荀子以性与情欲相等，贬低性情、遏制人欲，以图通过后天的人为努力、礼乐教化使人性迁向善。因此，我们可以归结出这样一个结论：孟子言性善乃是指"道德理性"之"善"，荀子言性恶指的是"自然欲望"之"恶"。从这个角度看，孟子之性善与荀子之性恶并不是相对的，而是互补的，实际上他们共同开启了儒学的学术方向：重视道德理性、抑制自然人欲的儒学特征。特别是理学家都强调人欲之恶，道德之善，因此他们才提出了"天理人欲之辨"。

（二）初期典籍中性与（天）道的打通

从先秦开始，儒家性论呈现出一种倾向，即从天命、阴阳等更加根本的源头来考察性。这类观点开始超越经验层面的简单判断，倾向于从宇宙论的

---

① 《论语·阳货》。
② 《论语·公冶长》。

高度探寻性的发生源头，这就触及到形而上的层面，对以后性的本体化提升奠定了基础。

在早期儒学著作中，郭店楚简中的《性自命出》篇论性甚为丰富。《性自命出》的作者学界仍难以断定，大体上可以确认出自孔子七十子后学所作①，从思想归属上说属于儒家，成书年代上介于《论语》与《孟子》之间。因此它构成了先秦儒家性论发展中的一环。《性自命出》的一个重要特点在于它论性的多层次性，几乎涉及了后人论性的方方面面，如以人论性、以天论性、以气论性、以心论性、以习论性、以善恶论性等等。在《性自命出》中，性的概念非常灵活，还没有形成独立的实体，始终处在与其他范畴互动的过程中，受不同范畴的影响、作用而发展变化，《性自命出》中称：

> 凡性，或动之，或逢之，或交之，或厉之，或出之，或养之，或长之。凡动性者，物也；逢性者，悦也；交性者，故也；厉性者，义也；出性者，势也；养性者，习也；长性者，道也②。

因此，在中国哲学，《性自命出》的性论思想具有独特的性质，其灵活性特征为儒家性论发展开辟了不同的方向，而且其中的一些观点与孟子、《中庸》《乐记》中的心性思想都有思想上的关联，作为儒家心性理论的补充资源，对我们理解性范畴的发展变化提供了很大的帮助。如《性自命出》讨论了性与命、天的关系："性自命出，命自天降。"③ 这与《中庸》的"天命之谓性"思想比较相近。另外，在《性自命出》中，性与仁义密切相关："笃，仁之方也。仁，性之方也。性或生之。"仁作为性之方和性之生，便体现着性的意蕴与对性的规定④。在一定程度上，这弥补了孔子论性的不足，成为连接孟子思想的中间环节。《性自命出》说"动性者，物也"，"喜怒哀悲之气，性也，及其见于外，则物取之也"。性的表现需要有外在对象的刺激。性需因外物的引诱才动，这点《性自命出》与《乐记》的看法相近。

《性自命出》中的性论内容丰富、涉及面较广，却没有固定的涵义和相对完善的论述，但作为一种心性资源，其价值是不言而喻的。

---

① 关于《性自命出》作者的考订，近年来诸多学者意见不一，兹不详述。
② 《性自命出》，见《郭店楚墓竹简》，文物出版社，1998，第179页。
③ 同上。
④ 参见张立文：《略论郭店楚简的"仁义"思想》，见《孔子研究》1999年第1期，第57页。

从经学资源来看，在《易传》和《中庸》中，我们不难发现有性与天道的相关论述，其中对"性"有很多可发掘的本体性思考。如《易传·系辞上》说：

  一阴一阳之谓道，继之者善也，成之者性也。

《易传》论"性"已不局限于经验的层面，不拘于具体的人性、物性，而是从"道"的高度总论天、地、人"三才"之性。性从"一阴一阳"之"道"中来，这就使得"性"与"道"有着天然的联系。与《易传》这种言说思路相仿的还有《中庸》，《中庸》篇开头即言"天命之谓性，率性之谓道，修道之谓教"。《中庸》明确点出"性"禀"天"而来，性、天是一贯而下的。《中庸》里面说的"天"与《易传》的"道"都属于最高的哲学范畴。从这些资源中，我们可以发现，性的地位已经被大大提升，性与天道之间有着内在的关联。

《易传》中的《彖辞》云："乾道变化，各正性命。"这是说万物根据乾道的变化而秉承各自的性命。同时，《说卦传》云：

  昔者圣人之作《易》也，将以顺性命之理。是以立天之道曰阴与阳，立地之道曰柔与刚，立人之道曰仁与义①。

天、地、人各有自己的"性命之理"，而"立人之道曰仁与义"，在这里，仁义道德不仅与"天道"是一致的，同时还被确立为"人道"之本。"人道"如何得以实现？《易传》云：

  和顺于道德，而理于义；穷理尽性，以至于命②。

"成性存存，道义之门"③，人之"成性"就是要"穷理尽性以至于命"，最终达到"与天地合其德，与日月合其明，与四时合其序，与鬼神合其吉凶"④ 的"天人合德"结果，这才是圣人最高的道德成就。可以说，"穷理尽性以至于命"正是"性与天道"思想的体现与实践。

《易传》提出了由人及天的成德思路，但人天之间仍有罅隙。在马王堆汉墓出土的帛书《易传》中，对于人天之间的关系有了进一步详细的论述。如

---

① 《周易·说卦传》。
② 同上。
③ 《周易·系辞》。
④ 《文言·乾》。

帛书中《易之义》篇记载：

> 子（曰）：易之要，可得而知矣。乾坤也者，易之门户也。乾，阳物也；坤，阴物也。阴阳合德而刚柔有体，以体天地之化，而达神明之德也。……本性仁义，所以仪刚柔之制也①。

这里点出人的仁义本性仪则天的刚柔之制，体现了天人合一的形上形下一体贯通的思路。在此基础上，帛书易传中还试图建立一种天人一体、德性贯通的宇宙模式，如《要》篇所载：

> 故易有天道焉，而不可以日月星辰尽称也，故为之以阴阳有地道焉，不可以水火金土木尽称也，故律之以柔刚有人道焉，不可以父子君臣夫妇先后尽称也，故要之以上下有四时之变焉，不可以万物尽称也，故为之以八卦；……有君道焉，五官六府不足尽称之，五正之事不足以至之，而诗书礼乐不（读）百篇，难以致之②。

《要》篇这段话说明孔子在确立天地、神明、万物、阴阳、刚柔、仁义秩序之外，同时又把人间的人道、君道、上下等关系都纳入到其中，从而形成了一个完善的宇宙模式。

在《易传》的基础上，《中庸》进一步加固了性与天道论的生成基础。《中庸》提出了"诚"的概念：

> 诚者，天之道也，诚之者，人之道也③。

又说：

> 唯天下至诚，为能尽其性，能尽其性，则能尽人之性，能尽人之性，则能尽物之性；能尽物之性，则可以赞天地之化育；可以赞天地之化育，则可以与天地参矣。

《中庸》赋予"天道"以"诚"，"诚"作为天与人共同之"性"，使天人之间沟通起来，最后完成了天人合德、"与天地参"的证明，实现了天与人的完美统一。

由此可知，《易传》《中庸》中的"性"是与"天道"相关联的，性天关

---

① 陈松长、廖名春：《帛书〈二三子问〉、〈易之义〉、〈要〉释文》，见陈鼓应主编：《道家文化研究》第三辑，上海古籍出版社，1993。
② 同上。
③ 《中庸》。

系、性命问题的讨论已经使得"性"的地位具有形而上特征。宋儒之所以非常重视《易传》《中庸》这些儒学资源，与此不无关系。

《易传》《中庸》直接以天、天道言性，天道被赋予仁、诚等善性，人应该充分发挥自己的道德之性以与天相合。这类"性"撇开人的生理特征，高扬道德价值，以"道德理性"为"性"之本，可见，这类性与孟子的性论是一类，另外，《易传》《中庸》打通了性天之间的关系，为"性"寻找了一个"天"的形而上源头。

（三）对"性与天道"问题的初步思索

"性与天道"的问题，最早出现在《论语·公冶长》篇中，子贡曾感叹道："夫子之文章可得而闻也，夫子之言性与天道，不可得而闻也。"① 夫子不言，后人却有无限兴趣。子贡一言，如同一道哑谜，引人无限猜测。

三国时期，荀粲指出："孔子言性与天道，不可得闻，六籍虽存，固圣人之糠秕。"② 此语一出，众人皆哗，无人能驳。荀粲轻视经典，追求义理，敏锐地指出"六经"之精髓不在典籍，在于深微玄远的"性与天道"。

荀粲的问题虽然源于魏晋时期"言意之辨"的玄学大讨论，但却开启了对儒学的形而上思考。南北朝时期，皇侃有更深入的探索。关于"子贡曰：夫子之言性与天道，不可得而闻也"章，皇侃注曰：

> 文章者，六籍也。六籍是圣人之筌蹄，亦无关于鱼兔矣。……言孔子六籍乃是人之所见，而六籍所言之旨，不可得而闻也。所以尔者，夫子之性，与天地元亨之道合其德，致此处深远，非凡人所知，故其言不可得闻也③

皇侃非常认同荀粲的观点，他以"六籍"为"筌蹄"，所谓的"鱼兔"乃是"不可得而闻"的"性与天道"。这里，皇侃第一次提出"性"与"天道"的关系，即"性"合"天道"，他说："夫子之性，与天地元亨之道合其德。"不仅如此，他还明确指出二者合于"德"，可见天人之际在于"德合"。皇侃"性与天道合于德"这个理论可谓是对孔子"性与天道"理论的一个新突破。

---

① 《论语·公冶长》。
② 《三国志·荀彧传》注引何邵为《荀粲传》。
③ 《论语集解义疏》卷三。

因为早期孔子言"天道"没有谈到过"性",如《礼记·哀公问》明确记载孔子对"天道"的论述：

> 公问：敢问君子何贵乎天道也？孔子对曰：贵其不已，如日月东西相从而不已也。是天道也。不闭其久，是天道也。无为而物成，是天道也。已成而明，是天道也。

因此，在孔子那里，"性"与"天道"的关系是一个悬而未决的问题。玄学专言形而上之本体，天人之际的玄妙离不开"道""德"中心，而老子的道德就是儒家的天人，因此玄学思潮的兴起实质上也是以"性与天道"问题为中心展开的。如玄学家何晏曾以"道不可体"而"德可据"将天人关系转化为道与德的关系。但明确指出"性"与"天道"统一并合于"德"的则是南梁的皇侃。"性与天道合于德"这个理论，从内容上来说，皇侃以"无"为本，重视虚、静之德，带有浓厚的玄学色彩。但从思维方式上来说，却具有创新意义，理学的兴起也正是以"性与天道合于德"的思维模式开辟出来的。

儒家学者中最早对"性"与"天道"关系进行讨论的是唐代的韩愈和李翱，他们合著的《论语笔解》中有明确说明。

《论语·公冶长》："子贡曰：'夫子之文章，可得而闻也；夫子之言性与天道，不可得而闻也。'"孔安国注：

> 性者，人所受以生也；天道者，元亨日新之道深微，故不可得而闻也。

韩愈曰：

> 孔说粗矣，非其精蕴。吾谓性与天道一义也，若解二义，则人受以生，何者不可得闻乎哉？

李翱云：

> "天命之谓性"，是天人相与一也。天亦有性，春仁夏礼秋义冬智是也。人之率性，五常之道是也。盖门人只知仲尼文章，而勘克知仲尼之性与天道合也。非子贡之深蕴，其知天人之性乎？

从上面三个人的解读，我们可以看到，韩愈批判了孔安国区分"性与天道"为二的观念，他强调"性与天道"是一义，二者是统一的关系而不是分离的。李翱直接点明"性与天道合"，他利用《中庸》"天命之谓性，率性之谓道"的资源，建立起天人相与的关系，他指出天人相合于"性"，天性指的是与春夏秋冬相一致的仁义礼智信，人率天性而有了仁义礼智信"五常"，所以人性与天性是一致的，相合的。李翱的分析从深层揭示了天人之间的内在联系，与皇侃"性与天道合于德"相比，李翱"性与天道合于性"的理论更加具体、深化，李翱也因此提出了"复性"理论。"性"的提升与"道"的复兴实际上是一体的。这样，"性与天道"问题的关键在于"复性"，即从形而上的高度论"性"，使"性"与"道"达到统一。从这个角度看，儒学复兴的实质就是"复性"，"道"与"性"的发展最终合流于"性与天道"。

三、中唐儒学复兴与新儒学的兴起

"性与天道"问题作为中国哲学中重要的本体资源，孔孟之后实际上被儒家丢弃。魏晋至隋唐时期，"性与天道"因涉及心性、天道问题，成为玄学、佛学的兴趣所在，玄学和佛学在一定意义上正是因为对"性与天道"问题的回应和觉解才得以压倒儒学、吸引人心的。特别是佛学因其精密的心性本体理论更是抢了儒学的风光。因此，儒学如果抵抗佛老，实现复兴，就必须提高自身的思辨水平，在理论上站住脚。唐代儒学复兴要应对的历史课题就是利用儒学自身心性资源，重新拾起"性与天道"的真精神，建构儒家的形而上体系。而"性与天道"问题归根结底则是要在"性"论上作出努力，超越儒家论"性"一直处在伦理水平的善恶层面，使论"性"水平上升到本体层面，因此，复兴的实质和前途都取决于"复性"。关于这点，唐代学者已有了清醒的认识，学者们的致思方向纷纷转向心性方面，开始对儒家的心性问题重新进行探讨、研究。与儒学复兴的时代课题相一致，在儒学复兴过程中，学者们从儒家文化立场提出了"何为性"和"如何修性"的问题，开辟了儒学的"复性"之路，这说明他们已经开始从理论上自我完善，试图正面应对佛学的挑战。

（一）中唐儒学的"复性"思考

唐代，无论从社会政治需要来看，还是从哲学理论需要来看，道德、性命、人心、人情、心性、诚等与"性"有关的话题已经成为讨论重点。如德宗向陆贽咨询治国急务时，得到了八个字："理乱之本，系乎人心"，陆贽直接向统治者建议要"治心"，而且提出要"诚"："匹夫不诚，无复有事，况王

者赖人之诚以自固,而可不诚于人乎?"① 同样,欧阳詹也从治国角度指出"诚"的重要性,他说:

> 既明且诚,施之身,可以正百行而通神明,处之家,可以事父母而亲弟兄,游于乡,可以睦闾里而宁讼争;行于国,可以辑群臣而子黎氓,立于朝,可以上下序,据于天下,可以教化平②。

唐代,国家治理方面需要收拾人心、重整秩序;学术思想方面也必须发展创新、树立新精神。从治国到治学,都要面临的一个问题就是:心性问题。在思想界,关注道德性命、讨论心性也成为一种新风向。如吕温对经典提出了新的治学宗旨,他说:

> 其所贵乎道者六,其《诗》《书》《礼》《乐》《大易》《春秋》欤?人皆知之,鄙尚或异。所曰《礼》者,非酌献酬酢之数,周旋裼袭之容也,必可以经乾坤,运阴阳,管人情,揩天下者,某愿学焉。所曰《乐》者,非缀兆屈伸之度,铿锵鼓舞之节也,必可以厚风俗,仁鬼神,熙元精,茂万物者,某愿学焉。所曰《易》者,非揲蓍演数之妙,画卦举繇之能也,必可以正性命,观化元,贯众妙,贞夫一者,某愿学焉。所曰《书》者,非古今文字之舛,大小章句之异也,必可以辩帝王,稽道德,补大政,建皇极者,某愿学焉。所曰《诗》者,非山川风土之状,草木鸟兽之名也,必可以警暴虐,刺淫昏,全君亲,尽忠孝者,某愿学焉。所曰《春秋》者,非战争攻伐之事,聘享盟会之仪也,必可以尊天子,讨诸侯,正华夷,绳贼乱者,某愿学焉。此外非圣人所论,不与于君臣父子之际,虽欲博闻,不敢学矣③。

他对"六经"的关注不再是酬酢之术、铿锵之节、揲蓍之妙、文字之舛、风土之状、攻伐之事这些外在的东西,而是转向"管人情""厚风俗""正性命""稽道德""尽忠孝""正华夷"这些道德观念,他认为"六经"的价值在于它们从各自不同的方面阐发的道德精神,经学不只是作为一种政治工具而存在,更重要的是它包含的道德之义,因此他提出了新的治学要求,那就是

---

① 陆贽:《奉天请数对群臣兼许令论事状》,《全唐文》卷四百六十八,1990 年缩印本,上海古籍出版社。
② 欧阳詹:《自明诚论》,《欧阳行周文集》卷六,四库全书本。
③ 吕温:《与族兄皋请学〈春秋〉书》,《全唐文》卷六百二十七。

要关乎：性命道德。另外，还有一些学者直接撰文展开了对"性"问题的研讨，如韩愈的《原性》、李翱的《复性书》、皇甫湜的《孟荀言性论》、杜牧的《三子言性论》、郑俞的《性习相近远赋》等。

在这样一个学术潮流中，中唐时期，形成了一个复兴儒学的群体性学术思潮，这个思潮被称为"中唐儒学复兴运动"。从哲学理论建构上来看，这场复兴运动主要以"性"为学术核心内容，以回归儒学的"性与天道"真精神为目的，这个复兴运动的形成标志儒学的初步复兴。其中以韩愈、李翱、柳宗元、刘禹锡的学术思想尤为瞩目，他们紧扣时代核心话题，在儒学复兴问题上，提出了三种复兴思路。

其一，韩愈从儒家文化本位出发，力求发掘儒家本身的心性论资源，并利用儒家的思维模式来复兴儒学，他主要是继承和发展孟子"尽心、知性、知天"的思路探寻性与道之间的连接并以此来回应儒学本体"性与天道"的。

韩愈作《原道》《原性》就是要构建儒家自己的形而上体系。韩愈的《原道》提出儒家之道就是仁义之道，韩愈对道的定义是："博爱之谓仁，行而宜之之谓义，由是而之焉之谓道，足乎已无待于外之谓德。仁与义为定名，道与德为虚位，故道有君子小人，而德有凶有吉。"① 韩愈从仁义角度探讨道，由性及道，正是对儒家"性与天道"的本体构造的自觉回归。韩愈虽然未能从"天命"的高度为道找到最后根源，但是他却从"率性之谓道"的角度开辟了道与性的新路向。如朱子在评价《原道》与《西铭》时说："《西铭》更从上面说来。《原道》言'率性之谓道'，《西铭》连'天命之谓性'说了。"②

韩愈的《原性》对"性"已经有了更深的思考，如他认为性乃是先天的道德本质、性本为善，而且区分了本源之性与现实之性，提出了性情统一说等。韩愈论性在唐代还是无人可比的，方崧卿举正引"白云郭氏"的话说"唐自韩愈之后，言性者皆出其下"③，这对以后的王安石、司马光、苏轼以至后来的理学家等都有影响。

其二，与韩愈从儒家自身寻求突破的道路不同，柳宗元、刘禹锡更注重

---

① 屈守元、常思春主编：《韩愈全集校注·原道》，成都：四川大学出版社，1996，第2662页。

② 《朱子语类》卷九十六。

③ 马其昶校注，马茂元整理：《韩昌黎文集校注·原性》注引，上海：上海古籍出版社，1986，第19页。

于从佛教一方为儒家提供新鲜资源,他们对待异质文化客观而冷静,通过对佛教的适当吸收与转化来复兴儒学。

刘禹锡对儒佛之间的差距也看得十分明白,他一针见血地指出了儒学落后的原因是因为"罕言性命,故世衰而寝息"①。并且他明确指出:"穷性命之源,以至于佛书犹邃。"② 儒学的落后就在于性命之理,而穷性命之源,佛书犹邃,因此,儒学要想超越佛学,首先就要吸收佛学精髓并有所创新。遗憾的是在性命问题上他并未能有所建树,但刘禹锡对形势的分析和判断极为正确。

柳宗元则是从文化融合的立场,看到佛学本身高明的地方,以及佛与儒有相合的地方,他说:"浮图诚有不可斥者,往往与《易》《论语》合。""不与孔子异道。"③ 希望能借助佛教思想复兴儒学,柳宗元看到儒佛会通的地方在"性",佛教奥秘在于"浩入性海,洞开真源","以性为姓,乃归其根"。而儒家却丢失了这个阵地,柳宗元找到儒家"人生而静"的依据,认为性善"本于静",从"本静"角度谈"性善",这就开始进入到本体层面阐发儒家性论。佛教由净而染,儒家由静而动,儒佛相合于"性情"正是因为其思路的相似,而这也是其"援佛入儒"的根据。因此,他提出"真乘法印与儒典并用","统合儒释,宣涤疑滞"④,借助佛学理论来"推离还源","丰佐吾道"⑤。

其三,李翱则采取对这两种路向的折中与融合,他以儒家文化为本位,首次成功地实现了儒佛的融合,李翱的"复性"思想把唐代儒学复兴运动推向了高潮。

李翱作《复性书》直接提出儒学复兴的途径就是要"复性",并开始了儒家自身的心性本体建构。李翱对性的论证,继承了《易传》《中庸》的本体思路,重视性与天道之间的关联;同时他也借鉴了孟子的性善说,他作的《复性书》可谓是对儒家"性与天道"本体理论的首次尝试性论证。

李翱论"性"异于前人的地方在于他超越善恶的伦理道德范畴,从形而

---

① 刘禹锡:《袁州萍乡县杨岐山故广禅师碑》,《刘禹锡集》,北京:中华书局,1990,第56页。
② 刘禹锡:《唐故中侍郎平章事韦公集纪》,《刘禹锡集》,第226页。
③ 柳宗元:《送僧浩初序》,《柳宗元集》,北京:中华书局,1979,第673页。
④ 柳宗元:《送文畅上人登五台遂游河朔序》,《柳宗元集》,第667页。
⑤ 柳宗元:《曹溪第六祖赐谥大鉴禅师碑》,《柳宗元集》,第147页。

上的角度沟通了性与道之间的关系，首次尝试性建立了儒家的性本体理论。李翱的性本体理论有两个思想来源，他一方面从儒家自身经典中寻求心性资源。先秦两汉时期，儒家关于心性论的思想是比较丰富的，如《易传》《中庸》《大学》《孟子》《荀子》等书中都存在许多心性资源，但是，"儒家心性论也存在着重大的缺陷：一是缺乏心性论体系结构，论点多、论证少，实例多、分析少，片断论述多、系统阐明少。二是对心性论缺乏深刻严谨的本体论论证"①。因此，对儒家固有的资源还必须重新进行整合和提升。另一方面他还借鉴了佛教的心性思路和观点。佛教自印度传入中国来，也逐渐作了调适。佛教吸收了中国本土如儒家、道家的一些思想，特别是关于儒家心性方面的资源，形成了中国化佛教。方立天曾指出："中国佛教深受儒家以善、恶、静寂、觉知论性的影响，从而由印度佛教着重以染净论性，转向较多地以善、恶、静、觉论性，使心性的价值判断发生一定的变异。"② 这就意味着，儒家自身的心性哲学，特别是"性与天道"的问题被佛教接续过去，并得以发展。隋唐时期，心性问题成为儒释道共同的学术中心，而佛教心性哲学却遥遥领先。儒家在复兴的过程中也不得不向佛教寻求思路。实际上儒佛之间在心性思想方面是互有吸收和借鉴的。方立天总结说："儒、佛心性论的互动，首先表现为儒家人性论思想推动了佛教学术思想由般若学向佛性论的转变，随后佛教的佛性论思潮又反过来影响儒学的转轨，推动儒学定位于性命之学。"③

通过对儒、佛心性思想的消化和吸收，李翱在《复性书》中对"性"的内涵和本质有新的定义和说明，他以"性静"和"性善"来定义性。"性静"说来自于儒家资源，如《礼记·乐记》强调"人生而静"，此外《周易·坤》中有"《文言》曰坤至柔而动也刚，至静而德方。"《论语·雍也》说："知者乐水，仁者乐山。知者动，仁者静。"当然，佛教在儒家人性论的影响下，也由"性净"转化为"性静"。

首先，李翱从天命的高度论"性静"。李翱说："人生而静，天之性也。

---

① 方立天：《儒、佛以心性论为中心的互动互补》，见《中国哲学史》2000年第2期。

② 同上。

③ 同上。

性者，天之命也。"① 李翱将《中庸》中的"天命之谓性"嫁接在了《乐记》的"人生而静，天之性也"上，提出了性静说，从而使"性"的性质发生了根本的变化。《乐记》云："人生而静，天之性也。感于物而动，性之欲也。"人的天然本性是静，静形容人的本性天然未分化的自涵状况，与物相接产生的欲望是动。"欲"是由性释放出来的，为性之欲，其实也就是我们所说的情。李翱吸收《乐记》中关于性、欲之分别，以静、动来表示其地位的高下，性的内涵不再是仁义礼智信这些具体的伦理规范，而是抽空了这些道德内容，以一个更加抽象的概念"静"来代替，这就突出了性的先验地位。

同时，李翱又引用《中庸》"天命之谓性"的观点，把《乐记》中先验的"性"根源于"天命"中："性者，天之命也。""性"是秉"天命"而来的，人性的根源在"天"，这就使人性论与宇宙论结合起来，性上升到本体地位。人就可以通过人性而认识天性，达到与天地参的天人合一境界。因此，圣人之性是："寂然不动，广大清明，照乎天地，感而遂通天下。"②

其次，李翱论"性善"虽然继承了儒家的性善论，但他开始从形而上的层面对性善进行重新定位。孟子性善论的根据是"不忍人之心"，他指出"见孺子将入于井，皆有怵惕恻隐之心"③，以此推断人性是善的。善是人性的自然流露，这种性本善的判断只是一种经验推论而非先天必然存在。在李翱这里，性善指的是性本身即是完满的。善是性本身所具有的性质，体现了性的完美性。正因为性的完善自足，才要"复性"。李翱提出："人之性皆善，可以循之不息而至于圣也。"④ 这里"循之不息"指的是"循善不息"。性善是成圣的根本，人人皆有至善的本性。人们所禀的性是没有差别的，"百姓之性与圣人之性弗差也"⑤。并且都是一样的完满，即是"桀纣之性，犹尧舜之性也"⑥。圣凡的区别只是是否能复性。因为性善，所以凡人都能成为圣贤；因为情的存在，所以并非凡人都能成为圣贤。因此只要灭情复性，并循之不息就可以成圣。这在理论上肯定人人可以成圣的可能，从而提出了儒家的道德

---

① 李翱：《复性书》（中）。
② 李翱：《复性书》（上）。
③ 《孟子·公孙丑上》。
④ 李翱：《复性书》（上）。
⑤ 同上。
⑥ 李翱：《复性书》（中）。

理想，也为儒家的心性论真正能与佛教人人可以成佛的佛性论相抗衡提供了理论上的可能。

"复性"就是回归性本身的状态。李翱认为"性"是静的，因此，复性就要达到静的状态，这种静是脱离了现象层面的动静对立的、而进入本体层面的寂然不动的、永恒的静。这种境界叫做"诚"，达到诚的境界就有了圣人的智慧、能够洞察万物与天地日月四时同在。因此，回复圣人之性就是达到"诚"的境界。李翱谈性与汉儒及佛老有一个最明显的差别就是，《复性书》通篇以"诚"言性及性善。诚乃儒家独有的概念，佛道二教对此皆不重视。"诚"是"实"义，与佛教以"空"言法性本性正好相对，以后宋儒如周敦颐、张载也以"诚"来抵抗佛家的虚空之说。

当然，李翱的复性思想受佛教影响还是很大的，如方立天教授认为李翱的《复性书》实际上是佛教性论中情染性净说的翻版①。无论如何，李翱融合儒佛提出的"复性"思路，对宋儒有很大影响。宋儒在李翱"复性"模式的影响下，又重新挖掘儒家中《易传》的本体资源，结合两汉的以"气"论性的模式，并借鉴佛教思想，使得"性"论更加丰富，思辨性更强，从而开辟了以理论性、以气论性、以心论性等不同的性本体模式。

（二）新儒学的先声

"中唐儒学复兴运动"掀起了唐代儒学复兴的新高潮，作为一种文化思潮和哲学上的启蒙运动，这场运动开启了儒学变革的新方向，标志着儒学研究开始从经学向哲学转变。在这次儒学复兴运动中，中唐儒者韩愈、柳宗元、李翱开辟出了新的儒学复兴模式，即由"复性"回归儒学的"性与天道"传统，这种内向反求的心性模式虽说受佛老的影响但对宋代理学有很大的启发，甚至成为儒学复兴的精神导向。宋代理学家正是沿着中唐学者开辟的路径，继承了"复性"思路，才最终实现了儒学的复兴。可以说，儒学复兴肇始于中唐时期，韩愈、李翱、柳宗元等人是儒学复兴的先锋力量。

由于唐代儒者强烈的儒学复兴责任感，及其良好的问题意识，特别是"复性"思路的提出及接续，才开辟了儒学复兴之路。接下来的宋初三先生，

---

① 方立天：《儒、佛以心性论为中心的互动互补》，见《中国哲学史》2000 年第 2 期。

对唐代儒者极力推崇，尊韩之风盛行，他们接续唐代遗留的话题继续前行，绵延不断地研究、探索。

尔后，从"北宋五子"开始一直到朱熹，儒者们始终以"复性"为旗帜，以建立完善的形而上体系即"性与天道"理论为目标，经过对佛教心性理论的消化吸收以及对儒学心性思想的改造，终于提出了完整的理论体系，完成了儒学的全面复兴。因此，可以说，中唐儒学与宋代理学的关联就在于"复性"思路的继承上，宋代理学接续的正是中唐学者提出的学术问题，并沿着他们开辟的路走下来的。

北宋五子开创了儒学发展的新阶段，而首先推出北宋五子的是胡宏，他认为，在众多学说中，能担当儒家传道大任，能称得上是"贤哲"的只有"五子"，他说："是以我宋受命，贤哲乃生，舂陵有周子敦颐，洛阳有邵子雍、大程子颢、小程子颐，而秦中有横渠张先生。"① 胡宏之所以推出"北宋五子"，是因为他认为五子无论从思想体系上说，还是依据的经典的纯粹方面说，都能够接续孟子以来的儒家道统。胡宏认为北宋五子能够承担传道巨任的理由就是五子虽然各具特色，但其共同点就是都能够以"性"为线索建立自己的体系学说，都把握住了儒学的真命脉。这说明北宋五子也是从"复性"的思路上来复兴儒学的。北宋五子经过胡宏的推崇和总结，成为一个超越传统儒学的新的整体，而理学就是在五子基础上综合的产物。

《宋史》记载："至宋中叶，周敦颐出于舂陵，乃得圣贤不传之学，作《太极图说》《通书》，推明阴阳五行之理，命于天而性于人者，了若指掌。张载作《西铭》，又极言理一分殊之旨，然后道之大原出于天者，灼然而无疑焉。仁宗明道初年，程颢及弟颐实生，及长，受业周氏，已乃扩大其所闻，表章《大学》《中庸》二篇，与《语》《孟》并行，于是上自帝王传心之奥，下至初学入德之门。融会贯通，无复余蕴。迄宋南渡，新安朱熹得程氏正传，其学加亲切焉。"② 《宋史》认为理学家们对儒学的继承发扬重点是论证儒家"道之大原出于天"进而"命于天而性于人"阐发心性，这也就是"性与天道"的问题。可见"性与天道"问题是理学整个学术中的核心，也是儒学复兴之关键，因此，对理学进行重新梳理就必须紧扣这条线索。

---

① 胡宏：《横渠正蒙序》，《胡宏集》，北京：中华书局，1987，第162页。
② 《宋史》卷四百二十七《列传》第一百八十六道学一。

宋明儒学虽然都抓住了儒学"性与天道"核心问题，但在同一目标中却开出了不同的本体范畴，推演出不同的理学系统。而归根结底，理学内部的不同体系都是围绕着"性与天道"主干产生的不同分支。即使本体最终根源可以千变万化，但不变的就是对"性"的安顿问题，性作为中坚支柱支撑着理学本体的大厦，正是在"性"的本体地位的提升的基础上，才可以演变出不同气象。朱子也说"诸儒论性不同，非始于善恶上不明，乃'性'字安顿不着"①，因此这个性字是脱离了伦理范畴进入到本体范畴的性，所以说，理学的复兴就是复性，复性的源头应该追溯到中唐，中唐儒学复兴与后来的理学复兴是一条锁链上的不同阶段而已，因此，我们在以"复性"为思路来评定儒学发展历程的时候，作为源头的中唐儒学是不能被忽视的，虽然唐代儒学缺乏北宋以来关于本体理论的完整建构，但其清理工作和开拓工作仍旧具有很大意义，作为一种启蒙、一种开端，其功不可没。

中唐儒者在儒学复兴的路上做出了巨大努力，可是理学家却对他们一直排斥。如虽然韩愈力倡道统，但后来的理学家却都把他排出道统。程颐把其兄程颢尊为道统正宗的传人。朱熹以伊洛诸公为道统正传，他认为，在孟子之后传儒家道统的人便是二程兄弟，在《四书集注》篇中把二程定于一尊。朱子在以二程为道统传人之后，又尽量使自己和这个道统挂起钩来，说明自己得道统之嫡传，他说："吾少读程氏书，则已知先生之道学德行，实继孔孟不传之统。"② 其弟子黄干在《徽州朱文公祠堂记》中说："尧、舜、禹、汤、文、武、周公生，而道始行；孔子孟子生，而道始明；孔孟之道，周、程、张子继之；周、程、张子之道，文公朱先生又继之。此道统之传，历万世而可考也。"③ 这里把北宋几个著名理学家周敦颐、张载也都纳入了儒家道统，这个道统就是朱子后学常说的"周程之统""濂洛之统"或"伊洛之统"，朱子是这个道统的集大成者。

上面是程朱一派对韩愈的态度。在陆王这一派，象山对韩愈的道统说极为认同，他非常重视"轲之死，不得其传焉"一句，他同韩愈一样尊奉孟子，

---

① 朱熹：《朱子语类》卷五。
② 朱熹：《建康府学明道先生祠记》卷七十八，《朱文公文集》，上海中华书局据明刻本校刊《四部备要》本。
③ 黄干：《徽州朱文公祠堂记》，《黄勉斋先生文集》卷五。

并以继承孟学自居,但他把韩愈也排出道统,而是自己直接接续孟子之后。

关于朱陆的道统之争,虽然他们都不承认韩愈在道统之内,但他们都接受韩愈道统中的名单排列,分歧点只是在孟子之后,谁真正继承道统,这是朱陆以及其他理学家们争论的焦点。这直接关系到他们对儒学实质精神的把握,也就是他们各自对道的理解。朱子道统论中的"道",是指程朱道学一派所谓的圣贤一脉相传的"十六字心传":"人心惟危,道心惟微,惟精惟一,允执厥中。"而象山所传之"道"则是孟氏之学,象山以继承孟子之学为己任,主张"先立乎其大者",注重"发明本心"。

无论朱陆两派在学理上如何分歧,如何争辩,但他们却具有相同的复兴思路:即他们所追寻的"道"都转向了"心性",以"复性"为核心来复兴儒学。二者的复兴目标从根本上说是一致的,不一致的只是各自方法上、体系上的论证差别。因此,在探讨儒学复兴的过程中,应该从源头开始把握,追根究底,儒学的心性转向开始于唐代,特别是中唐时期,正是在唐代儒者的合力作用下才扭转了儒学的研究方向,从而开启了儒学的复兴之路,因此,唐代不仅是汉学与宋学的分水岭,也是新儒学开端。韩愈的《原道》与李翱的《复性书》可以并称为儒学复兴的宣言。但是,对于唐代学者的成就,宋儒却不屑一顾,他们大都迈过唐代,以北宋五子为儒学复兴的标志,唐代儒学因不被宋儒承认而逐渐被边缘化了。

唐代儒学在整个儒学发展过程中,作为过渡环节,承上启下,辞旧迎新,揭开了儒学复兴运动的序幕,开创了儒学的新局面。其取得的成就为后人继承,所暴露出来的不足也为后人所避免或解决,因此,在儒家经学向哲学的转换环节中,在新儒学的诞生过程中,唐代儒学都是不能被忽视的。

近代以来,学术界对于唐代儒学的态度主要有两种,一种接续宋儒的评价,否定唐代儒学的价值;另一种对唐代儒学虽有所肯定,但缺乏对唐代儒学发展状况的全面关照,而且对唐代儒学地位的评价缺乏与宋明理学之间内在关联的切实考察。

持第一种观点的学者在学术研究中对宋明理学偏爱有加,而且认为宋明理学直接接续先秦而来,涉及隋唐部分,往往以隋唐佛学来概括,隋唐儒学显然被忽略。关于理学的演变和发生过程研究也都以北宋为发端,如侯外庐认为:"理学起于北宋,南宋时期进一步发展。","被称为宋初三先生的胡瑗、孙复和石介是宋代理学的先行者,开创了理学风气之先","理学的真正奠基人是周敦颐和张载","理学体系形成于程颢和程颐"①。

持第二种观点的学者，如陈来曾从文化的角度对唐代学术进行评价，他说："宋明理学虽然是发展、流行于宋代与明代的学术思想体系，但他的一些基本倾向在唐代中期已经有所表现。"② 因此他认为："理学的正式诞生虽然在北宋中期，但理学所代表的儒学复兴运动及它所由以发展的一些基本思想方向在中唐的新儒学运动及宋初的思潮演变动向中可以找到直接的渊源。中唐的韩愈和李翱与宋初三先生（胡瑗、孙复、石介）被公认为理学的先导和前驱……韩愈和他的弟子李翱提出的复兴儒家的基本口号与发展方向，确乎是北宋庆历时期思想运动的先导。而庆历时期思想运动又恰为道学的产生奠定了基础。"③ 陈来认为中唐文化与宋代文化有一种亲缘关系，中唐儒学为理学的源头，韩愈、李翱是理学的先导和前驱。陈来对中唐学术虽给予正面的肯定，但他对中唐学术究竟在哪方面为理学提供了思路和方向梳理的比较含糊，而且他对中唐儒者的评价仅限于韩愈、李翱二人，对唐代其他学者的贡献闭口不谈，这就不够全面和细致。仅从韩愈或李翱出发，未免显得单薄，不足以搞清楚唐代儒学与理学之间的转换环节，也就突出不了唐代儒学在新儒学兴起中的真正价值。

因此，应该把唐代儒学放进整个儒学的发展史中重新加以考察，同时，还应该对新儒学的学术核心有一个明确的态度和把握，找到新儒学内部学术发展的中心线索和哲学思路，并以此为根据来评价不同时代的学术地位和学术性质。总结来说，新儒学中一脉相承的"线索"就是儒学复兴的中心问题："复性"。回顾唐代儒者所作的贡献，及他们的"复性"努力，我们必须对他们的成绩加以肯定。虽然他们的理论不甚完善，但他们开出的气象足以说明，唐代儒学特别是"中唐儒学"是新儒学的先声，是新儒学兴起的源头。

这样看来，对待新儒学的兴起，可以有一个新的看法。即：新儒学之中心论题乃是"性与天道"，"复性"问题是贯穿新儒学整个发展过程的思路和线索。在这个思路下，新儒学自身的发展演变经历了从发端、酝酿到形成的过程，这个过程从时间上来说应该从"中唐儒学"算起，新儒学发端于中唐，北宋时期初步形成。

---

① 侯外庐：《宋明理学史》（上），北京：人民出版社，1984，第27—31页。
② 陈来：《宋明理学》，上海：华东师大出版社，2004，第13页。
③ 同上书，第17页。

参考文献

1. 宋敏求：《唐大诏令集》，北京：商务印书馆，1959。
2. 王溥：《唐会要》，上海：上海古籍出版社，2006。
3. 刘知几撰，黄寿成校点：《史通》，沈阳：辽宁教育出版社，1997。
4. 钱易：《南部新书》，北京：中华书局，2002。
5. 贾谊著，吴云、李春台校注：《贾谊集校注》，天津：天津古籍出版社，2010。
6. 葛洪著，杨明照校点：《抱朴子外篇校笺》，北京：中华书局，1997。
7. 刘勰著，王运熙、周锋撰：《文心雕龙译注》，上海：上海古籍出版社，2012。
8. 王通：《中说》，宋·阮逸注，四库全书，子部一，儒家类。
9. 罗隐：《罗昭谏集》，四库全书，集部二，别集类。
10. 韩愈著，马其昶校注，马茂元整理：《韩昌黎文集校注》，上海：上海古籍出版社，1986。
11. 柳宗元：《柳宗元集》，北京：中华书局，1979。
12. 刘禹锡：《刘禹锡集》，北京：中华书局，1990。
13. 李翱著，郝润华校点，胡大浚审定：《李翱集》，兰州：甘肃人民出版社，1992。
14. 韩愈、李翱：《论语笔解》，北京：中华书局，1991。
15. 王克让：《河岳英灵集注》，成都：巴蜀书社，2006。
16. 陆希声：《道德真经传》，《宛委别藏》影印本，南京：江苏古籍出版社，1988。
17. 陆淳：《春秋集传纂例》，四库全书，经部五，春秋类。
18. 陆淳：《春秋集传微旨》，四库全书，经部五，春秋类。

19. 陆淳：《春秋集传辨疑》，四库全书，经部五，春秋类。
20. 柳开：《河东集》，四库全书，集部三，别集类二。
21. 穆修：《穆参军集》，四库全书，集部三，别集类二。
22. 赵湘：《南阳集》，四库全书，集部三，别集类二。
23. 胡瑗：《周易口义》，四库全书，经部一，易类。
24. 孙复：《孙明复小集》，四库全书，集部三，别集类二。
25. 石介著，陈植锷点校：《徂徕石先生文集》，北京：中华书局，1984。
26. 王禹偁：《小畜集》，四库全书，集部三，别集类二。
27. 周敦颐：《周元公集》，四库全书，集部三，别集类二。
28. 欧阳修：《文忠集》，四库全书，集部三，别集类二。
29. 欧阳修：《欧阳文粹》，四库全书，集部三，别集类二。
30. 欧阳修：《诗本义》，四库全书，经部三，诗类。
31. 范仲淹：《范文正集》卷九，四库全书，集部三，别集类二。
32. 苏轼：《东坡全集》，四库全书，集部三，别集类二。
33. 宋祁：《景文集》，四库全书，集部三，别集类二。
34. 宋祁：《宋景文笔记》，四库全书，子部十，杂家类三。
35. 程颢、程颐：《二程集》，北京：中华书局，2004。
36. 王安石：《临川文集》，四库全书，集部三，别集类二。
37. 司马光：《传家集》，四库全书，集部三，别集类二。
38. 朱熹：《朱子语类》，北京：中华书局，1986。
39. 皮锡瑞：《经学历史》，北京：中华书局，2004。
40. 皮锡瑞：《经学通论》，北京：中华书局，1954。
41. 黄宗羲：《宋元学案》，北京：中华书局，1986。
42. 李学勤主编：《周易正义》，《十三经注疏》本，北京大学出版社，2000。
43. 李学勤主编：《礼记正义》，《十三经注疏》本，北京大学出版社，1999。
44. 熊十力：《读经示要》，北京：中国人民大学出版社，2006。
45. 刘师培：《刘师培讲经学》，南京：凤凰出版社，2008。
46. 王葆玹：《今古文经学新论》（增订版），北京：中国社会科学出版社，2004。
47. 钱穆：《两汉经学今古文评议》，北京：商务印书馆，2001。
48. 周予同：《群经概论》，北京：中国书籍出版社，2006。

49. 周予同：《中国经学史讲义》，上海：上海文艺出版社，1999。
50. 马宗霍：《中国经学史》，上海：上海书店，1984。
51. 本田成之：《中国经学史》，漓江出版社，2013。
52. 蒙文通：《经学抉原》，上海：上海人民出版社，2006。
53. 朱维铮：《中国经学史十讲》，上海：复旦大学出版社，2002。
54. 蒋伯潜，蒋祖怡：《经与经学》，上海：上海书店出版社，1997。
55. 蒋伯潜：《经学纂要》，正中书局，1946。
56. 翁方纲：《翁方纲经学手稿五种》，柏克莱加州大学东亚图书馆编，上海：上海古籍出版社，2006。
57. 许道勋，徐洪兴：《中国经学史》，上海：上海人民出版社，2006。
58. 吴雁南、秦学顼、李禹阶主编：《中国经学史》，北京：人民出版社，2010。
59. 姜广辉主编：《中国经学思想史》，北京：中国社会科学出版社，2003。
60. 许凌云：《经史因缘》，济南：齐鲁书社，2002。
61. 蔡方鹿主编：《经学与中国哲学》，上海：华东师范大学出版社，2009。
62. 邓国光：《经学义理》，上海：上海古籍出版社，2011。
63. 彭林：《经学研究论文选编》，上海：上海书店出版社，2002。
64. 彭林主编：《中国经学》，广西：广西师范大学出版社，2005。
65. 陈克明：《群经要义》，北京：中国人民大学出版社，2006。
66. 郑杰文，傅永军主编：《经学十二讲》，北京：中华书局，2007。
67. 林庆彰，蒋秋华主编：《经典的形成、流传与诠释》，台湾：学生书局，2007。
68. 李明辉编：《儒家经典诠释方法》，台北：喜玛拉雅研究发展基金会，2003。
69. 李明辉：《中国经典诠释传统（儒学篇）》，上海：华东师范大学出版社，2008。
70. 黄俊杰：《中国经典诠释传统（通论篇）》，台北：大学出版中心，2004。
71. 黄俊杰：《东亚儒学：经典与诠释的辩证》，台北：台大出版中心，2007。
72. 黄俊杰：《东亚儒者的〈四书〉诠释》，上海：华东师范大学出版社，2008。

73. 黄俊杰：《中日〈四书〉诠释传统初探》，台北：台湾大学出版中心，2004。

74. 黄俊杰主编：《孟子思想的历史发展》，台北：中央研究院中国文哲研究所筹备处，1995。

75. 黄俊杰：《中国孟学诠释史论》，北京：社会科学文献出版社，2004。

76. 方俊吉：《孟子学说及其在宋代之振兴》，台北：文史哲出版社，1993。

77. 刘复生：《北宋中期儒学复兴运动》，台北：文津出版社，1991。

78. 刘小枫、陈少明主编：《经典与解释的张力》，上海：上海三联书店，2003。

79. 严正：《五经哲学及其文化学的阐释》，济南：齐鲁书社，2001。

80. 孙筱：《两汉经学与社会》，北京：中国社会科学出版社，2002。

81. 焦桂美：《南北朝经学史》，上海：上海古籍出版社，2009。

82. 田汉云：《六朝经学与玄学》，南京：南京出版社，2003。

83. 杨天宇：《经学探研录》，上海：上海古籍出版社，2004。

84. 路新生：《经学的蜕变与史学的"转轨"》，上海：上海古籍出版社，2006。

85. 赵伯雄：《春秋学史》，济南：山东教育出版社，2004。

86. 陈寅恪：《金明馆丛稿初编》，上海：上海古籍出版社，1980。

87. 陈寅恪：《金明馆丛稿二编》，上海：上海古籍出版社，1980。

88. 陈寅恪：《唐代政治史述论稿》，上海：上海古籍出版社，1982。

89. 陈寅恪：《隋唐制度渊源略论稿》，北京：中华书局，1977。

90. 牟宗三：《宋明儒学的问题与发展》，上海：华东师范大学出版社，2004。

91. 牟宗三：《心体与性体》，上海：上海古籍出版社，1999。

92. 唐君毅：《中国哲学原论：原性篇》，台北：台湾学生书局，1989。

93. 唐君毅：《中国哲学原论：原道篇》，台北：台湾学生书局，1989。

94. 徐复观：《中国人性论史》，上海：三联书店，2001。

95. 张立文：《宋明理学研究》，北京：人民出版社，2002。

96. 张立文：《中国哲学范畴发展史》（天道篇），北京：中国人民大学出版社，1988。

97. 张立文：《中国哲学范畴发展史》（人道篇），北京：中国人民大学出版社，1995。

98. 张立文：《性》，北京：中国人民大学出版社，1996。

99. 张立文：《走向心学之路—陆象山思想的足迹》，北京：中华书局，1992。

100. 向世陵：《中国学术通史·魏晋南北朝卷》，北京：人民出版社，2004。

101. 张怀承：《中国学术通史·隋唐卷》，北京：人民出版社，2004。

102. 李景林：《教养的本原——哲学突破期的儒家心性论》，沈阳：辽宁人民出版社，1998。

103. 范立舟：《理学的产生及其历史命运》，西安：陕西人民出版社，2001。

104. 徐洪兴：《思想的转型——理学的发生过程研究》，上海：上海人民出版社，1996。

105. 漆侠：《宋学的发展和演变》，石家庄：河北人民出版社，2002。

106. 包弼德（美）：《斯文：唐宋思想的转型》，南京：江苏人民出版社，2001。

107. 陈弱水：《唐代文士与中国思想的转型》，桂林：广西师范大学出版社，2009。

108. 龚鹏程：《唐代思潮》，北京：商务印书馆，2007。

109. 梁涛：《郭店竹简与思孟学派》，北京：中国人民大学出版社，2008。

110. 李天虹：《郭店竹简〈性自命出〉研究》，武汉：湖北教育出版社，2002。

111. 李斌城：《唐代文化》，北京：中国社会科学出版社，2007。

112. 刘海峰：《中国科举文化》，沈阳：辽宁教育出版社，2010。

113. 王炳照、徐勇主编：《中国科举制度研究》，石家庄：河北人民出版社，2002。

114. 祝尚书：《宋代科举与文学考论》，郑州：大象出版社，2006。

115. 吴宗国：《唐代科举制度研究》，北京：北京大学出版社，2010。

116. 金滢坤：《中晚唐五代科举与社会变迁》，北京：人民出版社，2009。
117. 李申：《隋唐三教哲学》，成都：巴蜀书社，2007。
118. 张勇：《柳宗元儒佛道三教观研究》，合肥：黄山书社，2010。
119. 李斌城：《隋唐五代社会生活史》，北京：中国社会科学出版社，1998。
120. 邹然：《中国文学批评史》，北京：北京大学出版社，2006。
121. 郭绍虞：《中国文学批评史》，天津：百花文艺出版社，1999。
122. 袁济喜：《新编中国文学批评发展史》，北京：中国人民大学出版社，2010。
123. 符懋濂：《唐代明道文学观与正统历史观的比较研究》，沈阳：辽宁大学出版社，2008。
124. 罗立刚：《史统、道统、文统——论唐宋时期文学观念的转变》，上海：东方出版中心，2005。
125. 束有春：《理学古文史》，郑州：大象出版社，2011。
126. 吴相洲：《中唐诗文新变》，北京：学苑出版社，2007。
127. 李定广：《唐末五代乱世文学研究》，北京：中国社会科学出版社，2006。
128. 唐晓敏：《中唐文学思想研究》，北京：北京师范大学出版社，2000。
129. 曾枣庄：《唐宋文学研究》，成都：巴蜀书社，1999。
130. 韩经太：《理学文化与文学思潮》，北京：中华书局，1997。
131. 程杰：《北宋诗文革新研究》，呼和浩特：内蒙古教育出版社，2000。
132. 何忠礼：《宋代政治史》，杭州：浙江大学出版社，2007。
133. 何寄澎：《北宋的古文運動》，上海：上海古籍出版社，2011。
134. 张兴武：《宋初百年文学复兴的历程》，北京：中华书局，2009。
135. 张海鸥：《北宋诗学》，开封：河南大学出版社，2007。
136. 蒋述卓等：《宋代文艺理论集成》，北京：中国社会科学出版社，2000。
137. 祝尚书：《北宋古文运动发展史》，北京：北京大学出版社，2012。
138. 刘方：《文化视域中的宋代文论》，上海：学林出版社，2006。
139. Michael Nylan：The five"Confucian"classics New Haven：Yale University Press，2001

140. Peter K. Bol:Neo-confucianism in history Cambridge,Mass:Harvard University Asia Center:Distributed by Harvard University Press,2008

141. Li Ao:Buddhist,Taoist,or Neo-confucian? By T. H. barrett,oxford university press 1992

关键词索引

（斜线前为关键词，斜线后为页码）

C

《春秋》学/2,103,116－118,120－123,125－135,158,180,183,184,192,200

D

道/2,3,5,7,9－16,18,19,22,24－38,41－46,49－75,77－103,108,109,112,116,117,120,121,123－126,128－133,136－153,156－168,170,171,173,175－184,186－202,205－208,210－233,235－238

F

复兴/2,3,19,22,57,60,63,67,69,71,88,89,91－93,95,96,98,102,103,116,129,130,135,144,145,149,151,174,176,184－187,200,213,214,220－224,226－230,235,237

复性/31,57－60,72,132,143,144,147,148,156,158,161,162,165,166,178,182,186,198－200,210－214,220－222,224－230

G

古文运动/60,63,64,66,67,69－71,76,77,82,83,85,87,91,92,96－98,237

J

经/1－28,30－48,50－54,57－73,75－98,100－124,126－132,134－139,141,145－148,150－160,163－165,167－180,182－193,195,196,199－201,203,205－209,212－220,222－225,227－229,231－236,238

经学/1－11,13－17,22,32,34,35,37－40,42,45,46,60,61,64,66,67,69－72,74－76,82,84,86,87,101,103－105,109－111,114－117,120,122,123,125,127,129,133,135,136,140,144,152,155,157,158,167,171,176,180,182,185－188,191,200,207,216,222,227,229,233－235

K

科举/2,22,25,27,35－40,42,43,46,60,61,63,66,85,104,117,129,157,173,178,179,236,237

L

礼/2,3,7,11—13,15,16,18—25,28,32,33,35—38,40,41,47,48,50—53,55,57,59—61,64,66,67,69,70,72,73,79,85—88,93—95,99,101,104—112,116,119,124,126,129,131—136,138,142,153—165,168—170,172—174,177,180—184,188,190—192,194—196,198,200—209,215,216,219—221,223,226,227,234,238

礼学/2,20,22,64,65,71,72,103—106,109,110,152—156,158—160,163,180,183,190,207

《论语》/3,5,36,40,45,50,53,56,72,82,110,111,114,115,124,146,151,157,158,163,169—173,176,179,183,184,192,194,200,202,214,215,223

M

《孟子》/3,31,39,40,72,110,163,169,173,174,176,178,179,183,184,200,202,215,224

R

儒学/1—3,9,15—18,21—23,26—28,31—35,37—43,45,46,48,49,51—54,56—58,60—69,71,77—84,87—89,91—93,95,96,102—104,109,114—116,125,126,129,131,135—138,140,144,145,149,151,152,156,161,162,167,172—174,176—181,183—189,193,196,199—201,209,214,215,218—231,234,235

S

三教/2,17,27,41,42,44,48—51,63,136,147,185,237

舍传求经/2,103,116,117,122,123

四书/72,125,126,159,163,167,169,171,173,174,179,182—184,228,234,235

T

唐宋转型/17

W

文学/2,12,16,30,34,35,37,47,60—72,75—80,82—87,90,93,96,97,100—102,145,189,190,194,236,237

五经/4,6,7,9—11,13—16,36—39,42,60,63,72,84,85,104,109,112,125,126,128,135,149,151,153,154,157,169,171,172,175,179,182—184,188,200,235

X

心性/2,3,23,27,31,43,48,49,51,52,54,55,57,58,60,61,67,72,98,110,125,126,128,131—135,141,144,146,147,151,152,155,156,158—162,164—169,180—184,186,188,192,194,196,200,201,204,208,209,213,214,216,220—222,224—229,236

性情/12,31,53,54,58,72,80,92,

93,125,126,131—135,140,143,144,146,147,155,156,163,164,180,191,202—205,207—210,212—215,223,224

性与天道/3,144,182,183,198—200,214,216—224,227,228,230

Y

疑经/2,40,74,86,87,103,114—117

易学/8,13,91,125,135—137,145,146,149—152

Z

章句/2,31—34,37,39,42,70,85,86,89,91,92,100,102,115,122,123,125,162,163,165,167,171,176,178,179,199,222